Kohlhammer

Fälle zum Wirtschaftsstrafrecht

von

Dr. Dr. h.c. Uwe Hellmann
Universitätsprofessor a.D. an der
Universität Potsdam

5., überarbeitete Auflage

Verlag W. Kohlhammer

5. Auflage 2023

Alle Rechte vorbehalten
W. Kohlhammer GmbH, Stuttgart
Gesamtherstellung: W. Kohlhammer GmbH, Stuttgart
produktsicherheit@kohlhammer.de

Print:
ISBN: 978-3-17-040894-4

E-Book-Format:
pdf: ISBN 978-3-17-040895-1

Dieses Werk einschließlich aller seiner Teile ist urheberrechtlich geschützt. Jede Verwendung außerhalb der engen Grenzen des Urheberrechts ist ohne Zustimmung des Verlags unzulässig und strafbar. Das gilt insbesondere für Vervielfältigungen, Übersetzungen, Mikroverfilmungen und für die Einspeicherung und Verarbeitung in elektronischen Systemen.
Für den Inhalt abgedruckter oder verlinkter Websites ist ausschließlich der jeweilige Betreiber verantwortlich. Die W. Kohlhammer GmbH hat keinen Einfluss auf die verknüpften Seiten und übernimmt hierfür keinerlei Haftung.

Vorwort zur 5. Auflage

Die vorliegende Fallsammlung enthält zwölf wirtschaftsstrafrechtlich relevante Sachverhalte mit Lösungen. Sie richtet sich vornehmlich an Studierende der Schwerpunktbereiche, die das Wirtschaftsstrafrecht zum Gegenstand haben. Einige – wenige – Fälle stellen Bezüge zum Steuer- und Umweltstrafrecht her, weil manche Schwerpunktbereichsordnungen diese Rechtsgebiete neben dem Wirtschaftsstrafrecht vorsehen und es deshalb sinnvoll erscheint, auch Anschauungsmaterial für Sachverhalte, die diese Gebiete miteinander verknüpfen, zu bieten.

Das Niveau der Aufgaben entspricht überwiegend den Anforderungen, die an Klausuren in der Wirtschaftsstrafrechtsübung oder in der Schwerpunktbereichsprüfung zu stellen sind. Einige Lösungen dienen der Vertiefung des wirtschaftsstrafrechtlichen „Standardwissens".

Ich hoffe, dass die Fallsammlung auch Referendaren, die sich in ihrer Ausbildung mit dem Wirtschaftsstrafrecht befassen, und zudem Praktikern gute Dienste zu leisten vermag.

Potsdam, im März 2023   Uwe Hellmann

Inhalt

Abkürzungsverzeichnis .... *Seite IX*
Verzeichnis der abgekürzt zitierten Literatur .... *Seite XIV*

Fall 1: **Chinesische Geschäfte** 1
Untreue durch Bildung schwarzer Kassen – Auslandsbestechung – Untreue des Vorstands einer Aktiengesellschaft durch Unterlassen – Unterlassungstäterschaft von Führungskräften – Gremienentscheidungen

Fall 2: **Die ungeliebte Mutter** 19
Verbandsgeldbuße im selbstständigen Verfahren – Aufsichtspflichtverletzung im Konzern – Geschäftsführeruntreue – Vermögensbetreuungspflicht des Gesellschafters

Fall 3: **Reich durch Lastschriften** 33
Gründungsschwindel – Betrug durch „Lastschriftreiterei" – Insolvenzverschleppung durch faktischen Geschäftsführer – Bankrott – Geschäftsführeruntreue

Fall 4: **Der erfundene Biorieselbettreaktor** 47
Subventionsbetrug – Vermögensbetreuungspflicht bei der Missbrauchsalternative – Luftverunreinigung – unrichtige Darstellung im Jahresabschluss – Geheimnisverrat – unbefugte Offenbarung und Verwendung von Angaben über Millionenkredite

Fall 5: **Unwissenheit mangels Buchführung** 59
Bankrott – Vorenthalten von Arbeitsentgelt – Insolvenzverschleppung – Vereitelung der Zwangsvollstreckung – Schuldnerbegünstigung

Fall 6: **Copyshop mit Service** 73
Unerlaubte Verwertung urheberrechtlich geschützter Werke – Wucher – Eingriff in verwandte Schutzrechte – Beschäftigung eines Ausländers ohne Genehmigung zu wucherischen Arbeitsbedingungen – Bruttoprinzip bei der Einziehung von Taterträgen

Inhalt

Fall 7:	**Das unschöne Squeeze-Out**	85
	Strafbare Marktmanipulation – Insiderhandel – Kreditbetrug – Untreue durch Bankmitarbeiter bei Kreditvergabe – unrichtige Darstellung der Verhältnisse der Aktiengesellschaft – Verletzung der Berichtspflicht	
Fall 8:	**Fast fettfrei**	97
	Inverkehrbringen nicht zugelassener Arzneimittel – irreführende Werbung – Inverkehrbringen von Lebensmitteln mit irreführenden Angaben – Vertikalabsprache – Verbandsgeldbuße – Gewinnabschöpfung durch Verbandsgeldbuße	
Fall 9:	**Schmutzige saubere Energie**	107
	Amtsträgereigenschaft kommunaler Mandatsträger – Abgeordnetenbestechung – Sozialadäquanz bei der Vorteilsannahme – Betrug durch schlüssiges Verhalten – Unrechtmäßigkeit der Diensthandlung – Bestechung und Bestechlichkeit – Bodenverunreinigung	
Fall 10:	**Der irische Uhrmacher**	117
	Betrug bei Zweifeln des Opfers – Kennzeichenverletzung – Steuerhinterziehung durch Schmuggel – Bannbruch – Geschäftsführeruntreue und Bankrott durch den Director einer Limited by shares – Anwendbarkeit der Insolvenzverschleppung auf die irische Limited	
Fall 11:	**Fehler im Gesundheitswesen**	131
	Betrug und Untreue bei unwirtschaftlicher Verordnung durch Vertragsarzt – Mitwirkung des Patienten – Amtsträger- und Wirtschaftsbestechung	
Fall 12:	**Das gescheiterte Compliance-System**	145
	Geheimnisverrat – Whistleblowing – Garantenstellung des Compliance-Officer – Selbstanzeige bei der Steuerhinterziehung	

Stichwortverzeichnis 157
Kombiniertes Gesetzes- und Sachregister 162

Abkürzungsverzeichnis

a.A.	anderer Ansicht
aaO	am angegebenen Ort
abl.	ablehnend
ABl.	Amtsblatt
Abs.	Absatz
A-Drs.	Änderungsvorschlag in den Drucksachen
a.F.	alte Fassung
AG	Aktiengesellschaft
AktG	Aktiengesetz
Alt.	Alternative
AMG	Arzneimittelgesetz
Anm.	Anmerkung
AO	Abgabenordnung
APR	Apothekenrecht
A&R	Arzneimittel & Recht
A/S/M	Assmann/Schneider/Mülbert, Wertpapierhandelsrecht
AT	Allgemeiner Teil
Aufl.	Auflage
BAFin	Bundesanstalt für Finanzdienstleistungsaufsicht
BayObLG	Bayerisches Oberstes Landesgericht
BB	Betriebsberater
B/B	Bechtold/Bosch, Kartellgesetz
BC	Bilanzbuchhalter und Controller
Bd.	Band
BeckOK	Beck'scher Online-Kommentar
BeckRS	Beck Rechtsprechung
BGB	Bürgerliches Gesetzbuch
BGBl.	Bundesgesetzblatt
BGH	Bundesgerichtshof
BGHSt	Entscheidungen des Bundesgerichtshofes in Strafsachen
BGHZ	Entscheidungen des Bundesgerichtshofes in Zivilsachen
BKR	Zeitschrift für Bank- und Kapitalmarktrecht
BörsG	Börsengesetz
BSG	Bundessozialgericht
BSGE	Entscheidungen des Bundessozialgerichts
BT	Besonderer Teil
BT-Drs.	Drucksachen des Deutschen Bundestages
BVerfG	Bundesverfassungsgericht
BVerfGE	Entscheidungen des Bundesverfassungsgerichts
bzw.	beziehungsweise
CA	Companies Act
CCZ	Corporate Compliance Zeitschrift
DB	Der Betrieb
ders.	derselbe

Abkürzungsverzeichnis

d.h.	das heißt
dies.	dieselbe, dieselben
diff.	differenzierend
DRiZ	Deutsche Richterzeitung
DStR	Deutsches Steuerrecht
DStZ	Deutsche Steuer-Zeitung
EG	Europäische Gemeinschaft
E/K	Erbs/Kohlhaas, Strafrechtliche Nebengesetze
Erg.	Ergänzung, Ergebnis
E/R/S/T	Esser/Rübenstahl/Saliger/Tsambikakis, Wirtschaftsstrafrecht
EStG	Einkommensteuer
EU	Europäische Union
EuGH	Gerichtshof der Europäischen Gemeinschaft
f.	folgende
ff.	fortlaufend folgende
FK	Frankfurter Kommentar zum Kartellrecht
Fn.	Fußnote
GA	Goltdammer's Archiv für Strafrecht
GbR	Gesellschaft bürgerlichen Rechts
gem.	gemäß
GeschGehG	Geschäftsgeheimnisschutzgesetz
GG	Grundgesetz
G/J/W	Graf/Jäger/Wittig, Wirtschafts- und Steuerstrafrecht
GmbH	Gesellschaft mit beschränkter Haftung
GmbHG	Gesetz betreffend die Gesellschaften mit beschränkter Haftung
GmbHR	GmbH-Rundschau
GRUR	Gewerblicher Rechtsschutz und Urheberrecht
GWB	Gesetz gegen Wettbewerbsbeschränkungen
Halbs.	Halbsatz
HdB	Schröder, Handbuch Kapitalmarktstrafrecht
HdS	Hilgendorf/Kudlich/Valerius, Handbuch des Strafrechts
HGB	Handelsgesetzbuch
H/H/Sp	Hübschmann/Hepp/Spitaler, Kommentar zur AO und FGO
HK-OWiG	Heidelberger Kommentar zum Ordnungswidrigkeitengesetz
h.L.	herrschende Lehre
h.M.	herrschende Meinung
HS	Halbsatz
HWSt	Handbuch Wirtschaftsstrafrecht
i.d.F.	in der Fassung
InsO	Insolvenzordnung
IntBestG	Gesetz zur Bekämpfung internationaler Bestechung
i.S.d.	im Sinne des
i.V.m.	in Verbindung mit
JA	Juristische Arbeitsblätter
J/J/R	Joecks/Jäger/Randt, Steuerstrafrecht

JR	Juristische Rundschau
Jura	Juristische Ausbildung
jurisPR-StrafR	juris PraxisReport Strafrecht
JuS	Juristische Schulung
JZ	Juristenzeitung
Kap.	Kapitel
K/B/F	Köhler/Bornkamm/Feddersen, Gesetz gegen den unlauteren Wettbewerb
KG	Kammergericht oder Kommanditgesellschaft
KK-OWiG	Karlsruher Kommentar zum Gesetz über Ordnungswidrigkeiten
K/M/H	Kügel/Müller/Hofmann, Arzneimittelgesetz
krit.	kritisch
KStG	Körperschaftsteuer
KWG	Kreditwesengesetz
LFGB	Lebensmittel-, Bedarfsgegenstände- und Futtermittelgesetzbuch
LG	Landgericht
LK	Leipziger Kommentar zum StGB
lit.	litera
L/K/H	Lackner/Kühl/Heger, StGB
LPK	Kindhäuser/Hilgendorf, Lehr- und Praxiskommentar zum Strafgesetzbuch
LRE	Sammlung lebensmittelrechtlicher Entscheidungen
Ltd.	Private company limited by shares
MaKonV	Verordnung zur Konkretisierung des Verbotes Marktmanipulation
MarkenG	Markengesetz
MDR	Monatsschrift für Deutsches Recht
MedR	Medizinrecht
M-G	Müller-Gugenberger, Wirtschaftsstrafrecht
M/G	Momsen/Grützner, Wirtschafts- und Steuerstrafrecht
Mio.	Millionen
MüKo	Münchener Kommentar
m.w.N.	mit weiteren Nachweisen
n.F.	neue Fassung
NJW	Neue Juristische Wochenschrift
NK	Nomos Kommentar zum StGB
Nr.	Nummer
N/S/H	Noack/Servatius/Haas, GmbH-Gesetz
NStZ	Neue Zeitschrift für Strafrecht
NStZ-RR	Neue Zeitschrift für Strafrecht – Rechtsprechungs-Report
NZA	Neue Zeitschrift für Arbeitsrecht
NZG	Neue Zeitschrift für Gesellschaftsrecht
NZS	Neue Zeitschrift für Sozialrecht
OLG	Oberlandesgericht
OWiG	Gesetz über Ordnungswidrigkeiten
PatG	Patentgesetz
PIN	Persönliche Identifikationsnummer
PharmR	Pharma Recht

Abkürzungsverzeichnis

Rn.	Randnummer(n)
RG	Reichsgericht
RGSt	Entscheidungen des RG in Strafsachen
RiStBV	Richtlinien für das Straf- und Bußgeldverfahren
S.	Seite
Sch/Sch	Schönke/Schröder, Strafgesetzbuch
SchwarzArbG	Gesetz zur Bekämpfung der Schwarzarbeit und der illegalen Beschäftigung
Sec.	Section
SGB	Sozialgesetzbuch
SK	Systematischer Kommentar
Slg.	Sammlung (der Rechtsprechung des EuGH)
sog.	so genannt
S/S/W	Satzger/Schluckebier/Widmaier, Strafgesetzbuch
StGB	Strafgesetzbuch
StK	Studienkommentar
StPO	Strafprozessordnung
str.	streitig
StraFo	Strafverteidiger-Forum
StV	Strafverteidiger
TA	Technische Anleitung
TAN	Transaktionsnummer
u.a.	unter anderem
u.ä.	und ähnliche
UrhG	Urheberrechtsgesetz
UStG	Umsatzsteuergesetz
usw.	und so weiter
u.U.	unter Umständen
UWG	Gesetz gegen den unlauteren Wettbewerb
VGH	Verwaltungsgerichtshof
vgl.	vergleiche
VO	Verordnung
Vorbem	Vorbemerkungen
VSSR	Vierteljahresschrift für Sozialrecht
W/B	Wandtke/Bullinger, Praxiskommentar zum Urheberrecht
WiKG	Gesetz zur Bekämpfung der Wirtschaftskriminalität
WiStG	Wirtschaftsstrafgesetz
wistra	Zeitschrift für Wirtschafts- und Steuerstrafrecht
W/J/S	Wabnitz/Janovsky/Schmitt, Handbuch Wirtschafts- und Steuerstrafrecht
WpHG	Wertpapierhandelsgesetz
WuB	Entscheidungssammlung zum Wirtschafts- und Bankrecht
WuW	Wirtschaft und Wettbewerb
z.B.	zum Beispiel
ZBB	Zeitschrift für Bankrecht und Bankwirtschaft

ZGR	Zeitschrift für das gesamte Schuldrecht
ZIP	Zeitschrift für Wirtschaftsrecht
ZIS	Zeitschrift für Internationale Strafrechtsdogmatik
ZJS	Zeitschrift für das Juristische Studium
ZLR	Zeitschrift für das gesamte Lebensmittelrecht
ZStW	Zeitschrift für die gesamte Strafrechtswissenschaft
z.T.	zum Teil
zust.	zustimmend
ZollVG	Zollverwaltungsgesetz

Verzeichnis der abgekürzt zitierten Literatur

Achenbach/Ransiek/Rönnau, Handbuch Wirtschaftsstrafrecht, 5. Aufl. 2019 (HWSt)
Arzt/Weber/Heinrich/Hilgendorf, Strafrecht, Besonderer Teil, 4. Aufl. 2021
Assmann/Schneider/Mülbert, Wertpapierhandelsrecht, 7. Aufl. 2019 (A/S/M)
Baumann/Weber/Mitsch/Eisele, Strafrecht, Allgemeiner Teil, 13. Aufl. 2021
Bechtold/Bosch, Kartellgesetz, Gesetz gegen Wettbewerbsbeschränkungen, 9. Aufl. 2018 (B/B)
Beck'scher Bilanz-Kommentar, 13. Aufl. 2022 (Beck Bil-Komm)
Beck'scher Online Kommentar GeschGehG, 14. Edition, 2022 (BeckOK-GeschGehG)
Beck'scher Online Kommentar Insolvenzrecht, 29. Edition, 2022 (BeckOK-InsR)
Beck'scher Online-Kommentar OWiG, 37. Edition, 2023 (BeckOK-OWiG)
Beck'scher Online-Kommentar StGB, 55. Edition, 2022 (BeckOK-StGB)
Dreier/Schulze, Kommentar zum Urheberrechtsgesetz, 7. Aufl. 2022
Erbs/Kohlhaas, Strafrechtliche Nebengesetze, Stand August 2022 (E/K)
Esser/Rübenstahl/Saliger/Tsambikakis, Wirtschaftsstrafrecht, 2017 (E/R/S/T)
Fischer, Kommentar zum Strafgesetzbuch, 70. Aufl. 2023
Frankfurter Kommentar zum Kartellrecht, Stand September 2022 (FK)
Göhler, Gesetz über Ordnungswidrigkeiten, 18. Aufl. 2021
Graf/Jäger/Wittig, Wirtschafts- und Steuerstrafrecht, 2. Aufl. 2017 (G/J/W)
Hellmann, Wirtschaftsstrafrecht, 6. Aufl. 2023
Hellmann/Herffs, Der ärztliche Abrechnungsbetrug, 2006
Hilgendorf/Kudlich/Valerius, Handbuch des Strafrechts, Band 5, Strafrecht Besonderer Teil II, 2020 (HdS 5)
Hilgendorf/Kudlich/Valerius, Handbuch des Strafrechts, Band 6, Teildisziplinen des Strafrechts, 2022 (HdS 6)
Hübschmann/Hepp/Spitaler, Kommentar zur Abgabenordnung und Finanzgerichtsordnung, Stand Januar 2023 (H/H/Sp)
Ignor/Mosbacher, Handbuch Arbeitsstrafrecht, 3. Aufl. 2016 (I/M)
Jäger, Examens-Repetitorium, Strafrecht Allgemeiner Teil, 10. Aufl. 2021 (AT)
Jescheck/Weigend, Lehrbuch des Strafrechts, Allgemeiner Teil, 5. Aufl. 1996
Joecks/Jäger, Studienkommentar StGB, 13. Aufl. 2021 (StK)
Joecks/Jäger/Randt, Steuerstrafrecht, 9. Aufl. 2023 (J/J/R)
Karlsruher Kommentar zum Gesetz über Ordnungswidrigkeiten, 5. Aufl. 2018 (KK-OWiG)

Kindhäuser/Hilgendorf, Lehr- und Praxiskommentar, Strafgesetzbuch, 9. Aufl. 2022 (LPK)

Köhler/Bornkamm/Feddersen, Gesetz gegen den unlauteren Wettbewerb, 40. Aufl. 2022 (K/B/F)

Kohlmann, Kommentar zum Steuerstrafrecht, Stand Februar 2023

Krenberger/Krumm, Ordnungswidrigkeitengesetz, 7. Aufl. 2022

Krey/Esser, Deutsches Strafrecht, Allgemeiner Teil, 7. Aufl. 2022

Krey/Hellmann/Heinrich, Strafrecht, Besonderer Teil, Band 2, 18. Aufl. 2021

Kügel/Müller/Hofmann, Arzneimittelgesetz, 3. Aufl. 2022 (K/M/H)

Kühl, Strafrecht Allgemeiner Teil, 8. Aufl. 2017

Lackner/Kühl/Heger, Strafgesetzbuch, 30. Aufl. 2023 (L/K/H)

Leipziger Kommentar zum StGB, 12. Aufl. 2006 ff. (LK^{12})

Leipziger Kommentar zum StGB, 13. Aufl. 2019 ff. (LK^{13})

Lemke/Mosbacher, Ordnungswidrigkeitengesetz, 2. Aufl. 2005

Mitsch, Strafrecht, Besonderer Teil, 3. Aufl. 2015

Momsen/Grützner, Wirtschafts- und Steuerstrafrecht, 2. Aufl. 2020 (M/G)

Müller-Gugenberger, Wirtschaftsstrafrecht, 7. Aufl. 2020 (M-G)

Münchener Kommentar zur Insolvenzordnung, Band 1, 4. Aufl. 2019 (MüKo-InsO)

Münchener Kommentar zum Lauterkeitsrecht, 2006 (MüKo-UWG)

Münchener Kommentar zum Strafgesetzbuch, 2. Aufl. 2011 ff. ($MüKo^2$)

Münchener Kommentar zum Strafgesetzbuch, 3. Aufl. 2016 ff. ($MüKo^3$)

Münchener Kommentar zum Strafgesetzbuch, 4. Aufl. 2020 ff. ($MüKo^4$)

Noack/Servatius/Haas, GmbH-Gesetz, 23. Aufl. 2022 (N/S/H)

Nomos-Kommentar zum Strafgesetzbuch, 6. Aufl. 2023 (NK)

Nomos-Kommentar zum Wirtschafts- und Steuerstrafrecht, 2. Aufl. 2022 (NK-WSS)

Ohly/Sosnitza, Gesetz gegen den unlauteren Wettbewerb, 8. Aufl. 2023

Otto, Grundkurs Strafrecht, Die einzelnen Delikte, 7. Aufl. 2005 (BT)

Park, Kapitalmarktstrafrecht, Handkommentar, 5. Aufl. 2019

Rengier, Strafrecht, Allgemeiner Teil, 14. Aufl. 2022 (AT)

Rengier, Strafrecht, Besonderer Teil 1, 24. Aufl. 2022 (BT 1)

Roxin/Greco, Strafrecht Allgemeiner Teil, Band 1, 5. Aufl. 2020 (AT I)

Roxin, Strafrecht Allgemeiner Teil, Bd. 2, 2003 (AT II)

Satzger/Schluckebier/Widmaier, Strafgesetzbuch, 5. Aufl. 2021 (S/S/W)

Schmidhäuser, Strafrecht Besonderer Teil, 2. Aufl. 1984

Schönke/Schröder, Strafgesetzbuch, 30. Aufl. 2019 (Sch/Sch)

Literatur

Schröder, Handbuch Kapitalmarktstrafrecht, 4. Aufl. 2020 (HdB)

Schwark/Zimmer, Kapitalmarktrechts-Kommentar, 4. Aufl. 2010 (KMRK)

Stage, Strafbare Marktmanipulation während der Aktienemission im engeren Sinne, 2016

Systematischer Kommentar zum StGB, 9. Aufl. 2017 (SK[9])

Systematischer Kommentar zum StGB, 10. Aufl. 2021 (SK[10])

Tiedemann, Wirtschaftsstrafrecht, 5. Aufl. 2017

Wabnitz/Janovsky/Schmitt, Handbuch des Wirtschafts- und Steuerstrafrechts, 5. Aufl. 2020 (W/J/S)

Wandtke/Bullinger, Praxiskommentar zum Urheberrecht, 6. Aufl. 2022 (W/B)

Wessels/Beulke/Satzger, Strafrecht, Allgemeiner Teil, 52. Aufl. 2022 (W/Beulke/Satzger)

Wessels/Hillenkamp/Schuhr, Strafrecht, Besonderer Teil 2, 45. Aufl. 2022 (W/Hillenkamp/Schuhr)

Weyand/Diversy, Insolvenzdelikte, 10. Aufl. 2016

Wittig, Wirtschaftsstrafrecht, 5. Auflage 2022

Fall 1
Chinesische Geschäfte

Untreue durch Bildung schwarzer Kassen – Auslandsbestechung – Untreue des Vorstands einer Aktiengesellschaft durch Unterlassen – Unterlassungstäterschaft von Führungskräften – Gremienentscheidungen

Die in Eisenhüttenstadt ansässige Tietze Maschinenbau AG (T-AG) produziert Werkzeugmaschinen. Vorstandsvorsitzender ist Wilhelm Tietze (T). Weitere Vorstandsmitglieder sind Friedhelm Busse (B), der den kaufmännischen Bereich betreut, und Bernhard Conrad (C), der für den technischen Bereich zuständig ist.

Am 4. September 2022 wurde Gunther Müller (M) als Vertriebsleiter für den chinesischen Markt eingestellt. In China ist es üblich, Geschäftsabschlüsse mit großzügigen Zahlungen zu „fördern". Das wussten auch T, B und C. Weder im Vorstand noch in einem Gespräch mit M wurde dieser Umstand jedoch problematisiert. M ging deshalb davon aus, bei der Entscheidung über solche Zahlungen freie Hand zu haben. Um den Geldfluss zu verschleiern, bildete M eine „schwarze Kasse": Er schloss am 21. September 2022 mit dem selbstständigen Unternehmensberater Marten Olsen (O) einen Vertrag über Beratertätigkeiten, die O allerdings nicht erbringen sollte. O, der wusste, dass der Vorstand gutgläubig war, erstellte absprachegemäß eine Rechnung über 250.000 € mit Umsatzsteuerausweis. M zeichnete die Rechnung ab und leitete sie an die Buchhaltung weiter, die den Betrag an O auszahlte. O führte die Umsatzsteuer ab und überwies die übrig gebliebene Summe abzüglich einer Provision in Höhe von 10.000 € auf ein Konto, für das nur M Vollmacht hatte. Der Vorstand der T-AG hatte anfänglich von dieser Transaktion keine Kenntnis. Im Zuge einer im November 2022 durchgeführten Revision erfuhr er aber von der schwarzen Kasse. T, B und C unternahmen jedoch nichts, weil sie durchschauten, wofür M dieses Geld einsetzen würde, und sie der Meinung waren, dass es kaum möglich sei, in China Geschäfte zu machen, ohne Zahlungen zu leisten. Die für September 2022 von T gutgläubig abgegebene Umsatzsteuervoranmeldung für die T-AG, in der die Umsatzsteuer aus der Rechnung des O abgezogen worden war, berichtigten sie nicht.

Am 4. Dezember 2022 hob M von China aus 30.000 US-Dollar von dem Konto ab und übergab sie in bar an den Leiter des Außenwirtschaftsamtes der chinesischen Stadt Xiu, Han Zheng (Z). Z erteilte als Gegenleistung eine Einfuhrgenehmigung unter Verstoß gegen die geltenden chinesischen Einfuhrbestimmungen. Von dieser konkreten Zahlung wussten T, B und C nichts.

Bereits am 5. Juni 2022 hatte C erfahren, dass eine neu entwickelte Pressmaschinenbaureihe einen Defekt aufwies. Die Pressmaschinen waren an sich so konstruiert, dass sich der Pressvorgang eines Blechs erst starten lässt, wenn der Maschinenführer gleichzeitig zwei weit voneinander entfernt liegende Knöpfe drückt, damit sich beide Hände außerhalb der Maschine befinden, wenn diese herunterfährt. Bei den defekten

Maschinen konnte der Pressvorgang wegen eines zunächst unbemerkten Konstruktionsfehlers jedoch auch in Gang gesetzt werden, wenn nur der rechte Knopf gedrückt wurde.

C erörterte dieses Problem mit T und B und sprach sich dafür aus, die Käufer über den Defekt zu informieren und die betroffenen Maschinen zurückzurufen. T und B waren sich zwar bewusst, dass manche Arbeitnehmer zu einem leichtsinnigen Umgang mit den Maschinen neigen, und hielten es daher für möglich, dass es zu einem Unfall kommen könnte. Sie waren aber der Ansicht, es läge in der Verantwortung der Maschinenführer, während des Pressvorgangs nicht mit der Hand in die Maschine zu fassen. Obwohl C davon überzeugt war, dass die Information der Käufer und der Rückruf der Maschinen notwendig wären, schloss er sich bei der Abstimmung seinen Vorstandskollegen an, die sich trotz der Einwände des C gegen ein solches Vorgehen aussprachen, weil er es für zwecklos hielt, sich dem Willen seiner Kollegen zu widersetzen.

Eine der defekten Maschinen war an die Automobilzuliefererfirma Friedhelm Kahl GmbH geliefert worden. Mehmed Özdemir (Ö), der dort an der Pressmaschine arbeitete, bemerkte, dass es nicht notwendig war, beide Knöpfe zu drücken, und nutzte dies des Öfteren dazu, das Blech nachzujustieren, wenn der Pressvorgang schon gestartet war. Als der Sicherheitsbeauftragte Fritz Schuldt (S) dies sah, wies er Ö auf die Gefahren hin und kündigte an, die Geschäftsführung darüber in Kenntnis zu setzen. S verzichtete dann jedoch darauf, zum einen, weil Ö ihn mit der Begründung, ohne die Sicherung weniger „Ausschuss" zu produzieren, darum bat, und zum anderen, weil die Geschäftsleitung in der Vergangenheit in vergleichbaren Fällen auf Meldungen des S nie reagiert hatte. S sah deshalb keinen Grund, sich erneut ohne Aussicht auf Erfolg einzumischen. Am 4. Januar 2023 geriet der Arm des Ö in die Pressmaschine. Die Verletzungen waren so schwerwiegend, dass der Arm unterhalb des Ellenbogens amputiert werden musste.

Die Staatsanwaltschaft nahm im Februar 2023 die Ermittlungen wegen schwerer Körperverletzung gegen den Vorstand der T-AG auf. C berief sich in seiner Vernehmung darauf, nicht für den Unfall verantwortlich zu sein, da er für den Rückruf eingetreten sei, es aber wegen des Widerstandes seiner Kollegen zwecklos gewesen wäre, für einen Rückruf zu stimmen. Im Zuge der Ermittlungen deckte die Staatsanwaltschaft auch die schwarze Kasse auf. Bis dahin waren – wegen der noch laufenden Fristen – weder Körperschaft- und Umsatzsteuerjahreserklärungen noch eine Bilanz für die T-AG erstellt worden. O hatte seine Einkommensteuererklärung ebenfalls noch nicht abgegeben.

Wie haben sich die Beteiligten strafbar gemacht? Die Strafbarkeit des Z ist nicht zu prüfen.

Lösung

1. Handlungsabschnitt: Die „schwarze Kasse"
I. Strafbarkeit des M
1. § 266 Abs. 1 StGB

M könnte sich durch die Manipulationen im Zusammenhang mit dem vermeintlichen Beratervertrag wegen Untreue strafbar gemacht haben.

a) § 266 StGB ist ein Sonderdelikt, dessen beide Alternativen nach h.M. eine Vermögensbetreuungspflicht erfordern[1], d.h. eine Fürsorgepflicht von einiger Bedeutung, wobei der Grad der Selbstständigkeit und der Verantwortlichkeit des Täters sowie die Dauer, die Art und der Umfang der Tätigkeit zu berücksichtigen sind[2]. M war zwar erst seit kurzem Vertriebsleiter, in dieser Funktion hatte er aber in erheblichem Umfang selbstständige, von ihm zu verantwortende Entscheidungen über das Vermögen der T-AG zu treffen. Die Vermögensbetreuung war zudem eine wesentliche Vertragspflicht. M ist deshalb tauglicher Täter der Untreue.

b) M könnte durch den Abschluss des „Beratervertrages" mit O und die Veranlassung der Zahlung an ihn die Missbrauchsalternative des § 266 StGB verwirklicht haben. Das wäre der Fall, wenn er durch die Vereinbarung mit O seine im Außenverhältnis bestehende – durch Rechtsgeschäft, nämlich Dienstvertrag, begründete – Rechtsmacht im Innenverhältnis zur T-AG überschritten hätte.

Die h.M.[3] nimmt einen Missbrauch der Verpflichtungs- bzw. Verfügungsbefugnis jedoch nur an, wenn das vom Täter getätigte Rechtsgeschäft im Außenverhältnis wirksam ist. M hatte zwar grundsätzlich die Rechtsmacht, die T-AG zu verpflichten, sodass er einen regulären Beratervertrag mit Rechtswirkung für die Gesellschaft hätte abschließen können. Die mit O getroffene Vereinbarung war aber gemäß § 117 Abs. 1 BGB unwirksam, weil es sich um ein Scheingeschäft handelte. Die h.M. würde daher einen Missbrauch der Verpflichtungsbefugnis ablehnen. Die Gegenmeinung verzichtet jedoch auf das Erfordernis eines im Außenverhältnis wirksamen Rechtsgeschäfts und befürwortet statt dessen eine „strafrechtsautonome" Bestimmung des Missbrauchs, wonach alle vorsätzlichen Schädigungen fremden Vermögens genügen, die der Täter im Zusammenhang mit seiner besonderen Machtstellung begeht[4].

Es bedarf deshalb der Streitentscheidung. Die Gegenmeinung begründet ihre Sicht vornehmlich mit – vermeintlichen – Strafbarkeitslücken, weil nicht in allen Fällen

---

[1] BGHSt 24, 386, 387; BGH, NJW 1984, 2539, 2540; Krey/*Hellmann*/Heinrich, BT 2, Rn. 903 ff.; *Matt*, in: M/R, § 266 StGB Rn. 7.
[2] Krey/*Hellmann*/Heinrich, BT 2, Rn. 907 f.; *Perron*, in: Sch/Sch, § 266 StGB Rn. 24.
[3] BGHSt 5, 61, 62 f.; 50, 299, 313; BGH wistra 1990, 305; *Seier/Lindemann*, in: HWSt, 5. Teil 2. Kap. Rn. 114; *Waßmer*, in: G/J/W, § 266 StGB Rn. 81; *Wittig*, in: BeckOK-StGB, § 266 Rn. 19.
[4] *Arzt*, in: Festschrift für Bruns (1977), S. 365, 368, 370, 375; ihm folgend *Schünemann*, in: LK[12], § 266 StGB Rn. 30 ff.

der Unwirksamkeit des Verpflichtungs- bzw. Verfügungsgeschäfts die Treubruchsalternative erfüllt sei. Die behaupteten Lücken bestehen allerdings zumeist nicht. Aber selbst wenn dies zuträfe, würden der Wortlaut des § 266 Abs. 1 StGB und der systematische Zusammenhang der beiden Tathandlungen der Untreue dieser Sicht entgegenstehen. Der Täter, der unwirksame Rechtsgeschäfte tätigt, missbraucht eben nicht die ihm eingeräumten – rechtlichen – Befugnisse, wie es § 266 Abs. 1, 1. Alt. StGB voraussetzt, sondern die aus der Einräumung der besonderen Rechtsmacht resultierende – faktische – Möglichkeit zur Einwirkung auf das fremde Vermögen; darin besteht allerdings gerade die Tathandlung der Treubruchsalternative. Deshalb sind Überschreitungen der Vertretungsmacht, die zu einem unwirksamen Rechtsgeschäft führen, nicht der Missbrauchsalternative zu subsumieren[5].

7 c) In Betracht kommt eine Treupflichtverletzung des M. Die Tathandlung der Treubruchsalternative setzt ein im Pflichtenkreis des Täters liegendes Verhalten voraus, das nicht mehr von seinem rechtlichen Dürfen im Innenverhältnis gedeckt ist[6]. Die Pflichten des Vermögensbetreuungspflichtigen werden im Einzelnen durch gesetzliche Bestimmungen, Richtlinien oder konkrete Weisungen festgesetzt. Offen bleiben kann hier, ob die Vorbereitung einer Bestechung durch Bildung der „schwarzen Kasse" – wie die Bestechung selbst – wegen der Verbotenheit und Strafbarkeit der Zahlung von „Schmiergeldern" generell pflichtwidrig ist oder ob die Vorbereitung – und Vornahme – einer Bestechung im Rahmen des rechtlichen Dürfens bleibt, wenn der Vermögensinhaber dies gestattet[7]. Zweifelhaft ist schon, ob ein Einverstandensein des Vorstandes wegen der (Straf-)Rechtswidrigkeit überhaupt relevant wäre, zumal T, B und C dadurch ihre Pflichten gegenüber der T-AG verletzt hätten. Im Zeitpunkt der Tathandlung hatten die Vorstandsmitglieder jedoch noch keine Kenntnis von den Machenschaften des M, sodass er ohne deren Einverständnis handelte. Aus der späteren Billigung des Verhaltens des M kann im Übrigen nicht auf ein mutmaßliches Einverstandensein des Vorstands bei Vornahme der Tathandlung geschlossen werden. Gegen die Annahme einer Pflichtverletzung des M lässt sich zudem nicht überzeugend ins Feld führen, M habe auf lange Sicht zugunsten der T-AG gehandelt, weil er durch die Verwendung der Gelder Aufträge für die Gesellschaft beschaffte. Zum einen träfe diese These ohnehin nur zu, wenn die Manipulationen unentdeckt geblieben wären, denn wegen der möglichen strafrechtlichen Sanktionen gegen das Unternehmen und der „imageschädigenden" Auswirkungen dürfte das Verhalten des M die T-AG per Saldo wirtschaftlich schädigen. Zum anderen bestimmt der Vermögensinhaber die Grenzen des rechtlichen Dürfens des Vermögensverwalters, eine Erlaubnis zur Bildung der „schwarzen Kasse" lag aber nicht vor. Der Abschluss des „Beratervertrages" und die Veranlassung der Zahlung an O waren somit pflichtwidrig.

8 d) Durch die pflichtwidrige Handlung des M müsste der T-AG ein Nachteil entstanden sein. Der Vermögensnachteil bei § 266 StGB entspricht dem Vermögensscha-

---

[5] Seier/Lindemann, in: HWSt, 5. Teil 2. Kap. Rn. 115.
[6] Kindhäuser/Hoven, in: NK, § 266 StGB Rn. 61.
[7] So Kindhäuser/Hoven, in: NK, § 266 StGB Rn. 81.

den bei § 263 StGB, es gelten also die gleichen Grundsätze der Schadensberechnung[8]. Bei Austauschgeschäften ist folglich der Wert der Leistung mit dem der Gegenleistung zu saldieren[9]. O erlangte aus dem Vermögen der T-AG 250.000 € zzgl. Umsatzsteuer, war seinerseits aber nicht verpflichtet, Leistungen gegenüber der T-AG zu erbringen. Die Verpflichtung, einen Teil des Geldes auf das gesonderte Konto zu überweisen, stellt keine zu berücksichtigende Gegenleistung dar, weil diese Nebenabrede mit M keinen Anspruch der T-AG gegen O begründete. Aus dem Vermögen der Gesellschaft floss deshalb ein Geldbetrag ab, dem keine entsprechende Gegenleistung gegenüberstand. Die – geplante – spätere Verwendung der Mittel im Interesse der T-AG ist für die Schadensbestimmung irrelevant, da es sich um einen nachträglichen Ausgleich der bereits eingetreten Vermögensminderung handeln würde[10]. Die T-AG erlitt somit einen Vermögensnachteil.

e) Da M vorsätzlich, rechtswidrig und schuldhaft handelte, ist er wegen Untreue nach § 266 Abs. 1, 2. Alt. StGB strafbar.

2. §§ 334 Abs. 1, 335a Abs. 1 Nr. 2a, 1. Alt. StGB

M könnte sich wegen Bestechung eines Bediensteten eines ausländischen Staates nach §§ 334 Abs. 1, 335a Abs. 1 Nr. 2a, 1. Alt. StGB strafbar gemacht haben, indem er die Zahlung an Z leistete.

a) M nahm die Zahlung an Z in China vor, sodass sowohl der Handlungs- als auch der Erfolgsort im Ausland lagen. Nach dem in § 7 Abs. 2 Nr. 1 StGB niedergelegten sog. aktiven Personalitätsprinzip gilt das deutsche Strafrecht zwar grundsätzlich für Taten, die ein Deutscher im Ausland begangen hat, das setzt aber voraus, dass die Tat auch im Ausland mit Strafe bedroht ist. Die Strafbarkeit des M scheint also davon abhängig zu sein, dass die Bestechung von Amtsträgern in China strafbar ist.

Feststellungen dazu bedarf es jedoch nicht, weil § 335a Abs. 1 Nr. 2a, 1. Alt. StGB einen Bediensteten eines ausländischen Staates einem – deutschen – „sonstigen Amtsträger" (§ 11 Abs. 1 Nr. 2 StGB, mit Ausnahme des Richters, für den § 335a Abs. 1 Nr. 1 StGB eine besondere Gleichstellungsregelung enthält) bei der Anwendung des § 334 StGB – weitgehend – gleichstellt und § 5 Nr. 15 StGB die Anwendbarkeit der §§ 331 bis 337 StGB auf die Bestechung ausländischer Bediensteter unabhängig vom Recht des Tatorts anordnet. Die Gleichstellung ist mit der Einschränkung erfolgt, dass die Strafbarkeit ausschließlich Taten, die sich auf *künftige* Diensthandlungen beziehen, erfasst, also nicht die sog „Belohnungskorruption" für eine bereits vorgenommene Diensthandlung.

Z müsste allerdings „Bediensteter eines ausländischen Staates" im Sinne des § 335a Abs. 1 Nr. 2a, 1. Alt. StGB sein. Unklar ist, ob für die Auslegung dieses Begriffes das deutsche Recht, das Recht des Staates, in dem der Betreffende tätig ist, oder das

---

[8] BGHSt 43, 293, 297.
[9] *Dierlamm/Becker*, in: MüKo⁴, § 266 StGB Rn. 232 f.; *Kindhäuser/Hoven*, in: NK, § 266 StGB Rn. 102.
[10] BGHSt 52, 323, 338; *Fischer*, § 263 Rn. 155; *Wittig*, § 20 Rn. 155. **A.A.** z.B. *Satzger*, NStZ 2009, 297, 302 ff.; *Waßmer*, in: G/J/W, § 266 StGB Rn. 200.

Völkerrecht maßgeblich ist. Der BGH hatte für die Bestimmung des Begriffs Europäischer Amtsträger in Art. 2 § 1 Nr. 2 lit a EUBestG (seit 2015 in § 11 Abs. 1 Nr. 2a StGB geregelt) unter Bezugnahme auf den Wortlaut der Vorschrift („..., soweit seine Stellung einem Amtsträger im Sinne des § 11 Abs. 1 Nr. 2 des Strafgesetzbuches entspricht") die Auffassung vertreten, dass durch eine „zweistufige" Prüfung festzustellen sei, ob der Funktionsträger eines Mitgliedstaats sowohl nach dem Recht des betroffenen akkreditierenden Mitgliedstaats als auch in Ansehung des deutschen Rechts Amtsträger sei[11]. Ob diese Entscheidung auf die geltende Definition des Europäischen Amtsträgers in § 11 Abs. 1 Nr. 2a StGB, der die „Entsprechungsklausel" des Art. 2 § 1 Nr. 2 lit a EUBestG nicht – mehr – enthält, übertragbar ist, erscheint schon zweifelhaft. Für die Auslegung des Begriffs „Bediensteter" eines ausländischen Staates in § 335a Abs. 1 Nr. 2a StGB kann jedenfalls nicht maßgeblich sein, ob der Betroffene – auch – nach deutschem Recht Amtsträger wäre, da die Vorschrift den Amtsträgerbegriff nicht verwendet. Deshalb ist auf die Definition des Amtsträgerbegriffs in Art. 1 Abs. 4 lit. a des OECD-Übereinkommens über die Bekämpfung der Bestechung ausländischer Amtsträger im internationalen Geschäftsverkehr[12] und Art. 2 lit. b des Übereinkommens der Vereinten Nationen gegen Korruption[13], die durch § 335a StGB in das deutsche Recht umgesetzt wurden, zurückzugreifen[14] und eine „autonome" Auslegung nach Maßgabe der völkerrechtlichen Regelungen vorzunehmen[15]. Amtsträger ist danach eine Person, die in einem anderen Staat durch Ernennung oder Wahl ein Amt u.a. im Bereich der Verwaltung innehat.

Es ist davon auszugehen, dass Z sein Amt als Leiter des Außenwirtschaftsamtes der chinesischen Stadt Xiu durch Ernennung erlangt hat. Er ist somit Bediensteter eines ausländischen Staates im Sinne des § 335a Abs. 1 Nr. 2a, 1. Alt. StGB und deshalb einem sonstigen Amtsträger im Sinne des § 334 Abs. 1 StGB gleichgestellt.

13 b) M hat Z einen Vorteil gewährt, auf den Z keinen Anspruch hatte. Der Vorteil müsste für eine – zukünftige – pflichtwidrige Diensthandlung gewährt worden sein. Die Entscheidung über die Erteilung von Einfuhrgenehmigungen gehörte zu den Dienstpflichten des Z. Die Verletzung der Dienstpflicht kann sich insbesondere auch aus einem Verstoß gegen gesetzliche Ge- oder Verbote ergeben[16]. Die Pflichtwidrigkeit der Diensthandlung eines ausländischen Amtsträgers richtet sich dabei nach dem Recht des Staates, für den der ausländische Amtsträger tätig wird. Die Erteilung der Einfuhrgenehmigung verstieß gegen die Vorschriften des chinesischen Rechts, sodass die Diensthandlung des Z pflichtwidrig war.

14 c) Vorsatz, Rechtswidrigkeit und Schuld liegen vor, sodass M wegen Bestechung nach §§ 334 Abs. 1, 335a Abs. 1 Nr. 2a, 1. Alt. StGB strafbar ist.

---

[11] BGHSt 60, 266, Rn. 14 ff., m. Anm. *Klötzer-Assion*, ZWH 2015, 311 f., und *Rathgeber*, NZWiSt 2015, 359 f.
[12] BGBl. II 1998, 2329. S. *Burkhart/Busch*, wistra 2022, 189 ff.; *Burkhart/Fratzky*, wistra 2019, 41 ff.
[13] BGBl. II 2014, 762.
[14] BT-Drs. 18/4350, 25; *Brodowski*, HRRS 2016, 14, 16.
[15] BGH, ZWH 2019, 123, Rn. 95, m. Bespr. *Papathanasiou*, ZWH 2019, 112 ff. Näher dazu *Kuhlen*, in: NK, § 335a StGB Rn. 19 ff.; *Meißner*, StV 2017, 128, 129 ff.
[16] *Heger*, in: L/K/H, § 332 StGB Rn. 3.

II. Strafbarkeit des O
1. §§ 266 Abs. 1, 2. Alt., 25 Abs. 2 StGB

Eine mittäterschaftlich begangene Untreue durch die Mitwirkung an den Manipulationen des M zum Nachteil der T-AG scheidet schon deshalb aus, weil O nicht vermögensbetreuungspflichtig ist und deshalb das Sonderdelikt des § 266 StGB nicht als Täter oder Mittäter begehen kann.

2. §§ 266 Abs. 1, 2. Alt., 27 StGB

a) M wäre es nicht möglich gewesen, die Untreue zum Nachteil der T-AG vorzunehmen, wenn O den Beratervertrag nicht geschlossen und die Rechnung nicht gestellt hätte. Er hat M deshalb zu dessen Untreue vorsätzlich, rechtwidrig und schuldhaft Hilfe geleistet und sich deshalb wegen Beihilfe zur Untreue strafbar gemacht.

b) Die Strafe des O ist gemäß § 27 Abs. 2 StGB nach Maßgabe des § 49 Abs. 1 StGB zu mildern. Fraglich ist, ob darüber hinaus eine weitere Strafmilderung gemäß § 28 Abs. 1 StGB vorzunehmen ist. Nach h.M.[17] beschreibt die Vermögensbetreuungspflicht eine besondere Pflichtenstellung des Täters, sie ist deshalb ein strafbarkeitsbegründendes persönliches Merkmal im Sinne des § 28 Abs. 1 StGB, der ebenfalls eine Strafmilderung nach § 49 Abs. 1 StGB vorschreibt. Das scheint für eine zweifache Milderung zu sprechen. Die h.M.[18] lehnt eine doppelte Strafmilderung jedoch zutreffend ab, wenn – wie hier – die Gehilfenstellung allein auf dem Fehlen der Vermögensbetreuungspflicht beruht, weil derselbe Umstand zweifach mildernd herangezogen würde.

III. Strafbarkeit des T
1. § 266 Abs. 1, 2. Alt. StGB

T könnte eine Untreue begangen haben, indem er nach Kenntniserlangung von dem scheinbaren Beratervertrag nichts unternahm, um das Geld für die T-AG zurückzuerlangen.

a) Mangels rechtsgeschäftlicher Handlungen des T kommt nur der Treubruchstatbestand in Betracht. Vorstandsmitglieder einer Aktiengesellschaft trifft eine rechtsgeschäftlich begründete, gesetzlich ausgestaltete (§§ 76, 93 AktG) Pflicht zur Betreuung des Vermögens der juristischen Person[19], sodass T tauglicher Täter des § 266 Abs. 1, 2. Alt. StGB ist.

b) Die Untreue ist ein sog. Pflichtdelikt, das sowohl durch Tun als auch durch Unterlassen begangen werden kann, wenn der Treupflichtige im Interesse des betreuten

---

[17] BGHSt 26, 53; *Fischer*, § 266 StGB Rn. 185; *Saliger*, in: E/R/S/T, § 266 StGB Rn. 132. **A.A.** *Perron*, in: Sch/Sch, § 266 StGB Rn. 52.
[18] BGHSt 26, 53 ff.; BGH, NStZ 2019, 525, R. 15; *Murmann*, in: S/S/W, § 27 StGB Rn. 16; *Waßmer*, in: G/J/W, § 266 StGB Rn. 281. **A.A.** *Seier/Lindemann*, in; HWSt, 5. Teil 2. Kap. Rn. 65.
[19] BGHSt 47, 187, 192; BGH, NJW 2002, 1585; NJW 2017, 578, Rn. 26; *Waßmer*, in: G/J/W, § 266 StGB Rn. 49.

Vermögens hätte tätig werden müssen[20], sodass die Anwendung des § 13 Abs. 1 StGB ausgeschlossen ist[21]. Der Betriebsleiter hat z.B. offene Forderungen einzuziehen[22]. In casu hätte T den der T-AG zustehenden Rückforderungsanspruch geltend machen müssen, weil ein Belassen von rechtsgrundlos gezahlten Leistungen beim Leistungsempfänger gegen die Grundsätze ordentlicher Geschäftsführung verstößt. T hat also pflichtwidrig gehandelt.

21 c) Der Anwendung des § 25 Abs. 2 StGB bedarf es nicht. Zwar ließe sich argumentieren, dass bei einer Tatbegehung durch Unterlassen Mittäterschaft vorliege, wenn mehrere Handlungspflichtige vereinbarungsgemäß dieselbe Handlungspflicht verletzen. Ein arbeitsteiliges Zusammenwirken ist bei Unterlassungsdelikten jedoch nur dann gegeben, wenn die geforderte Handlung nur gemeinsam erbracht werden kann[23]. Zuständig für das Vermögen der Aktiengesellschaft ist der Vorstand in seiner Gesamtheit und damit jedes einzelne Vorstandsmitglied[24]. Da T die Rückforderungsansprüche hätte geltend machen können – und müssen –, ist er (Allein-)Täter.

22 d) Fraglich ist, ob der T-AG durch das Nichthandeln des T ein Nachteil entstanden ist. Das Vermögen wurde zwar bereits durch die Handlung des M geschädigt, sodass das Unterlassen des T diesen Nachteil nur verstärkte. Die unterlassene Rückforderung war aber ursächlich für die dauerhafte Entziehung des Vermögens und stellt bei wirtschaftlicher Betrachtung somit einen Vermögensschaden dar[25].

23 e) Vorsatz, Rechtswidrigkeit und Schuld liegen vor, sodass T ebenfalls eine Untreue begangen hat. Zum Teil wird bei einer durch Unterlassen begangenen Pflichtverletzung die Anwendung der fakultativen Strafmilderungsmöglichkeit des § 13 Abs. 2 StGB befürwortet[26]. Dem ist jedoch entgegenzuhalten, dass der Unwertgehalt einer durch positives Tun oder Unterlassen verwirklichten Vermögensbetreuungspflichtverletzung vom Tatbestand des § 266 StGB gleich behandelt wird und es bei der Untreue zudem in der Regel an einer konkreten Schulddifferenz zwischen Tun und Unterlassen fehlen wird[27].

2. § 370 Abs. 1 Nr. 1 AO

24 T könnte sich zudem wegen Steuerhinterziehung durch die Berücksichtigung der in der Rechnung des O ausgewiesenen Umsatzsteuer in der Umsatzsteuervoranmeldung der T-AG strafbar gemacht haben.

---

[20] BGH, wistra 2022, 384, Rn. 29; *Kindhäuser/Hoven*, in: NK, § 266 StGB Rn. 64; *Wittig*, in: BeckOK-StGB, § 266 Rn. 51.
[21] *Heger*, in: L/K/H, § 266 StGB Rn. 2; *Perron*, in: Sch/Sch, § 266 StGB Rn. 35. **A.A.** BayObLG, JR 1989, 299 ff.; *Matt*, in: M/R, § 266 StGB Rn. 84; offen gelassen von BGHSt 36, 227.
[22] *Kindhäuser/Hoven*, in: NK, § 266 StGB Rn. 64.
[23] Eingehend dazu *Roxin*, AT II, § 31 Rn. 171 ff.
[24] BGH, wistra 2011, 106, Rn. 39.
[25] **A.A.** BGH, NStZ 2015, 220, Rn. 14, der einen Schaden ablehnt, wenn der Anspruch fortbesteht. Krit. *Klemm*, NStZ 2015, 223, 224 f.
[26] BGHSt 36, 227 ff.; BGH, wistra 2022, 384, Rn. 29; *Waßmer*, in: G/J/W, § 266 StGB Rn. 282; *Wittig*, in: BeckOK-StGB, § 266 Rn. 15.
[27] *Fischer*, § 266 StGB Rn. 188; *Heger*, in: L/K/H, § 266 StGB Rn. 2.

a) Steuerpflichtig ist zwar die T-AG als Unternehmer im Sinne des § 1 UStG. T hat aber als gesetzlicher Vertreter gemäß § 34 Abs. 1 AO deren steuerliche Pflichten zu erfüllen, sodass er tauglicher Täter einer Umsatzsteuerhinterziehung ist. § 14 Abs. 1 Nr. 1 StGB ist nicht anzuwenden. 25

T müsste unrichtige Angaben über steuerlich erhebliche Tatsachen gegenüber der Finanzbehörde gemacht haben. Die „Vorsteuer" ist eine steuerlich erhebliche Tatsache, weil sie nach § 15 Abs. 1 S. 1 Nr. 1 UStG von der Umsatzsteuerschuld des Unternehmers abgezogen werden darf. T scheint jedoch darüber keine unrichtigen Angaben gemacht zu haben, da dem Vorsteuerabzug der Umsatzsteuerausweis in der Rechnung des O zugrunde lag. Allerdings handelte es sich um eine sog. Scheinrechnung, die nicht zur Geltendmachung der darin ausgewiesenen Vorsteuer berechtigt[28]. Das gilt selbst dann, wenn der Aussteller der Scheinrechnung die Umsatzsteuer tatsächlich abgeführt hat. Der Vorsteuerabzug war mithin unberechtigt und die Angaben des T gegenüber der Finanzbehörde waren unrichtig. 26

Die unrichtigen Angaben müssten zu einer Steuerverkürzung geführt haben. Die Umsatzsteuervoranmeldung steht nach § 168 AO einer Steuerfestsetzung unter dem Vorbehalt der Nachprüfung gleich. Die Umsatzsteuer wurde deshalb durch die Anmeldung „festgesetzt". 27

Strittig ist, ob es sich „nur" um eine Steuerverkürzung auf Zeit handelt und sich der tatbestandsmäßige Umfang des Verkürzungserfolgs aus den Hinterziehungszinsen errechnet, da der Unternehmer auch eine Jahresumsatzsteuererklärung abgeben muss[29], oder ob der Verkürzungserfolg in Höhe des nominellen Betrages der zu niedrig angemeldeten Umsatzsteuer besteht[30]. Dem Vorwurf, dass bei einer Wiederholung der unrichtigen Angaben in der Umsatzsteuerjahreserklärung dem Täter der Verkürzungserfolg „doppelt" zur Last gelegt würde, weil beide Steuerhinterziehungen in Tatmehrheit stünden[31], hat der BGH durch die Änderung seiner Rechtsprechung zum Konkurrenzverhältnis den Boden entzogen. Wiederhole der Täter in seiner Jahresumsatzsteueranmeldung die unrichtigen Angaben der Umsatzsteuervoranmeldung, so trete die Steuerhinterziehung durch die unrichtige Voranmeldung als mitbestrafte Vortat zurück[32]. Es ist zwar zu begrüßen, dass der BGH dadurch eine „Doppelbestrafung" wegen Hinterziehung derselben Umsatzsteuersumme verhindert. Das eigentliche Tatunrecht – zunächst Steuerhinterziehung auf Zeit durch die Voranmeldung und anschließend ggf. Steuerhinterziehung auf Dauer – wird durch diese Lösung aber eigentlich nicht korrekt abgebildet. Da der Täter dadurch nicht benachteiligt wird, ist diese Auffassung jedoch akzeptabel. 28

---

[28] BGHSt 47, 343; 346 ff.; BGH, NJW 2002, 1963, 1965.
[29] So die frühere Rechtsprechung BGHSt 43, 270, 276; ebenso z.B. *Flore*, in: Flore/Tsambikakis, Steuerstrafrecht, 2. Aufl. 2016, § 370 AO Rn. 319.
[30] BGHSt 53, 221, Rn. 35 ff.; zust. z.B. *Ransiek* in: Kohlmann, § 370 AO Rn. 502.
[31] So die frühere Rechtsprechung, z.B. BGHSt 53, 221, Rn. 28 ff.
[32] BGH, wistra 2018, 43, Rn. 50 ff., m. Anm. *Pflaum*.

29 b) Als T die Umsatzsteuervoranmeldung für die T-AG abgab, wusste er aber nicht, dass es sich bei der Rechnung des O um eine Scheinrechnung handelte. Eine Strafbarkeit wegen Steuerhinterziehung durch Abgabe der Umsatzsteuervoranmeldung scheidet somit mangels Vorsatzes aus.

3. § 370 Abs. 1 Nr. 2 AO

30 T könnte eine Steuerhinterziehung durch Unterlassen begangen haben, indem er die Umsatzsteuervoranmeldung nicht berichtigte.

31 a) T müsste die Finanzbehörde über steuerlich erhebliche Tatsachen in Unkenntnis gelassen haben. Wie dargelegt (Rn. 26) war die Vorsteuer aus der Rechnung des O nicht abzugsfähig. Die – erneute – steuerliche Erheblichkeit dieser Tatsache ergibt sich daraus, dass Steuerbescheide nach § 173 Abs. 1 Nr. 1 AO aufzuheben oder zu ändern sind, wenn nachträglich Tatsachen oder Beweismittel bekannt werden, die zu einer höheren Steuer führen. T hat das Finanzamt darüber nicht informiert, sodass er es über diese Tatsache in Unkenntnis gelassen hat. T unterließ die ihm mögliche Berichtigung der Voranmeldung.

32 b) Die Pflichtwidrigkeit des Inunkenntnislassens folgt aus § 153 Abs. 1 S. 1 Nr. 1, S. 2 AO. Die Vorschrift verpflichtet den Steuerpflichtigen, die Steuererklärung zu berichtigen, wenn er nachträglich erkennt, dass von ihm oder für ihn gemachte Angaben unrichtig sind und es zu einer Steuerverkürzung gekommen ist. Diese Berichtigungspflicht trifft nach § 153 Abs. 1 S. 2 AO auch die nach §§ 34, 35 AO für den Steuerpflichtigen handelnden Personen. Umsatzsteuerpflichtiger Unternehmer war die T-AG, deren steuerliche Pflichten, und zwar auch die Berichtigungspflicht des § 153 Abs. 1 S. 1 Nr. 1 AO, von T als Vorstandsmitglied gemäß § 34 Abs. 1 AO zu erfüllen waren. T kann sich im Übrigen nicht darauf berufen, dass es sich lediglich um eine Steuervoranmeldung handelte und die Berichtigung erst in der Umsatzsteuerjahreserklärung erfolgen müsse. Die Richtigstellung ist nach § 153 Abs. 1 S. 1 AO unverzüglich vorzunehmen, zumal der konkrete Steuerhinterziehungserfolg einer Umsatzsteuervoranmeldung nur durch die Berichtigung der Voranmeldung noch vor Ablauf des Jahres beseitigt werden kann.

33 c) Da die Änderung der Festsetzung unterblieb, scheint auch der Taterfolg der Steuerverkürzung eingetreten zu sein. Fraglich ist allerdings, ob er durch sein Nichthandeln den Erfolg quasi-kausal herbeigeführt hat. Der Erfolg hätte also mit an Sicherheit grenzender Wahrscheinlichkeit ausbleiben müssen, wenn T die Angaben berichtigt hätte. Hätte T das Finanzamt darüber in Kenntnis gesetzt, dass der Abzug der Vorsteuer aus der Rechnung des O zu Unrecht erfolgt war, hätte der Sachbearbeiter mit an Sicherheit grenzender Wahrscheinlichkeit einen geänderten Umsatzsteuerbescheid erlassen, sodass die hypothetische Kausalität gegeben zu sein scheint. Ein Steuerverkürzungserfolg war allerdings bereits mit Abgabe der unrichtigen Steuervoranmeldung eingetreten. Für solche Fälle wird deshalb vereinzelt[33] behauptet, ein – weiterer – Verkürzungserfolg fehle, weil die Berichtigung lediglich dazu geführt

---

[33] *Hoff*, Das Handlungsunrecht der Steuerhinterziehung, 1999, S. 95 ff.; *Samson*, wistra 1990, 247.

hätte, dass der fehlerhafte Steuerbescheid nach § 173 AO aufgehoben und durch einen neuen ersetzt worden wäre, der den eingetretenen Verkürzungserfolg nicht beseitigen, sondern lediglich eine Wiedergutmachung des Steuerschadens bewirken würde. Danach hätte sich T nicht wegen Steuerhinterziehung durch Unterlassen strafbar gemacht. Vorzugswürdig ist es jedoch, in dieser Konstellation das Bestehenlassen eines unrichtigen Steuerbescheides als Erlangung eines nicht gerechtfertigten steuerlichen Vorteils zu verstehen[34].

d) Da T vorsätzlich, rechtswidrig und schuldhaft handelte, hat er sich wegen Steuerhinterziehung durch Unterlassen gemäß § 370 Abs. 1 Nr. 2 AO strafbar gemacht. 34

IV. Strafbarkeit von B und C
1. § 266 Abs. 1, 2. Alt. StGB

B und C sind als Vorstandsmitglieder ebenfalls vermögensbetreuungspflichtig und handelten pflichtwidrig, indem sie nichts gegen die „schwarze Kasse" unternahmen. Sie können sich nicht darauf berufen, dass der Vorstandsvorsitzende sich gegen die Geltendmachung der Rückforderung ausgesprochen hatte, da jedes Vorstandsmitglied selbst für die Wahrnehmung der Vermögensinteressen der Aktiengesellschaft zuständig ist (Rn. 21). 35

B und C haben sich daher ebenfalls wegen Untreue strafbar gemacht.

2. § 370 Abs. 1 Nr. 2 AO StGB

B und C berichtigten die Umsatzsteuervoranmeldung nicht. Sie hätten sich ebenfalls wegen Steuerhinterziehung durch Unterlassen strafbar gemacht, wenn sie nach § 153 Abs. 1 S. 1 Nr. 1, S. 2 AO zur Berichtigung der Umsatzsteueranmeldung der T-AG verpflichtet waren. 36

a) § 153 Abs. 1 S. 1 Nr. 1 AO richtet sich nicht nur an denjenigen, der die unrichtige Erklärung abgegeben hat, sondern auch an den Steuerpflichtigen und – u.a. – an dessen gesetzliche Vertreter (§ 34 Abs. 1 AO). Gesetzlicher Vertreter der Aktiengesellschaft ist der Vorstand (§ 78 AktG), sodass die steuerliche Berichtigungspflicht für B und C gilt. Deshalb hatten sie nach § 153 Abs. 1 S. 1 Nr. 1 AO ebenfalls die Pflicht, die unrichtige Steuervoranmeldung zu berichtigen. 37

b) C kann sich im Übrigen nicht darauf berufen, dass er nach der internen Zuständigkeitsverteilung für den technischen Bereich zuständig war. Die Aufgabenverteilung hindert die Verantwortlichkeit nämlich dann nicht, wenn ein Gremiumsmitglied die Pflichtverletzung eines anderen Gremiumsmitgliedes erkennt[35]. Dann hat das aufgrund der internen Geschäftsverteilung für andere Aufgaben zuständige Vorstandsmitglied die pflichtgemäße Handlung selbst vorzunehmen. 38

c) B und C haben sich deshalb ebenfalls wegen Steuerhinterziehung durch Unterlassen strafbar gemacht. 39

---

[34] *Grötsch*, in: J/J/R, § 370 AO Rn. 280; *Ransiek*, in: Kohlmann, § 370 AO Rn. 350.
[35] BGHSt 37, 106, 124, m. Anm. *Kuhlen*, NStZ 1990, 566, 569.

V. Strafbarkeit von T, B und C
§§ 334, 335a Abs. 1 Nr. 2a, 1. Alt., 13 StGB

40 Die Vorstandsmitglieder könnten sich darüber hinaus wegen Bestechung durch Unterlassen strafbar gemacht haben, indem sie nichts gegen die von M begangene Bestechung unternahmen.

41 a) Der tatbestandsmäßige Erfolg besteht in der von M vorgenommenen Bestechung des Z, die auch in Deutschland strafbar ist (Rn. 11 f.). Die Vorstandsmitglieder haben es unterlassen, die Bestechung zu verhindern, obwohl ihnen dies möglich gewesen wäre, indem sie die schwarze Kasse aufgelöst hätten. Hätten sie dies getan, wäre der Erfolg mit an Sicherheit grenzender Wahrscheinlichkeit ausgeblieben, weil M in diesem Fall das notwendige Kapital zur Bestechung des Z nicht zur Verfügung gestanden hätte. Es lässt sich nicht einwenden, M hätte das Kapital möglicherweise an anderer Stelle flüssig machen können, da darin ein irrelevanter hypothetischer Kausalverlauf zu sehen wäre. Eine klare Anweisung des Vorstandes, dass Bestechungen nicht erwünscht sind, hätte M zudem davon abgehalten, sich gegen den erklärten Willen des Vorstandes zu stellen.

42 b) Umstritten ist allerdings, ob der Geschäftsinhaber als Überwachergarant verpflichtet ist, die Begehung der Straftat eines Mitarbeiters zu verhindern. Dies wird z.T.[36] mit dem Hinweis auf die Eigenverantwortlichkeit der Betriebsangehörigen abgelehnt. Eine Garantenstellung könne allenfalls entstehen, wenn sich aus der Eigenart des Betriebes besondere typische Gefahren für die Allgemeinheit ergeben, etwa bei der Lieferung Verbraucher schädigender Produkte. Dem Geschäftsinhaber sei die Verantwortlichkeit für diese erhöhten Gefahren, aber auch nur für diese, aufzubürden. Die h.M.[37] bejaht dagegen generell eine Verantwortlichkeit des Geschäftsinhabers für die Verhinderung von Straftaten, die von einem Mitarbeiter in Wahrnehmung der ihm übertragenen Aufgaben begangen werden. Zuzustimmen ist der letztgenannten Ansicht, weil der Geschäftsinhaber die Verantwortung für das Verhalten seiner für ihn tätig werdenden Mitarbeiter als Kehrseite seiner unternehmerischen Freiheit tragen muss[38].

43 Geschäftsinhaber sind allerdings nicht T, B und C, sondern Inhaberin ist die T-AG, die deshalb an sich die Garantenstellung trifft. Organe eines Garanten übernehmen jedoch – in der Regel – in eigener Person die Schutz- bzw. Obhutspflichten, welche die juristische Person treffen, sodass die strafbarkeitsbegründenden Voraussetzungen in der Person des Vertreters selbst vorhanden sind; eine Überwälzung nach § 14 StGB scheidet folglich aus – sie ist aber auch nicht erforderlich –, weil das strafbarkeitsbegründende Merkmal bei dem Organ nicht fehlt[39]. Eine Strafbarkeit von T, B und C wegen garantenpflichtwidrigen Unterlassens kommt deshalb in Betracht.

---

[36] *Otto*, Jura 1998, 409, 413; *Stein*, in: SK[10], § 13 StGB Rn. 44.
[37] BGHSt 57, 42, Rn. 13 f.; BGH, NStZ 2018, 648, mit krit. Bespr. *Wagner*, NZWiSt 2019, 365 ff.; *Bosch*, in: Sch/Sch, § 13 StGB Rn. 53a; *Heger*, in: L/K/H, § 13 StGB Rn. 14a; *Hellmann*, Rn. 1059; *Merz*, in: G/J/W, § 13 StGB Rn. 39; *Roxin*, ATII § 32 Rn. 137.
[38] Näher *Hellmann*, Rn. 1059.
[39] *Radtke*, in: MüKo[4], § 14 StGB Rn. 41.

c) Strittig ist zudem, ob der die Straftatbegehung eines anderen nicht hindernde Garant Unterlassungstäter ist oder Beihilfe durch Unterlassen zur Tat des Dritten leistet. Ein Teil der Literatur bejaht grundsätzlich die täterschaftliche Begehung und nimmt Beihilfe nur an, wenn besondere Täterqualifikationen fehlen[40]. Die Gegenmeinung verneint dagegen die Unterlassungstäterschaft und erkennt lediglich eine Beihilfe durch Unterlassen zum Delikt des aktiv Handelnden an[41]. Eine differenzierende Sicht bejaht Täterschaft nur bei Vorliegen einer Beschützergarantenstellung[42]. Nach dieser Auffassung wäre Täterschaft hier abzulehnen, weil der Geschäftsherr Überwachergarant ist. Die h.M.[43] wendet auf das Unterlassen die allgemeinen Kriterien zur Abgrenzung von Täterschaft und Teilnahme an, also entweder die Tatherrschaftslehre oder die subjektive Theorie[44]. Die Vorstandsmitglieder nahmen die Bestechungshandlung zwar nicht selbst vor, leisteten aber – mit animus auctoris – einen erheblichen Beitrag, indem sie das Konto bestehen ließen und so die Bestechung erst ermöglichten. Die h.M. würde deshalb hier zur Annahme einer täterschaftlichen Begehung gelangen.

Vorzugswürdig erscheint es, den zur Verhinderung einer fremden Straftat Verpflichteten als Täter zu betrachten. Das gilt im Besonderen für den Unternehmensinhaber bzw. -leiter[45]. Ihn lediglich als „Randfigur" des Geschehens im Range eines Gehilfen einzustufen, wird der Verteilung der Verantwortungsbereiche in einem Unternehmen nicht gerecht.

d) Fraglich ist, ob die Vorstandsmitglieder Vorsatz hinsichtlich der Bestechung durch M hatten. Zweifelhaft ist dies, weil sie von der konkreten Zahlung nichts wussten. Beim Unterlassungsdelikt ist jedoch dolus eventualis grundsätzlich ausreichend[46]. T, B und C wussten, wozu M das Geld verwenden wollte. Sie rechneten also mit einer Bestechung und nahmen eine solche billigend in Kauf. Sie kannten zwar weder Z noch die Zeit der Bestechung und den konkreten Anlass für die Bestechung. Das ist aber auch nicht erforderlich. Für die Konkretisierung des Vorsatzes ist es ausreichend, dass der Beteiligte die Tat kennt, die genauen Umstände müssen ihm nicht bekannt sein[47].

e) T, B und C haben sich deshalb wegen Bestechung durch Unterlassen strafbar gemacht. Ihre Strafe kann nach Maßgabe des § 13 Abs. 2 StGB gemildert werden.

---

[40] *Roxin*, AT II § 31 Rn. 140.
[41] *Kudlich*, in: S/S/W, § 13 StGB Rn. 47; *Kühl*, § 20 Rn. 229 ff.
[42] *Heine/Weißer*, in: Sch/Sch, Vorbem. §§ 25 ff. StGB Rn. 96. Grundsätzlich auch Krey/*Esser*, Rn. 1182 f., der allerdings Täterschaft des Überwachergaranten bejaht, wenn der Begehungstäter strafrechtlich nicht verantwortlich ist.
[43] BGH, NJW 1966, 1763; StV 1986, 59; NStZ 1992, 31; *Rengier*, AT, § 51 Rn. 18.
[44] Dazu *Hellmann*, Rn. 1064.
[45] Eingehend dazu *Krüger*, ZIS 2011, 1 ff.
[46] BGH, NStZ 2000, 414, 415.
[47] Zum ähnlichen Problem des Anstiftervorsatzes *Roxin,* AT II, § 26 Rn. 133 ff.

VI. Strafbarkeit des M
§ 370 Abs. 1 Nr. 1 AO, § 25 Abs. 1, 2. Alt. StGB

48 Indem M mit O den Beratervertrag abschloss, sorgte er dafür, dass die Scheinrechnung in die Buchhaltung eingestellt wurde und T die Umsatzsteuervoranmeldung abgab, ohne deren Unrichtigkeit zu erkennen. Dadurch könnte er eine Steuerhinterziehung in mittelbarer Täterschaft begangen haben.

49 a) Nach § 369 Abs. 2 AO gelten für Steuerstraftaten die allgemeinen Gesetze über das Strafrecht, somit auch § 25 StGB, da die AO keine abweichende Regelung enthält. Eine Steuerhinterziehung kann also in mittelbarer Täterschaft begangen werden. Da anfänglich nur M wusste, dass es sich um eine Scheinrechnung handelte, hatte er gegenüber den für die Erstellung der Umsatzsteuervoranmeldung Verantwortlichen und dem diese abgebenden T ein überlegenes Wissen. Dadurch besaß M die Macht, den Tatablauf nach seinem Willen zu gestalten. Indem T die Umsatzsteuervoranmeldung abgab, ohne die Unrichtigkeit zu erkennen, und dadurch den objektiven Tatbestand des § 370 Abs. 1 AO erfüllte, war er folglich Werkzeug des M.

50 b) M handelte vorsätzlich hinsichtlich des Tatbestandes und seiner eigenen Stellung als mittelbarer Täter. Rechtswidrigkeit und Schuld liegen vor. Er hat sich deshalb wegen Steuerhinterziehung in mittelbarer Täterschaft strafbar gemacht.

VII. Strafbarkeit des O
§ 370 Abs. 1 Nr. 1 AO, §§ 25 Abs. 1, 2. Alt., 27 StGB

51 Fraglich ist, ob O dem M zu seiner Steuerhinterziehung in mittelbarer Täterschaft Hilfe leistete, indem er den Beratervertrag unterschrieb und die Rechnung stellte.

52 a) Nicht hinreichend ist hier die Feststellung, dass O die unrichtige Umsatzsteuervoranmeldung durch die Scheinrechnung erst möglich machte. Rechnungen werden bei der Voranmeldung nämlich nicht eingereicht. Grundsätzlich wären die unrichtigen Angaben gegenüber der Finanzbehörde deshalb auch ohne die Rechnung des O möglich gewesen. Zu bedenken ist jedoch, dass die Buchhaltung der T-AG die in der Rechnung des O ausgewiesene Umsatzsteuer in der Umsatzsteuervoranmeldung nicht berücksichtigt hätte, wenn keine Rechnung vorgelegen hätte. Deshalb erscheint die Annahme einer Hilfeleistung naheliegend. Letztlich kann das aber offenbleiben, da auf jeden Fall eine psychische Beihilfe vorliegt. Es ist nämlich jederzeit möglich, dass die Finanzbehörde die Vorlage der Rechnungen verlangt. Das Verhalten des M wäre dann aufgedeckt worden. Indem O dem M das Gefühl vermittelte, die Steuerhinterziehung in mittelbarer Täterschaft risikolos begehen zu können, leistete er ihm jedenfalls psychische Beihilfe.

53 b) O wusste zumindest, dass die Steuererklärung unvorsätzlich unrichtig erstellt würde und hatte deshalb Vorsatz bezüglich der Tat, deren Begehung durch M in mittelbarer Täterschaft und seines eigenen Tatbeitrages. Er handelte rechtswidrig und schuldhaft, sodass er sich wegen Beihilfe zur Steuerhinterziehung strafbar gemacht hat.

2. Handlungsabschnitt: Die defekte Maschine
I. Strafbarkeit von T und B
§§ 223, 226 Abs. 1 Nr. 2, 13 StGB

Das Unterlassen des Rückrufs könnte als schwere Körperverletzung durch Unterlassen strafbar sein.

a) Die Taterfolge der §§ 223, 226 Abs. 1 Nr. 2 StGB sind mit der körperlichen Misshandlung und der Gesundheitsschädigung des Ö sowie dem Verlust der Hand und des Unterarms, also wichtiger Körperglieder, eingetreten.

Problematisch ist, ob diese Erfolge den Vorstandsmitgliedern zuzurechnen sind. Dies könnte am Prinzip der Eigenverantwortlichkeit scheitern[48], denn nicht allein der Defekt der Maschine ist für die Verletzung verantwortlich, sondern auch das Verhalten des Ö selbst. Die eigenverantwortliche Selbstgefährdung als Grund für den Ausschluss der objektiven Zurechenbarkeit ist inzwischen weitgehend anerkannt[49]. Damit sind Fälle gemeint, in denen sich das spätere Opfer frei für Handlungen entscheidet, deren Gefährlichkeit es kennt. Durch die Verwirklichung der frei verantwortlichen selbst gefährdenden Handlung nimmt das Opfer dem Erstverursacher die Verantwortung ab[50]. Grundsätzlich erforderlich ist allerdings, dass das Opfer über den gleichen Kenntnisstand verfügt wie der Handelnde. Das ist hier zu bejahen, sodass der Ausschluss der Zurechnung in Betracht kommt. Allerdings handelt es sich in casu um eine Maßnahme der Arbeitssicherung, die in erster Linie nicht dem Arbeitnehmer obliegt, sondern dem Arbeitgeber und dem Hersteller der Arbeitsgeräte. Dieses Überwiegen der Verantwortlichkeit wird nicht dadurch ausgeschlossen, dass der Arbeitnehmer an der Schädigung seiner Person selbst mitgewirkt hat[51]. Der Vorstand bleibt deshalb in der Verantwortung und die Zurechenbarkeit ist nicht ausgeschlossen.

b) T und B hatten mit dem Rückruf eine physisch-reale Rettungsmöglichkeit, die die Verletzung mit an Sicherheit grenzender Wahrscheinlichkeit verhindert hätte.

c) Fraglich ist, ob T und B rechtlich für die Gesundheit des Ö einzustehen hatten. Der BGH nimmt in solchen Fällen eine Garantenstellung aus Ingerenz an[52]. Das ist jedoch problematisch, weil die h.M. ein objektiv sorgfaltswidriges Vorverhalten verlangt[53]. Ob der Defekt auf einer Sorgfaltswidrigkeit von T und B beruht, lässt sich dem Sachverhalt nicht entnehmen. Vorzugswürdig ist es allerdings, eine Garantenstellung aus der Verantwortlichkeit für eine Gefahrenquelle zu folgern[54]. Die T-AG hat ein gefährliches Produkt auf den Markt gebracht, was zu einer Verantwortlichkeit der Vorstandsmitglieder und zu ihrer Garantenstellung führt.

---

[48] Zu diesem Prinzip *Hellmann*, in: Festschrift für Roxin, 2001, S. 271, 282 ff.
[49] W/*Beulke/Satzger*, Rn. 272 ff.
[50] Zum Ganzen *Kühl*, § 4 Rn. 86; *Roxin*, AT II § 32 Rn. 175 ff.
[51] OLG Naumburg, NStZ-RR 1996, 229.
[52] BGHSt 37, 106, 114.
[53] BGH, NStZ 2000, 414; NStZ 2010, 214, 215; *Fischer*, § 13 StGB Rn. 52; W/*Beulke/Satzger*, Rn. 1196.
[54] Eingehend *Hellmann*, Rn. 1049.

59 d) Der Vorsatz ist jedenfalls hinsichtlich der Gesundheitsschädigung zu bejahen, da T und B mit ihr rechneten und sich damit abfanden. Dass sie den konkret Verletzten im Vorfeld nicht kannten, ist irrelevant. Der bedingte Vorsatz erstreckte sich darüber hinaus auf den Verlust eines wichtigen Gliedes, weil der Defekt es möglich machte, dass ein Arbeiter mit dem Arm in die Maschine geraten und diesen verlieren würde. Im Übrigen genügt nach § 18 StGB insofern Fahrlässigkeit, die hier sicher vorliegt.

60 e) T und B haben sich deshalb wegen schwerer Körperverletzung durch Unterlassen strafbar gemacht.

II. Strafbarkeit des C
§§ 223, 226 Abs. 1 Nr. 2, 13 StGB

61 C könnte sich ebenfalls wegen schwerer Körperverletzung durch Unterlassen strafbar gemacht haben.

62 Voraussetzung ist allerdings, dass er sich nicht darauf berufen kann, die Entscheidung wäre auch ohne seine Zustimmung gefallen. Nach der Rechtsprechung[55] obliegt es jedem Mitglied eines Gremiums, alle Anstrengungen zu unternehmen, die richtige Handlung bzw. Entscheidung herbeizuführen[56]. C hätte also seine Mitwirkungsrechte dafür einsetzen müssen, einen Beschluss über einen Rückruf zu Stande zu bringen. Ein Unterlassen ist zwar nur dann mit dem Erfolg als „quasi-ursächlich" in Zurechnungsverbindung zu setzen, wenn dieser beim Hinzudenken der gebotenen Handlung entfiele, wenn also die gebotene Handlung den Erfolg mit an Sicherheit grenzender Wahrscheinlichkeit verhindert hätte[57]. Für die Beurteilung der hypothetischen Kausalität des Unterlassens mehrerer Garantenpflichtiger kommt es aber nicht darauf an, welche Wirkung das Handeln gehabt hätte, das jedem Einzelnen von ihnen geboten war. Vielmehr ist darauf abzustellen, ob pflichtgemäßes Handeln all derjenigen, die pflichtwidrig untätig geblieben sind, den Erfolg hätte abwenden können[58]. Anderenfalls wäre jeder Garant unter Hinweis auf ebenfalls untätige Garanten und demzufolge fehlender hypothetischer Kausalität von strafrechtlicher Verantwortung frei[59]. C hat deshalb den Erfolg „quasi-kausal" herbeigeführt, indem er seine anfänglichen Anstrengungen nicht bis zu der Entscheidung weitergeführt hat. Er ist deshalb ebenfalls wegen schwerer Körperverletzung durch Unterlassen strafbar.

III. Strafbarkeit des S
§§ 223, 226 Abs. 1 Nr. 2, 13 StGB

63 S könnte sich wegen schwerer Körperverletzung durch Unterlassen strafbar gemacht haben, indem er den Defekt der Maschine nicht der Geschäftsleitung meldete.

---

[55] BGHSt 37, 106, 126.
[56] Krit. zu dieser Begründung *Jäger*, AT, Rn. 540.
[57] BGHSt 37, 106, 126.
[58] *Kuhlen*, NStZ 1990, 566, 569 f.
[59] BGHSt 48, 77, 94 ff.

a) Er ist Garant für das Ausbleiben des tatbestandsmäßigen Erfolges, der schweren **64**
Körperverletzung des Ö. Das ergibt sich aus § 22 Abs. 2 SGB VII, der ihm (S) als
Sicherheitsbeauftragten die Pflicht auferlegt, Missstände zu melden.

b) Seine Untätigkeit hätte den Eintritt des Erfolges mit an Sicherheit grenzender **65**
Wahrscheinlichkeit verhindern müssen. Das ist in casu zumindest zweifelhaft. Hätte
er den Defekt der Geschäftsleitung gemeldet, hätte diese – wie die Erfahrungen aus
der Vergangenheit zeigen – eventuell nicht gehandelt. Das lässt sich im Nachhinein
zwar nicht sicher aufklären. Die Zweifel an einem Eingreifen der Geschäftsleitung
reichen aber, um die an Sicherheit grenzende Wahrscheinlichkeit der Erfolgsverhinderung zu verneinen. S bleibt folglich straflos.

Gesamtergebnis und Konkurrenzen:

T, B und C haben die Untreue und die Bestechung durch Unterlassen in Tateinheit **66**
verwirklicht, weil die Tathandlung in dem Nichteinschreiten gegen die Bildung der
schwarzen Kasse besteht. Die Steuerhinterziehung durch Unterlassen sowie die
schwere Körperverletzung durch Unterlassen treten in Tatmehrheit hinzu.

M ist wegen tatmehrheitlicher Begehung einer Untreue, einer Steuerhinterziehung **67**
in mittelbarer Täterschaft und einer Bestechung strafbar.

O hat Beihilfe zur Untreue geleistet, zu der die Beihilfe zur Steuerhinterziehung in
mittelbarer Täterschaft tatmehrheitlich hinzutritt.

S ist straflos.

Fall 2
Die ungeliebte Mutter

Verbandsgeldbuße im selbstständigen Verfahren – Aufsichtspflichtverletzung im Konzern – Geschäftsführeruntreue – Vermögensbetreuungspflicht des Gesellschafters

Michael Grüner (G) war eingetragener Geschäftsführer der Papenbrink-Gebäudereinigung-GmbH Potsdam (PG). Für die Buchhaltung war seit zwei Jahren Benny Baßner (B) zuständig, der auch die Umsatzsteuervoranmeldungen der PG erstellte und abgab. G kam es nicht in den Sinn, die Arbeit des B zu kontrollieren, weil die beiden seit vielen Jahren befreundet waren und G den B schätzte. Sein Vertrauen wurde auch nicht dadurch erschüttert, dass B seinen vorherigen Arbeitsplatz wegen „Unregelmäßigkeiten" verloren hatte.

Im März 2021 verkauften die Gesellschafter alle Anteile der PG an die Ariane-Dienstleistungen AG (AD). Zwischen der AD und der PG wurde ein Gewinnabführungs- und Beherrschungsvertrag vereinbart. Der Vorstand der AD interessierte sich jedoch wenig für die PG und informierte sich nicht einmal über die Organisation der GmbH. Dies hatte der Vorstandsvorsitzende der AD, Marc Vollmerhaus (V), so angeordnet, weil er nicht bereit war, Ressourcen der AD für die Leitung von Tochterunternehmen freizustellen. B befürchtete, dass die AD die PG liquidieren würde, wenn die Geschäftslage nicht zufriedenstellend wäre. Er beschloss deshalb, die wirtschaftlichen Verhältnisse positiver erscheinen zu lassen, als sie es wirklich waren. In der Umsatzsteuervoranmeldung für April 2021, die B für die PG per Internet – versehen mit seiner elektronischen Signatur – abgab, machte er Umsatzsteuern in Höhe von 32.000 € als Vorsteuer aus einer tatsächlich nicht existierenden Rechnung einer Müller GmbH geltend. Das Finanzamt Potsdam akzeptierte die Voranmeldung ohne Beanstandung.

Bereits im September 2021 kam die Unrichtigkeit der Voranmeldung jedoch bei einer Umsatzsteuer-Sonderprüfung ans Licht. B, der in Deutschland keine berufliche Zukunft mehr für sich sah, verließ Deutschland mit unbekanntem Ziel. Die AD berief G im Oktober 2021 als Geschäftsführer der PG ab. Der derzeitige Aufenthaltsort des G ist ebenfalls unbekannt.

Der Leiter der Straf- und Bußgeldsachenstelle des Finanzamts Potsdam Martin Luhmers (L) möchte ein Bußgeld gegen die PG festsetzen. Auch ein Bußgeld gegen V persönlich zieht er in Betracht. L bittet die Referendarin Michaela Roth (R) um ein Gutachten über die Möglichkeiten, Bußgelder gegen die PG und V zu verhängen.

1. Erstellen Sie bitte das Gutachten der R.

V setzte im Oktober 2021 als neue Geschäftsführerin der PG die ihm seit Jahren als zuverlässig bekannte Nadine Nordmann (N) ein.

Fall 2

Im August 2022 verschlechterte sich die finanzielle Lage der AD. V wies N deshalb an, alle liquiden Mittel der PG auf das Konto der AD zu überweisen. N kam dieser Aufforderung nach, obwohl sie wusste, dass die PG dadurch die fälligen Forderungen nicht mehr würde erfüllen können. Durch diese Transaktion wurde auch in das Stammkapital der PG eingegriffen.

Im Februar 2023 eröffnete das Amtsgericht aufgrund des Antrags eines Gläubigers das Insolvenzverfahren über das Vermögen der PG.

2. Wie haben sich N und V strafbar gemacht?

Lösung

Aufgabe 1: Gutachten zur Bußgeldverhängung durch das Finanzamt

A. Verbandsgeldbuße gegen die PG nach § 30 OWiG

Die Verhängung einer Geldbuße gegen die PG durch das Finanzamt Potsdam setzt voraus, dass es zuständig ist und die materiellen Voraussetzungen des § 30 OWiG erfüllt sind.

I. Zuständige Bußgeldbehörde

Die Verbandsgeldbuße wird im Regelfall nach § 30 Abs. 1 OWiG als sog. kumulative Verbandsgeldbuße im verbundenen Verfahren gegen den Täter der Bezugstat festgesetzt. Handelt es sich bei der Bezugstat um eine Straftat, so verhängt das für die Aburteilung des Täters zuständige Gericht auch die Verbandsgeldbuße (vgl. § 444 StPO). Die Verbandsgeldbuße als Folge einer Ordnungswidrigkeit einer natürlichen Person wird nach § 88 Abs. 1 OWiG von der für deren Ahndung zuständigen Verwaltungsbehörde angeordnet. Hier kann jedoch weder gegen B noch gegen G ein Straf- oder Bußgeldverfahren durchgeführt werden.

Wird das Straf- oder Bußgeldverfahren gegen den Täter aus tatsächlichen Gründen nicht eingeleitet oder eingestellt, so ermöglicht § 30 Abs. 4 S. 1 OWiG die Verhängung einer isolierten Verbandsgeldbuße, und zwar auch dann, wenn die Nichteinleitung des Verfahrens auf der dauernden Abwesenheit des Täters beruht[1]. Knüpft die Verbandsgeldbuße an die Straftat einer natürlichen Person an, so entscheidet im sog. selbstständigen Verfahren entweder das Gericht, das für deren Aburteilung zuständig wäre (§§ 444 Abs. 3 S. 1, 436 Abs. 1 S. 1 StPO), oder das Gericht, in dessen Bezirk der „Verband" seinen Sitz oder eine Zweigniederlassung hat (§ 444 Abs. 3 S. 2 StPO)[2]. Wäre die von B – vermutlich – begangene Steuerhinterziehung nach § 370 AO Bezugstat im Sinne des § 30 Abs. 1 OWiG, so wäre das Finanzamt Potsdam bzw. dessen Strafsachenstelle somit nicht für die Verhängung der Verbandsgeldbuße zuständig.

Die Verwaltungsbehörde verhängt dagegen nach § 88 Abs. 2 S. 1 OWiG die isolierte Verbandsgeldbuße im selbstständigen Verfahren, wenn die Bezugstat eine Ordnungswidrigkeit ist. In Betracht kommt hier eine Aufsichtspflichtverletzung des G nach § 130 OWiG. Fraglich ist jedoch, ob das Finanzamt Potsdam für die Verhängung der isolierten Verbandsgeldbuße – sachlich und örtlich – zuständig wäre, wenn an diese Bezugstat anzuknüpfen wäre. Nach § 88 Abs. 2 S. 2 OWiG ist für die Verhängung der isolierten Verbandsgeldbuße sowohl die Verwaltungsbehörde zuständig, die im Falle der Verfolgung einer bestimmten Person zuständig wäre, als auch die Behörde, in deren Bezirk die juristische Person ihren Sitz hat. Die Zuständigkeit des Finanzamts Potsdam wäre deshalb nach § 409 Abs. 1 S. 1 AO jedenfalls gege-

---

[1] *Rogall*, in: KK-OWiG, § 30 Rn. 167.
[2] Eingehend dazu Rn. 364.

ben, wenn G als Geschäftsführer der PG, also als vertretungsberechtigtes Organ der juristischen Person, eine Steuerordnungswidrigkeit verwirklicht hätte. Bezugstat ist hier jedoch – vermutlich – § 130 OWiG. Die Zuständigkeit des Finanzamts für die Verhängung der isolierten Verbandsgeldbuße setzt deshalb voraus, dass es auch die Aufsichtspflichtverletzung zu verfolgen hätte. Welche Verwaltungsbehörde für deren Verfolgung zuständig ist, bestimmt § 131 Abs. 3 OWiG. Die Vorschrift ordnet die entsprechende Geltung der Verfahrensvorschriften an, die bei der Verfolgung der Pflichtverletzung anzuwenden sind oder anzuwenden wären, wenn die mit Strafe bedrohte Pflichtverletzung nur mit Geldbuße bedroht wäre. Gemeint ist damit die Pflichtverletzung des nicht hinreichend beaufsichtigten Mitarbeiters[3]. Damit ist § 409 Abs. 1 S. 1 AO auf die Verfolgung des § 130 OWiG anwendbar. Die Pflichtverletzung des B ist zwar – vermutlich – eine Steuerstraftat, im Rahmen der Zuständigkeitsvorschrift des § 131 Abs. 3 OWiG wird sie aber als Steuerordnungswidrigkeit behandelt.

72 Da das Finanzamt hier gem. § 131 Abs. 3 OWiG, § 409 Abs. 1 S. 1 AO für die Verfolgung der Aufsichtspflichtverletzung nach § 130 OWiG zuständig wäre, steht auch die Verhängung der isolierten Verbandsgeldbuße, die an diese Bezugstat anknüpft, in der Kompetenz des Finanzamts.

II. Voraussetzungen des § 30 OWiG

1. Tat einer Leitungsperson

73 Die Verbandsgeldbuße setzt eine Bezugstat einer Leitungsperson im Sinne des § 30 Abs. 1 OWiG voraus. Ob B, der an sich lediglich für die Buchhaltung der PG zuständig war, eine „sonstige Person" im Sinne des § 30 Abs. 1 Nr. 5 OWiG ist, die für die Unternehmensleitung verantwortlich handelt, weil er die Umsatzsteuervoranmeldungen für die PG abgab, kann offenbleiben, da nicht das Finanzamt, sondern das Strafgericht – wie oben dargelegt – für die Verhängung der Verbandsgeldbuße zuständig wäre, wenn diese an die Steuerstraftat des B anknüpfen würde. G gehört als Geschäftsführer der PG jedenfalls nach § 30 Abs. 1 Nr. 1 OWiG zu dem Kreis der Leitungspersonen.

2. Bezugstat

74 G müsste eine Straftat oder Ordnungswidrigkeit begangen haben.

75 a) Eine **Steuerhinterziehung** des G gem. § 370 Abs. 1 Nr. 1 AO scheidet jedenfalls aus, weil G keine Kenntnis von der unrichtigen Steuervoranmeldung hatte, ihm also der Vorsatz fehlte.

76 b) Fraglich ist, ob G eine **leichtfertige Steuerverkürzung** nach § 378 Abs. 1 AO begangen hat. Dieser Bußgeldtatbestand setzt voraus, dass jemand als Steuerpflichtiger oder bei Wahrnehmung der Angelegenheiten eines Steuerpflichtigen eine der in § 370 Abs. 1 AO bezeichneten Taten, d.h. eine der dort beschriebenen Tathand-

---

[3] *Krenberger/Krumm*, § 131 OWiG Rn. 17.

lungen⁴, leichtfertig begeht. G machte die unrichtigen Angaben zwar nicht selbst, sondern B gab die Umsatzsteuervoranmeldung ab. Die Angaben in der Voranmeldung könnten aber dennoch als solche des G erscheinen, weil die Umsatzsteuerpflichten die PG als „Unternehmer" im Sinne des § 2 Abs. 1 UStG treffen und G als gesetzlicher Vertreter der PG gem. § 34 Abs. 1 S. 1 AO deren steuerliche Pflichten zu erfüllen hat. Die Umsatzsteuervoranmeldung muss – im Gegensatz zur Jahresumsatzsteuererklärung – nicht von dem Unternehmer bzw. seinem gesetzlichen Vertreter selbst abgegeben werden. Dies folgt daraus, dass § 18 Abs. 1 S. 2 UStG – anders als § 18 Abs. 3 S. 3 UStG für die Umsatzsteuerjahreserklärung – für die Umsatzsteuervoranmeldung keine eigenhändige Unterschrift des Unternehmers fordert, wenn die Erklärungen auf Antrag des Unternehmers nicht – wie an sich von § 18 Abs. 1 S. 1, Abs. 3 S. 1 AO vorgeschrieben – in elektronischer, sondern in Papierform abgegeben werden. Da B die Voranmeldung mit seiner eigenen elektronischen Signatur versah, erschien er als derjenige, der die Angaben für die PG machte. Eine leichtfertige Steuerverkürzung des G nach § 378 Abs. 1 AO scheidet folglich bereits mangels Tathandlung des G aus.

c) Als Bezugstat des G kommt aber eine Aufsichtspflichtverletzung nach § 130 Abs. 1 OWiG in Betracht.   77

aa) Adressat des Bußgeldtatbestandes ist der Inhaber eines Betriebes oder Unternehmens. Dieses Merkmal wird bisweilen unklar als „sanktionsrechtliche Bezugsgröße"⁵ verstanden. Unzweifelhaft ist aber, dass nicht die Gesellschafter einer juristischen Person Normadressaten des § 130 Abs. 1 OWiG sind. Es ist bei dem Begriff des Betriebs bzw. Unternehmens anzusetzen. Darunter ist die organisatorische, meist auch räumlich zusammengefasste Einheit von Personen und Sachmitteln, die unter einheitlicher Leitung bestimmte Leistungen erbringt, zu verstehen⁶. Das ist in casu das Dienstleistungsunternehmen, das von der PG betrieben wird. Inhaber des Betriebs bzw. Unternehmens ist also die juristische Person. Deren Pflichten werden nach § 9 Abs. 1 Nr. 1 OWiG auf das Organ der GmbH überwälzt⁷. G ist als Geschäftsführer der PG somit Adressat des § 130 OWiG.   78

Die Tathandlung des § 130 Abs. 1 OWiG besteht in dem Unterlassen der Aufsichtsmaßnahmen, die erforderlich sind, um in dem Betrieb oder Unternehmen Zuwiderhandlungen gegen Pflichten zu verhindern, die den Inhaber als solchen treffen und deren Verletzung mit Strafe oder Bußgeld bedroht ist. Welche Maßnahmen erforderlich sind, lässt sich nicht abstrakt bestimmen, sondern es ist festzustellen, dass die Aufsichtsmaßnahmen nötig waren, um der betriebstypischen Gefahr gerade solcher Zuwiderhandlungen, wie sie der Mitarbeiter begangen hat, zu begegnen⁸. Der Betriebsinhaber bzw. das zuständige Organ ist deshalb zwar nicht verpflichtet, jede Handlung der Mitarbeiter zu kontrollieren, sondern er darf grundsätzlich darauf ver-   79

---

[4] *Randt*, in: J/J/R, § 378 AO Rn. 23.
[5] *Rogall*, in: KK-OWiG, § 130 Rn. 25.
[6] *Perron/Eisele*, in: Sch/Sch, § 14 StGB Rn. 28/29; *Rogall*, in: KK-OWiG, § 9 Rn. 75.
[7] *Beck*, in: BeckOK-OWiG, § 130 Rn. 36; *Rogall*, in: KK-OWiG, § 130 Rn. 25; *Wittig*, § 6 Rn. 133 f.
[8] *Hellmann*, Rn. 1071.

trauen, dass die Mitarbeiter ihren Pflichten nachkommen[9]. Dieses Vertrauen in die Zuverlässigkeit des B war aber bereits dadurch in gewisser Weise erschüttert, dass er sich bei seinem vorherigen Arbeitgeber offensichtlich etwas hatte zu Schulden kommen lassen. G hatte deshalb schon auf der ersten Stufe, nämlich der Auswahl des Mitarbeiters[10], die erforderliche Sorgfalt vermissen lassen. Um dies zu kompensieren, hätte G den B bei der Ausführung seiner Arbeit kontrollieren müssen. G unterließ jedoch jegliche Maßnahmen zur Beaufsichtigung des B.

80   Die Aufsicht hätte der Verhinderung einer Zuwiderhandlung gegen Pflichten, die den Inhaber treffen, dienen müssen. Da § 130 Abs. 1 OWiG nicht – mehr – verlangt, dass es sich um Pflichten des Inhabers „als solchen" handeln muss, ist der Streit, ob der Tatbestand nur eingreift, wenn die Aufsicht die Begehung von Straftaten und Ordnungswidrigkeiten, die ausschließlich der Inhaber verwirklichen kann, also von Sonderdelikten, deren Adressat gerade der Inhaber ist, verhindern soll[11], obsolet geworden[12]. Es genügt, dass die Aufsicht der Verhinderung der Verletzung einer betriebsbezogenen Pflicht[13], also einer jeden Pflicht, die im Zusammenhang mit der Führung eines Betriebes oder Unternehmens steht, dient. Da die Umsatzsteuerpflicht den Unternehmer, und das ist die PG, trifft, handelt es sich bei der steuerlichen Erklärungspflicht um eine solche betriebsbezogene Pflicht. Die Beaufsichtigung des B war somit zur Verhinderung einer Zuwiderhandlung gegen eine Pflicht, welche die Inhaberin des Betriebes bzw. Unternehmens, nämlich die PG, traf, förderlich.

81   bb) G handelte vorsätzlich, weil er wusste, dass er tauglicher Täter der Aufsichtspflichtverletzung war, die erforderliche Aufsicht unterblieb und eine betriebstypische Gefahr einer Zuwiderhandlung des B gegen betriebsbezogene Pflichten bestand. Die tatsächlich begangene Straftat des B gehört nicht zum Tatbestand des § 130 Abs. 1 OWiG, sodass die Unkenntnis des G von der Steuerhinterziehung den Vorsatz nicht ausschließt.

82   cc) Rechtswidrigkeit und Vorwerfbarkeit sind gegeben.

83   dd) § 130 Abs. 1 OWiG setzt als objektive Bedingung der Ahndung[14] voraus, dass eine Zuwiderhandlung gegen Pflichten, die den Inhaber treffen und deren Verletzung mit Strafe oder Bußgeld bedroht ist, begangen worden ist und die Zuwiderhandlung durch gehörige Aufsicht verhindert oder wesentlich erschwert worden wäre.

84   (1) Diese Zuwiderhandlung könnte eine von B begangene Steuerhinterziehung nach § 370 Abs. 1 Nr. 1 AO wegen der Geltendmachung der Vorsteuer aus einer tatsächlich nicht existierenden Rechnung in der Umsatzsteuervoranmeldung sein.

---

[9] *Rogall*, in: KK-OWiG, § 130 Rn. 42.
[10] Dazu *Rogall*, in: KK-OWiG, § 130 Rn. 42.
[11] So *Rogall*, in: KK-OWiG, § 130 Rn. 94 ff.
[12] Siehe die Begründung des Regierungsentwurfs eines Strafrechtsänderungsgesetzes zur Bekämpfung der Computerkriminalität, BT-Drucks. 16/3656, S. 8.
[13] So schon BayObLG, NStZ 1998, 575 zur früheren Rechtslage; *Hellmann*, Rn. 1072.
[14] *Beck*, in: BeckOK-OWiG, § 130 Rn. 79; *Gürtler/Thoma*, in: Göhler, § 130 OWiG Rn. 17; *Hellmann*, Rn. 1079; *Wittig*, § 6 Rn. 146.

(a) B müsste unrichtige Angaben über steuerlich erhebliche Tatsachen gegenüber der Finanzbehörde gemacht haben. Die geltend gemachte Vorsteuer war steuerlich erheblich, da sie auf die Höhe der Steuer Einfluss hatte[15]. Nach § 15 Abs. 1 Nr. 1 UStG kann der Unternehmer die in einer Rechnung gesondert ausgewiesene Steuer für Lieferungen oder sonstige Leistungen, die von anderen Unternehmern für sein Unternehmen ausgeführt worden sind, abziehen. Da keine „echte" Rechnung mit dem entsprechenden Umsatzsteuerausweis existierte, waren die Angaben des B zudem unrichtig. Der Steuerhinterziehungserfolg ist durch die zu niedrige Umsatzsteuervoranmeldung eingetreten. Die Steueranmeldung steht gem. § 168 S. 1 AO einer Steuerfestsetzung unter dem Vorbehalt der Nachprüfung gleich, sodass die Steuer nicht in voller Höhe „festgesetzt" und damit eine Steuerverkürzung im Sinne des § 370 Abs. 4 S. 1 AO bewirkt wurde (vgl. Rn. 28).

(b) B handelte vorsätzlich, rechtswidrig und schuldhaft.

(2) Wie bereits dargelegt, ist die steuerliche Erklärungspflicht betriebsbezogen, sodass B durch die unrichtigen Angaben in der Steuererklärung eine Pflicht verletzte, welche die PG traf.

(3) Die Zuwiderhandlung des B hätte durch die gehörige Aufsicht verhindert oder zumindest wesentlich erschwert worden sein müssen. Hätte G die Tätigkeiten des B, insbesondere die Umsatzsteuervoranmeldung kontrolliert, wäre die konkrete Umsatzsteuerhinterziehung jedenfalls wesentlich erschwert worden.

ee) Bezugstat des G ist somit die Aufsichtspflichtverletzung nach § 130 Abs. 1 OWiG.

3. Verletzung von Pflichten, welche die juristische Person treffen

§ 30 Abs. 1 Nr. 1 OWiG verlangt zudem, dass die Tat des Organs Pflichten, welche die juristische Person treffen, verletzt. Das ist hier der Fall, da die Aufsichtspflicht – wie dargelegt (Rn. 80) – den Inhaber des Betriebs, also die PG, trifft.

4. Bereicherung der juristischen Person

Die PG wurde durch die Aufsichtspflichtverletzung zudem bereichert, weil die unterlassene Aufsicht die Erstattung der angeblich in einer Rechnung ausgewiesenen Umsatzsteuer an die PG erst ermöglichte.

III. Ergebnis

Die Strafsachenstelle des Finanzamts Potsdam kann gegen die PG nach § 30 Abs. 1, 4 OWiG eine Verbandsgeldbuße verhängen.

---

[15] Vgl. *Grötsch*, in: J/J/R, § 370 AO Rn. 200.

B. Bußgeld gegen V
§ 130 OWiG

93 Gegen V könnte ein Bußgeld verhängt werden, wenn auch er eine Aufsichtspflichtverletzung nach § 130 Abs. 1 OWiG begangen hat. Als Bezugstat kommt die Aufsichtspflichtverletzung des G in Betracht.

94 V selbst ist nicht unmittelbar Normadressat, weil er nicht Inhaber der PG ist. Die AD könnte jedoch als Konzernmutter deren Inhaberin sein mit der Folge, dass dieses besondere persönliche Merkmal nach Maßgabe des § 9 Abs. 1 Nr. 1 OWiG auf V als Vorstandsvorsitzenden überwälzt würde.

95 Ein Teil der Literatur bejaht die Aufsichtspflicht des Mutterunternehmens im Konzern[16]. Konzerne seien vom Unternehmensbegriff des § 130 OWiG erfasst, weil der Konzern wie ein Unternehmen eine einheitliche Leitung habe und die Vorstände des herrschenden Unternehmens die Unternehmenspolitik bestimmten. Es handele sich also zwar nicht um ein formalrechtliches, aber um ein faktisches Unternehmen. Daran ändere es nichts, dass die einzelnen Unternehmen rechtlich selbstständig seien, weil nicht die rechtliche, sondern die faktische Betrachtung Vorrang habe. Bei dieser Sicht hätte die Muttergesellschaft des Konzerns eine Aufsichtspflicht gegenüber dem Tochterunternehmen. Dem stimmen andere[17] zwar im Grundsatz zu, beschränken die Anwendung des § 130 Abs. 1 OWiG aber auf die Fälle, in denen die Muttergesellschaft alle Gesellschaftsanteile hält oder ein Gewinnabführungs- und Beherrschungsvertrag abgeschlossen wurde[18]. Nach diesen Auffassungen käme die Verhängung eines Bußgeldes gegen V in Betracht.

96 Die Gegenauffassung lehnt eine Aufsichtspflicht der Konzernmutter gegenüber einem Tochterunternehmen entweder generell ab, weil das Direktionsrecht wegen der Selbstständigkeit der Unternehmen nicht in deren innere Organisation reiche[19], oder bejaht eine Aufsichtspflicht der Konzernmutter, wenn sie durch konkrete Weisungen die Gefahr der Verletzung betriebsbezogener Pflichten durch das Tochterunternehmen begründet[20]. Das Merkmal der Unternehmensinhaberschaft könnte danach nicht auf V überwälzt werden.

97 Im Grundsatz verdient die letztgenannte Ansicht Zustimmung. Es ist zwar zuzugeben, dass das beherrschende Unternehmen auf die Entscheidungen des abhängigen Unternehmens Einfluss nehmen kann. Dennoch behalten die in einem Konzern zusammengeschlossenen Unternehmen ihre Selbstständigkeit und bestimmen ihre Organisation weitgehend ohne Direktion der Muttergesellschaft. Die rechtliche und tatsächliche Eigenständigkeit des Tochterunternehmens jedenfalls in betriebsinternen Angelegenheiten steht einer generellen Annahme einer Verpflichtung der Konzernmutter zur Beaufsichtigung des Tochterunternehmens entgegen. Anders liegt es jedoch, wenn die Willensbildung und Handlungsfreiheit der Tochtergesellschaft durch

---

[16] *Caracas* CCZ 2015, 167; *Leipold*, ZRP 2013, 34, 35; *Rogall*, in: KK-OWiG, § 130 Rn. 27.
[17] *Tiedemann*, NJW 1979, 1849, 1852.
[18] *Niesler*, in: G/J/W, § 130 OWiG Rn. 53.
[19] *Gürtler/Thoma*, in: Göhler, § 130 OWiG Rn. 5a; *Ransiek*, Unternehmensstrafrecht, 1996, S. 84, 105.
[20] OLG München, StV 2016, 35, m. Anm. *Caracas*, CCZ 2016, 44 ff.

Weisungen der Konzernmutter eingeschränkt ist oder die Muttergesellschaft, z.B. durch Einrichtung einer für den gesamten Konzern zuständigen „Compliance-Abteilung", die Aufsichtspflichten übernimmt[21], weil dadurch die Eigenständigkeit des beherrschten Unternehmens in diesem Bereich aufgehoben wird. In casu geschah dies aber nicht.

Gegen V kann deshalb kein Bußgeld verhängt werden. **98**

Aufgabe 2: Strafbarkeit von N und V

I. Strafbarkeit der N
1. § 283 Abs. 1 Nr. 1, Abs. 2 StGB

N könnte sich durch die Überweisung der verbleibenden liquiden Mittel der PG wegen Bankrotts strafbar gemacht haben. **99**

a) Durch die Überweisung entzog N den Gläubigern den Zugriff auf pfändbare Bestandteile des Vermögens der PG, nämlich auf deren Forderungen gegen die Bank. N schaffte somit Bestandteile des Vermögens der PG beiseite. Im Zeitpunkt der Überweisung war die PG aber nicht überschuldet oder zahlungsfähig und die Zahlungsunfähigkeit stand auch nicht bevor. Mangels Handelns in der Krise scheidet § 283 Abs. 1 StGB daher aus. § 283 Abs. 2 StGB bedroht jedoch die Bankrotthandlungen des Abs. 1 mit Strafe, wenn dadurch die Krise herbeigeführt wird. Da die PG nach der Überweisung nicht mehr über liquide Mittel verfügte, bewirkte das Verhalten der N deren Zahlungsunfähigkeit. **100**

b) § 283 StGB ist allerdings nach h.M. ein Sonderdelikt, dessen Adressat der Schuldner ist, wie sich aus § 283 Abs. 6 StGB ergibt[22]. Schuldner war die PG, die als juristische Person aber nicht selbst – schuldhaft – handeln kann. Der Tatbestand geht bei juristischen Personen und Personengesellschaften aber nicht ins Leere, da die Schuldnereigenschaft ein besonderes persönliches Merkmal darstellt, das nach Maßgabe des § 14 StGB auf bestimmte natürliche Personen überwälzt wird. N war als Geschäftsführerin der PG das Organ der GmbH, sodass § 14 Abs. 1 Nr. 1 StGB anwendbar ist. Voraussetzung für die Überwälzung der Schuldnereigenschaft auf sie ist jedoch, dass N „als" Geschäftsführerin handelte. **101**

Nach früherer Rechtsprechung des BGH[23] und Teilen der Literatur[24] liegt ein Handeln als Organ nur vor, wenn der Vertreter wenigstens auch im Interesse des Vertretenen tätig wird (sog. Interessentheorie). Nach Ansicht eines Teils der Literatur genügt ein funktioneller Zusammenhang der Tätigkeit und der Geschäftsführerstellung, der vorliege, wenn der Täter die Handlungsmöglichkeiten einsetzt, die ihm **102**

---

[21] Näher *Hellmann*, Rn. 1070.
[22] BGHSt 58, 115, Rn. 9; *Beukelmann*, in: BeckOK-StGB, § 283 StGB Rn. 86; *Bosch*, in: S/S/W, Vor §§ 283 ff. StGB Rn. 3; *Heger*, in: L/K/H, § 283 StGB Rn. 2; *Heinrich*, ZWH 2020, 346, 350; *Pelz*, in: W/J/S, 9. Kap. Rn. 109. **A.A.** *Ceffinato*, in: HdS 5, § 40 Rn. 20 f.
[23] BGHSt 30, 127, 128 ff.
[24] *Pelz*, in: W/J/S, 9. Kap. Rn. 109 ff.; *Schünemann*, in: LK[13], § 14 StGB Rn. 55.

seine Sonderstellung einräumt (sog. Funktionstheorie)[25]. Eine weitere Literaturmeinung[26], der nach dem Anfragebeschluss des 3. Strafsenats[27] – unter Aufgabe der Interessentheorie – die übrigen Strafsenate des BGH folgten[28], vertritt eine differenzierende Sicht (sog. Zurechnungsmodell). Bei rechtsgeschäftlichem Handeln des Vertreters im Geschäftskreis des Vertretenen liege der Vertretungsbezug bei einem Handeln im Namen des Vertretenen oder Eintritt der Rechtswirkungen des Geschäfts bei diesem vor. Bei tatsächlichen Verhaltensweisen könne der Vertretungsbezug aus der Zustimmung[29] des Vertretenen resultieren[30]. Fehlt diese, scheide § 14 StGB aus und es komme nur eine Strafbarkeit aus allgemeinen Eigentums- und Vermögensdelikten in Betracht[31]. Bei Sonderdelikten, „bei denen das tatbestandsmäßige Verhalten als (fehlerhafte) Erfüllung einer strafbewehrten außerstrafrechtlichen Pflicht des Vertretenen statuiert ist" (z.B. Verletzung der Buchführungspflichten), beruhe der Vertretungsbezug auf der Übernahme der Erfüllung der Pflicht durch den Vertreter.

Dieser Streit wäre in unserem Fall allerdings nicht relevant, wenn das Interesse des Tochterunternehmens mit dem des Mutterunternehmens gleichzusetzen wäre, denn N hätte die Überweisung dann im Interesse der PG vorgenommen. Ungeachtet einiger Einschränkungen gilt aber auch im Konzern das sog. Trennungsprinzip, sodass im Vertragskonzern für die Verbindlichkeiten der einzelnen Konzernglieder grundsätzlich nur diese, nicht dagegen die anderen Konzernunternehmen einschließlich der Muttergesellschaft haften[32]. Die Tochterunternehmen eines Konzerns behalten rechtlich ihre Eigenständigkeit, die in den Konzern eingebundene PG besaß also ein eigenes Vermögensinteresse, dem N durch die Überweisung aller liquiden Mittel zuwiderhandelte. Nach der Interessentheorie hätte N die Bankrotthandlung folglich nicht „als" Organ der PG vorgenommen. Nach den Gegenmeinungen wäre § 14 Abs. 1 Nr. 1 StGB anwendbar, da N ihre besonderen Handlungsmöglichkeiten, die ihr aufgrund ihrer Geschäftsführerstellung zur Verfügung standen, ausnutzte und sie mit Zustimmung des (Allein-)Gesellschafters handelte.

103 Der Streit ist somit zu entscheiden. Die Interessentheorie schränkt die Anwendbarkeit der Insolvenzdelikte erheblich ein, weil einer der in der Praxis häufigsten Fälle, nämlich das Beiseiteschaffen von Vermögenswerten durch den Geschäftsführer und

---

[25] *Labsch*, wistra 1985, 59, 60; *Tiedemann*, NJW 1986, 1842, 1844.
[26] *Radtke*, in: MüKo⁴, § 14 StGB Rn. 58 ff.
[27] BGH, NStZ 2012, 89, 90 f., mit zust. Anm. *Radtke*, NStZ 2012, 91 ff.
[28] BGH, wistra 2012, 113 (1. Strafsenat); BGH, HRRS 2012 Nr. 240 (2. Strafsenat); BGHSt 57, 229, 233 ff. (3. Strafsenat) ; BGH, wistra 2012, 191 (4. Strafsenat); BGH, BeckRS 2012, 04844 (5. Strafsenat).
[29] Unklar ist, ob der BGH eine rechtswirksame Zustimmung voraussetzt oder ein nichtiges Einverständnis genügen lässt, dazu *Anders*, NZWiSt 2017, 13, 20.
[30] BGH, NStZ 2012, 89, 91; *Radtke*, in: MüKo⁴, § 14 StGB Rn. 67 f.; *Valerius*, NZWiSt 2012, 65, 66. Der 4. Strafsenat des BGH (wistra 2012, 191; zust. *Habetha*, NZG 2012, 1134, 1137) „neigt" dazu, über die Fälle der Zustimmung des Vertretenen hinaus die Zurechnung der Schuldnereigenschaft auch anzunehmen, wenn der Vertreter Interessen des Vertretenen wahrgenommen hat.
[31] Vgl. aber *Brand*, NStZ 2010, 9 ff., der diese Folge auch bei einer rechtlich unwirksamen Zustimmung fordert; offen gelassen von BGH, NJW 2012, 2366, 2369.
[32] *Emmerich*/Habersack, Aktien- und GmbH-Konzernrecht, 10. Aufl. 2022, § 302 AktG Rn. 6.

Alleingesellschafter einer GmbH, nicht erfasst ist. Der Gesellschafter-Geschäftsführer handelt häufig ausschließlich in seinem eigenen Interesse als Alleingesellschafter, wenn er – noch vorhandene – Bestandteile des Vermögens der Gesellschaft den Gläubigern entzieht, um das Vermögen für sich zu „retten". Jegliche Strafbarkeitslücken vermeidet im Übrigen auch die Funktionstheorie nicht, denn sie erfasst Minderungen des Schuldnervermögens durch rein tatsächliche Handlungen des Geschäftsführers (z.B. „Griff in die Kasse") nicht. Die Bankrotthandlungen des § 283 Abs. 1 Nr. 1 StGB (Beiseiteschaffen, Verheimlichen, Zerstören, Beschädigen und Unbrauchbarmachen) sind häufig nicht rechtsgeschäftlicher Art, sodass sie keine besondere Stellung oder Funktion des Täters voraussetzen. Damit hängt die Bankrottstrafbarkeit wegen masseschmälernder Handlungen letztlich von Zufälligkeiten ab. Das gilt auch für das Zurechnungsmodell, mit Ausnahme des Gesellschafter-Geschäftsführers einer Einmann-GmbH, auf die es wohl zugeschnitten ist, da die Gesellschafter in der Regel nicht mit der Verringerung des Gesellschaftsvermögens einverstanden sein werden. Die These des Zurechnungsmodells, das Erfordernis der Zustimmung des Vertretenen bzw. der „für diesen agierenden Personen" vermeide eine Ungleichbehandlung gleichartiger Verhaltensweisen[33], trifft in dieser Allgemeinheit nicht zu. Greifen die Gesellschafter selbst „in die Kasse" der insolventen GmbH, scheidet die Bankrottstrafbarkeit mangels Überwälzung der Schuldnereigenschaft aus, bedienen sie sich dazu des Geschäftsführers, wäre – nur – dieser aus § 283 StGB strafbar.

In jeder Hinsicht zu überzeugen vermag somit weder die Interessen- noch die Funktions- oder die Zurechnungstheorie. Letzterer ist jedoch zuzubilligen, dass sie in der praktisch häufigen Konstellation der „Verschiebung" von Vermögensbestandteilen der GmbH in das Vermögen des Gesellschafter-Geschäftsführers eine Anwendung des § 283 StGB ermöglicht. Den für § 14 Abs. 1 Nr.1 StGB erforderlichen Vertretungsbezug – Handeln „als" Organ – stellt die Zurechnungstheorie noch akzeptabel her, obwohl die Interessentheorie dem Zweck der Vorschrift am ehesten entspricht, allerdings nur um den Preis, erhebliche Strafbarkeitslücken zu eröffnen. Bei einer Gesamtschau der Argumente pro und contra ist deshalb der Zurechnungstheorie zu folgen.

Folglich handelte N „als" Geschäftsführerin, sodass eine Überwälzung des Schuldnermerkmals nach § 14 Abs. 1 Nr. 1 StGB erfolgt.

c) N handelte vorsätzlich, rechtswidrig und schuldhaft. **104**

d) Das Amtsgericht eröffnete das Insolvenzverfahren über das Vermögen der PG, sodass auch die objektive Bedingung der Strafbarkeit des § 283 Abs. 6 StGB eingetreten und N folglich wegen Bankrotts strafbar ist.

2. § 266 Abs. 1 StGB

Sie könnte sich durch die Überweisung der liquiden Mittel zudem wegen (Geschäftsführer-)Untreue strafbar gemacht haben. **105**

---

[33] *Radtke*, in MüKo⁴, § 14 StGB Rn. 68.

106 **a)** Die Missbrauchsalternative ist nicht einschlägig. Das Gesetz (§ 35 GmbHG) räumt dem Geschäftsführer zwar die Befugnis ein, über das Vermögen der GmbH zu verfügen, sodass er im Außenverhältnis mit Rechtswirksamkeit für die Gesellschaft tätig wird. Handelt er mit Einverständnis aller Gesellschafter, so missbraucht er diese Befugnis aber nicht, da ihm das Verhalten auch im Innenverhältnis erlaubt ist[34].

107 **b)** N könnte aber den Treubruchstatbestand verwirklicht haben. Sie hatte als Geschäftsführerin kraft Rechtsgeschäfts die Pflicht, die Vermögensinteressen der PG zu betreuen. Fraglich ist, ob N diese Pflicht durch die Überweisung verletzte. Unter welchen Voraussetzungen im Einverständnis mit allen Gesellschaftern vorgenommene Verschiebungen von Bestandteilen des Vermögens der GmbH in das Vermögen eines anderen eine Verletzung der Vermögensbetreuungspflicht darstellen, ist umstritten. Der BGH[35] und die h.L.[36] betrachten mit Einverständnis der Gesellschafter erfolgte Vermögensverschiebungen nur als pflichtwidrig, wenn sie das Stammkapital beeinträchtigen oder die Existenz oder die Liquidität der GmbH gefährden. Ob existenz- oder liquiditätsgefährdende Vermögensverlagerungen treupflichtwidrig sind, solange das Stammkapital nicht angegriffen wird, ist zwar zweifelhaft[37]. Der Streit ist hier aber nicht zu entscheiden, da durch die Überweisung auch in das Stammkapital eingegriffen wurde, N also pflichtwidrig handelte.

108 Die Treuepflichtverletzung müsste zu einem Vermögensnachteil der PG, d.h. zu einem Schaden geführt haben. Nicht jede Verschiebung von Vermögen der GmbH zu den Gesellschaftern führt jedoch zu einem Nachteil, weil den Gesellschaftern ein Anspruch auf den Jahresüberschuss (§ 29 Abs. 1 S. 1 GmbHG) bzw. den Bilanzgewinn (§ 29 Abs. 1 S. 2 GmbHG) zusteht. Bewegen sich die Entnahmen der Gesellschafter im Rahmen dieses Anspruchs, entsteht der Gesellschaft kein Nachteil, weil die Vermögensminderung durch die Befreiung von dem Gewinnbezugsrecht der Gesellschafter kompensiert wird[38]. Die GmbH erleidet aber einen Schaden, wenn die Zahlung aus dem Stammkapital geleistet wird, weil das Gewinnbezugsrecht der Gesellschafter durch die Kapitalerhaltungsvorschrift des § 30 GmbHG beschränkt ist[39]. Da N durch die Überweisung in das Stammkapital eingegriffen hat, ist der PG auch ein Nachteil entstanden.

109 **c)** N handelte vorsätzlich, rechtswidrig und schuldhaft, sodass sie sich wegen Untreue strafbar gemacht hat.

---

[34] *Hellmann*, wistra 1989, 214, 215; ders., ZIS 2007, 433, 437. Offengelassen in BGHSt 34, 379, 389: „... in der Regel ... missbräuchlich oder pflichtwidrig ...".
[35] Vgl. BGHSt 54, 52, 57 f.; BGH, NStZ-RR 2012, 80 ff.; NStZ 2012, 630 ff.
[36] *Gehrlein*, NJW 2000, 1089, 1090; *Hadamitzky*, in: M-G, Kap. 32 Rn. 84a.
[37] Näher *Hellmann*, Rn. 376.
[38] *Lipps*, NJW 1989, 502, 504.
[39] *Hellmann*, wistra 1989, 214, 217.

3. Konkurrenzen

N verwirklichte durch dieselbe Handlung – die Überweisung – den Bankrott- und 110
den Untreuetatbestand. Da beide Tatbestände unterschiedliche Rechtsgüter schützen, § 283 StGB dient dem Schutz der Interessen der Gläubiger, § 266 StGB dem des Vermögens der GmbH, stehen sie in Tateinheit (§ 52 StGB)[40].

II. Strafbarkeit des V
§ 266 Abs. 1, 2. Alt. StGB

V könnte ebenfalls eine Untreue begangen haben, indem er N die Anweisung gab, 111
alle verbliebenen liquiden Mittel zu überweisen.

a) V müsste als Vorstandsvorsitzender der AD, die Alleingesellschafterin der PG 112
war, eine Vermögensbetreuungspflicht im Verhältnis zur PG treffen.

Rechtsprechung und Literatur nehmen aus unterschiedlichen Gründen eine Vermö- 113
gensbetreuungspflicht der Organe des herrschenden Alleingesellschafters im Verhältnis zur abhängigen GmbH an:

Der 5. Strafsenat des BGH erkennt eine Vermögensbetreuungspflicht des herrschen- 114
den Unternehmens an, folgert sie aber – unklar und unter Berufung auf die frühere, inzwischen geänderte[41] Rechtsprechung der Zivilgerichte zur „Existenzvernichtungshaftung" – aus „existenzgefährdendem Eingriff"[42]. Grundsätzlich seien Verfügungen, die in Übereinstimmung mit den Gesellschaftern erfolgen, zwar nicht pflichtwidrig, anders liege es aber, wenn die Verfügung geeignet ist, der Gesellschaft das Stammkapital zu entziehen. Die Pflicht, die Existenz der GmbH gefährdende Eingriffe zu unterlassen, treffe nicht nur deren Geschäftsführer, sondern auch den (Allein-) Gesellschafter. Diese These belegt allerdings nicht das Bestehen einer Vermögensbetreuungspflicht, sondern behauptet lediglich die Pflichtwidrigkeit bestimmter Handlungen der Gesellschafter. Es trifft sicher zu, dass nicht jede Verfügung über das Vermögen der Gesellschaft eine strafbare Untreue ist. Voraussetzung der Abgrenzung erlaubter von strafbewehrten Verfügungen ist jedoch die Beantwortung der Frage, ob überhaupt eine Vermögensbetreuungspflicht besteht[43]. Indem der Senat die Pflichtwidrigkeit erörtert, bejaht er zwar inzidenter das Vorliegen einer Vermögensbetreuungspflicht der Gesellschafter, aber ohne näher darzulegen, woraus sie resultiert.

Ein Teil der strafrechtlichen Literatur betrachtet – zutreffend – die Mitgliedschaft in 115
der GmbH gem. § 45 GmbHG als gesetzliche Grundlage der Vermögensbetreuungspflicht der Gesellschafter[44]. Aus dieser Mitgliedschaft folge die Verpflichtung zur

---

[40] BGH, NStZ 2012, 89, 91; wistra 2012, 346, Rn. 28 ff. (nicht abgedruckt in BGHSt 57, 229); zust. *Pohl*, wistra 2013, 334.
[41] BGHZ 173, 246 ff. („TRIHOTEL"); 176, 204 ff.
[42] BGHSt 49, 147, 157 ff. („Bremer Vulkan"); zust. *Mödl*, JuS 2003, 14, 17.
[43] *Beckemper*, GmbHR 2005, 592, 593 ff.
[44] *Hentschke*, Der Untreueschutz der Vor-GmbH vor einverständlichen Schädigungen, 2002, S. 142; zust. *Beckemper*, GmbHR 2005, 592, 594 f.

Respektierung der Kapitalerhaltungsvorschrift des § 30 Abs. 1 S. 1 GmbHG, nach der es sich bei dem Stammkapital um ein für die Gesellschafter indisponibles Vermögen handelt, sodass die Allzuständigkeit der Gesellschafter beschränkt sei, soweit die Verwendung des Stammkapitals betroffen ist. Das Gebot der Stammkapitalerhaltung umfasse notwendigerweise die Pflicht, Fürsorge für das Vermögen der Gesellschaft zu übernehmen. Nach dieser Sicht träfe die AD als beherrschende Alleingesellschafterin die Pflicht zur Betreuung des Vermögens der PG. Diese – täterschaftsbegründende – Pflichtenstellung stellt ein besonderes persönliches Merkmal dar, das nach § 14 Abs. 1 Nr. 1 StGB auf V überwälzt würde. V war danach vermögensbetreuungspflichtig.

116 Die h.M. im Strafrecht lehnt die Herleitung der Vermögensbetreuungspflicht aus der Gesellschafterstellung als solcher zwar ab[45], folgert die Pflicht aber aus der faktischen Dominanz des Gesellschafters und seiner rechtlichen Weisungsbefugnis[46]. Die Gesellschafter sind danach vermögensbetreuungspflichtig, weil die Gesellschafterversammlung de facto die Leitungsmacht über den Geschäftsführer hat und damit auch befugt ist, über das Vermögen der Gesellschaft zu disponieren. Das geschäftsleitende Organ der Konzernmutter treffe bei Verwirklichung der Treubruchsalternative der Untreue eine von der „eigenen" Gesellschaft übergeleitete Vermögensbetreuungspflicht, sodass es einer Anwendung des § 14 StGB nicht bedürfe[47]. V war auch nach dieser Auffassung verpflichtet, die Vermögensinteressen der PG zu betreuen.

117 b) Er handelte pflichtwidrig, weil er durch die Anweisung in das Stammkapital der PG eingriff. Wegen der Stammkapitalbeeinträchtigung ist – wie bei N dargelegt – auch ein Schaden der PG gegeben.

118 c) V handelte vorsätzlich, rechtswidrig und schuldhaft, er hat sich somit wegen Untreue strafbar gemacht.

III. Ergebnis

119 N ist wegen Bankrotts und Untreue in Tateinheit (§ 52 StGB) strafbar.

V hat sich wegen Untreue strafbar gemacht.

---

[45] BGH, NJW 1997, 66, 67; *Busch,* Konzernuntreue, 2004, S. 58 ff.; *Fleischer,* NJW 2004, 2867, 2868.
[46] *Busch,* Konzernuntreue, 2004, S. 79 ff.; *Ransiek,* in: Festschrift für Kohlmann, 2003, S. 207, 221.
[47] *Busch,* Konzernuntreue, 2004, S. 100 f.

Fall 3

Reich durch Lastschriften

Gründungsschwindel – Betrug durch „Lastschriftreiterei" – Insolvenzverschleppung durch faktischen Geschäftsführer – Bankrott – Geschäftsführeruntreue

Dirk Feldhausen (F) sah in Deutschland keine berufliche Zukunft mehr für sich und plante, nach Australien auszuwandern. Um sich den Start zu erleichtern, ersann er eine Methode, kurzfristig durch die Ausnutzung der Besonderheiten des Lastschrifteinzugsverfahrens an Kapital zu kommen. Dafür gründete er am 21. August 2022 als Alleingesellschafter die Parkanlagen Nauen GmbH (P-GmbH) mit einem ausgewiesenen Stammkapital in Höhe von 25.000 €. Als Geschäftsführerin wurde im Gesellschaftsvertrag seine Lebensgefährtin Nadine Schröder (S) bezeichnet, obwohl F und S sich darüber einig waren, dass F die Geschäfte mit einer Vollmacht von S selbstständig führen würde. F wies S an, die von ihm vorbereitete Anmeldung zum Handelsregister zu unterzeichnen und abzugeben. In der Anmeldung wurde versichert, dass der Gesellschafter die Hälfte der Geschäftsanteile eingezahlt hätte und sich diese zur freien Verfügung der Gesellschaft befänden. Tatsächlich hatte F keinerlei Mittel eingezahlt, was S auch wusste. Die P-GmbH wurde mit S als Geschäftsführerin in das Handelsregister eingetragen. **120**

Mit seinem Freund Frank Lederer (L), dem Alleingesellschafter und Geschäftsführer der Gartenbau- und Landschaftspflege Nauen GmbH (G-GmbH), vereinbarte F, dass die P-GmbH eine Summe von insgesamt eine Million Euro vom Konto der G-GmbH abbuchen und L nach fünf Wochen dem Lastschrifteinzug widersprechen sollte. Als Gegenleistung für dieses „zinslose Darlehen" würde die G-GmbH von der P-GmbH Rechnungen erhalten, in denen die Umsatzsteuer ausgewiesen wäre, die L für die G-GmbH in den Umsatzsteuererklärungen in Ansatz bringen wollte. F und L schlossen daraufhin einen Rahmenvertrag zwischen der P-GmbH und der G-GmbH, in dem sich die P-GmbH verpflichtete, Anpflanzarbeiten in großem Umfang für die G-GmbH zu leisten. Zur Begleichung der fälligen Rechnungen erteilte L im Namen der G-GmbH eine Einzugsermächtigung.

F begab sich am 11. Januar 2023 mit dem Rahmenvertrag zu der Kleinunternehmerbank Nauen (K-Bank), bei der die P-GmbH ein Konto unterhielt. F behauptete gegenüber dem zuständigen Bankmitarbeiter Michael Bauer (B), er wolle Forderungen für die Pflanzarbeiten einziehen. B unterzeichnete für die K-Bank eine Inkassovereinbarung mit der P-GmbH, nach der diese am Lastschriftverfahren teilnehmen konnte. Diese Vereinbarung hätte B nicht geschlossen, wenn er gewusst hätte, dass die Leistungen nicht erbracht werden sollten und von vornherein ein Widerspruch der G-GmbH geplant war. F beantragte außerdem die Teilnahme am Online-Banking, die unter Aushändigung der Identifikations- und Transaktionsnummern (PIN und TAN) ebenfalls von B bewilligt wurde. Noch am selben Tag stellte F eine Rechnung in Höhe von 250.000 € inklusive Umsatzsteuer für Pflanzarbeiten an die G-

Fall 3

GmbH aus und legte B eine Lastschrift in dieser Höhe auf einem Formblatt mit dem Aufdruck „Einzugsermächtigung vorhanden" vor. B schrieb dem Konto der P-GmbH diesen Betrag gut und zog ihn dann bei der G-GmbH ein. Gleiches wiederholte sich in den drei darauffolgenden Wochen, sodass sich am 6. Februar 2023 eine Million € auf dem Konto der P-GmbH befand. Unter Verwendung seiner PIN und TAN überwies F am 7. und 8. Februar 2023 im Onlineverfahren jeweils 400.000 € auf sein Privatkonto in Australien. Die restlichen 200.000 € ließ sich F von der Schalterbediensteten Sabrina Müller (M) am 13. Februar 2023 in bar auszahlen. M ging dabei davon aus, dass es sich um ein echtes Guthaben handelte, das nicht mit einem Rückzahlungsanspruch belastet war.

Am 15. Februar 2023 widersprach L für die G-GmbH den Einziehungen. Die K-Bank überwies der G-GmbH die eingezogene eine Million € zurück, obwohl das Konto der P-GmbH keine Deckung mehr aufwies.

F und S setzten sich – wie geplant – am 15. Februar 2023 nach Australien ab. Vor dem Abflug informierte F die S über alle Vorgänge. Die K-Bank stellte am 22. März 2023 Insolvenzantrag gegen die P-GmbH, der vom Amtsgericht mangels Masse abgelehnt wurde.

Wie haben sich die Beteiligten strafbar gemacht?

Bearbeiterhinweis:

Voraussetzung für die Teilnahme des Zahlungsempfängers am Lastschriftverfahren ist eine Zulassung zu diesem Verfahren mittels einer Inkassovereinbarung. Danach dürfen nur fällige Forderungen per Lastschrift eingezogen werden, wobei der Kontoinhaber versichert, lediglich Forderungen einzuziehen, für die er eine gültige Einzugsgenehmigung des Schuldners hat. Die Inkassovereinbarung verpflichtet die Bank, Lastschriften weiterzuleiten und dem Zahlungsempfänger den Lastschriftbetrag gutzuschreiben. Dies erfolgt jedoch unter Vorbehalt, weil der Schuldner dem Lastschrifteinzug innerhalb von sechs Wochen widersprechen kann. Die einziehende Bank ist in diesem Fall verpflichtet, dem Schuldner den Betrag – ohne Rücksicht auf die Deckung des Kontos des Zahlungsempfängers – zurück zu überweisen.

Lösung

1. Abschnitt: Gründung der P-GmbH

I. Strafbarkeit der S
§ 82 Abs. 1 Nr. 1 GmbHG

S ist wegen Gründungsschwindels nach § 82 Abs. 1 Nr. 1 GmbHG strafbar. Als eingetragene Geschäftsführerin ist sie taugliche Täterin dieses Sonderdelikts. Sie machte – vorsätzlich – zum Zweck der Eintragung der Gesellschaft über die Einzahlung der Geschäftsanteile falsche Angaben, indem sie gegenüber dem Handelsregister versicherte, dass das Stammkapital zur Hälfte geleistet worden sei.

II. Strafbarkeit des F
§ 82 Abs. 1 Nr. 1 GmbHG, § 25 Abs. 2 StGB

F könnte sich wegen mittäterschaftlich begangenen Gründungsschwindels strafbar gemacht haben, indem er die Anmeldung vorbereitete.

a) F machte selbst keine Angaben gegenüber dem Handelsregister, sodass er wegen Gründungsschwindels nur strafbar sein könnte, wenn ihm die unrichtige Anmeldung der S nach Maßgabe des § 25 Abs. 2 StGB „zugerechnet" würde. Dann müsste F allerdings tauglicher Täter des § 82 Abs. 1 Nr. 1 GmbHG sein. Auf den ersten Blick scheint dies unproblematisch der Fall zu sein, da auch der Gesellschafter – neben dem Geschäftsführer – Adressat des Tatbestandes ist. Dennoch ist fraglich, ob die Vorschrift auf F in unserer Konstellation anwendbar ist. Die Anmeldung der GmbH zum Handelsregister ist nämlich nach § 78 GmbHG von dem Geschäftsführer zu bewirken, also gerade nicht von den Gesellschaftern, die folglich keine Angaben gegenüber dem Handelsregister machen. Der Grund für die Einbeziehung der Gesellschafter ist deshalb nicht ohne weiteres ersichtlich. Die Literatur sieht ihn darin, dass der Tatbestand den von den Gesellschaftern in mittelbarer Täterschaft begangenen Gründungsschwindel erfassen soll, also die Fälle, in denen die Gesellschafter die Unrichtigkeit der Angaben kennen und den gutgläubigen Geschäftsführer als unvorsätzliches Werkzeug bei der Anmeldung benutzen[1]. Ob auch der von Geschäftsführer und Gesellschafter in Mittäterschaft verwirklichte Gründungsschwindel erfasst ist, wird nicht erörtert. Der BGH hat dies zwar beiläufig bejaht[2], in dem konkreten Fall, in dem der Vertreter des Gesellschafters einen bösgläubigen Geschäftsführer mit falschen Angaben für die Anmeldung versehen hatte, das Vorliegen des täterschaftsbegründenden persönlichen Merkmals aber nicht aus der Eigenschaft als Gesellschafter, sondern aus der Stellung als faktischer Geschäftsführer gefolgert[3]. F könnte danach (Mit-)Täter des Gründungsschwindels sein.

---

[1] *Lindemann*, Jura 2005, 305, 309; *Schaal*, in: E/K, G 131, § 82 GmbHG Rn. 5.
[2] BGHSt 46, 62, 64.
[3] BGHSt 46, 62, 64 ff.

124 Die Sicht des BGH befindet sich zwar im Einklang mit der h.L.[4], die § 82 Abs. 1 Nr. 1 GmbHG auf den faktischen Geschäftsführer mit der Begründung anwendet, er nehme durch sein Verhalten das Vertrauen der Öffentlichkeit für sich in Anspruch. Für die Gründungstäuschung wird dem aber entgegen gehalten, dass die Gesellschaft im Tatzeitpunkt noch gar nicht existent und es deshalb nicht sinnvoll sei, bereits von einer „faktischen" Geschäftsführung zu sprechen[5]. Andere[6] lehnen die Anwendung des Tatbestandes auf den faktischen Geschäftsführer wegen Verstoßes gegen das Analogieverbot generell ab.

125 Dieser Streit muss hier jedoch nicht entschieden werden, da F schon wegen seiner Gesellschafterstellung tauglicher Täter des § 82 Abs. 1 Nr. 1 GmbHG ist. Kann der Gesellschafter mittelbarer Täter sein, wenn er den gutgläubigen Geschäftsführer als Werkzeug beim Gründungsschwindel benutzt, spricht nichts dagegen, dem Gesellschafter bei einem kollusiven Zusammenwirken mit dem Geschäftsführer die eigentliche Tathandlung der Anmeldung nach den Regeln der Mittäterschaft „zuzurechnen". F ist also tauglicher Täter des § 82 Abs. 1 Nr. 1 GmbHG.

126 b) Da S und F aufgrund eines gemeinsamen Tatplanes arbeitsteilig zusammenwirkten, indem F gewichtige Tatbeiträge leistete, nämlich den Plan entwarf und die Anmeldung vorbereitete, ist er Mittäter des Gründungsschwindels, zumal er ein eigenes Interesse am Taterfolg besaß.

2. Abschnitt: Das Lastschriftverfahren
I. Strafbarkeit des F
1. § 263 Abs. 1, Abs. 3 S. 2 Nr. 2 StGB

127 F könnte sich durch den Abschluss der Inkassovereinbarung wegen Betruges in einem besonders schweren Fall strafbar gemacht haben.

128 a) F täuschte B darüber, dass er das Lastschriftverfahren dazu benutzen wolle, fällige Forderungen, die sich aus dem Rahmenvertrag mit der G-GmbH ergeben, einzuziehen. Auf diesen Inhalt beschränkte sich seine Täuschung aber nicht. F spiegelte nämlich nicht nur die Existenz der Forderungen vor, sondern er täuschte – konkludent – auch über die Wahrscheinlichkeit des Widerrufs[7]. Der BGH nimmt eine Täuschung sogar an, wenn die Forderungen tatsächlich bestehen, weil bei der „Lastschriftreiterei" mit dem Ziel der Kreditbeschaffung ein übliches Umsatzgeschäft vorgespiegelt werde, obwohl der Lastschrifteinreichung tatsächlich ein kurzfristiges Darlehen mit einem deutlich erhöhten Risiko zugrunde liege[8]. Ob diese Sicht zutrifft, kann hier offen bleiben, da jedenfalls bei fingierten Forderungen die Erklärung auch eine Aus-

---

[4] Statt vieler: *Schaal*, in: E/K, G 131, § 82 GmbHG Rn. 7 m.w.N. für die h.L.
[5] *Löffeler*, wistra 1989, 119, 122.
[6] *Kleindiek*, in: Lutter/Hommelhoff, GmbHG, 20. Aufl. 2020, § 82 Rn. 2, § 84 Rn. 7; *Joerden*, JZ 2001, 310 ff.; *Stein*, ZHR 148 (1984), 222.
[7] Ebenso *Beukelmann*, in: BeckOK-StGB, § 263 Rn. 131.
[8] BGHSt 50, 147, 154 f.; zust. *Hadamitzky/Richter*, NStZ 2005, 636 f.; abl. *Fahl*, Jura 2006, 733, 736; OLG Hamm wistra 2012, 161, 163. Wie der BGH *Knierim*, NJW 2006, 1093, 1096; *Soyka*, NStZ 2005, 637 f.

sage über die Wahrscheinlichkeit des Widerrufs enthält, zumal das Fehlen der Forderung zum Widerruf der Einziehung führen wird. Die Täuschung liegt also in der ausdrücklichen Erklärung über die vertraglichen Beziehungen zu der G-GmbH, sodass es eines Rückgriffs auf die konkludente Täuschung über die Widerrufswahrscheinlichkeit nicht bedarf[9].

b) Fraglich ist jedoch, ob der – auf dem Irrtum des B beruhende – Abschluss der Inkassovereinbarung als Vermögensverfügung anzusehen ist. Gegen eine unmittelbare Minderung des Vermögens der Bank scheint zu sprechen, dass F durch die Inkassovereinbarung lediglich zur Teilnahme am Lastschriftverfahren und zur späteren Verfügung über die eingezogenen Beträge berechtigt wurde. Die Vermögensminderung trat dennoch nicht etwa erst durch die Einreichung der Lastschriften und – endgültig – durch die Verfügung über das so entstandene Guthaben ein. Das Eingehen der Inkassovereinbarung führt nämlich – zumindest wenn der Kontoinhaber wie hier am „Online-Banking" teilnimmt – dazu, dass die Lastschriften auch elektronisch eingereicht werden können und die Gutschrift ohne Prüfung der einzelnen Lastschrift durch einen Bankangestellten erfolgt. Die Situation ist deshalb mit der Einräumung der Verfügungsmöglichkeit über einen Kreditrahmen vergleichbar, die ebenfalls bereits eine Vermögensverfügung darstellen würde, und zwar unabhängig davon, ob der Bankkunde den Kredit später tatsächlich in Anspruch nimmt. Die Gewährung der Teilnahme am Lastschriftverfahren mindert somit nach zutreffender Auffassung das Vermögen der Bank[10]. Da B im Lager der Bank stand und zum Abschluss der Inkassovereinbarung befugt war, liegen die Voraussetzungen eines Dreiecksbetruges vor.

c) Bei dieser Sicht ist auch der Vermögensschaden gegeben, weil der Vermögensminderung kein gleichwertiger Gegenanspruch der Bank gegen ihren Kunden zufließt. In mehreren Entscheidungen hat die Rechtsprechung jedoch einen Schaden erst mit Einreichen der Lastschriften angenommen[11], allerdings ohne dass der Betrug durch das Einrichten des Lastschriftverfahrens geprüft wurde. Das beruhte vermutlich darauf, dass der Täter in diesem Zeitpunkt noch keine Missbrauchsabsicht hatte oder diese zumindest nicht nachweisbar war. Deshalb ist diesen Entscheidungen nicht ohne weiteres zu entnehmen, dass die Annahme eines Schadens bei Abschluss der Inkassovereinbarung generell verneint würde. Ein Teil der Literatur lehnt einen Vermögensschaden durch Gewährung der Teilnahme am Lastschriftverfahren jedoch explizit ab[12]. Ein Schaden trete nicht einmal ein, wenn der Täter die Lastschriften tatsächlich einreiche, weil die Bank einen Rückbuchungsanspruch habe, wenn der Inhaber des bezogenen Kontos der Abbuchung widerspreche. Dieser Anspruch sei zwar nicht realisierbar, wenn der Kunde über das Guthaben in der Zwischenzeit verfügt habe. Ein so entstandener Schaden beruhe aber nicht auf der irrtumsbedingten Einlösung der Lastschrift, sondern auf einem – von ihrem Kunden nicht vorwerf-

---

[9] Vgl. OLG Oldenburg, NJW 1980, 1176.
[10] Im Ergebnis ebenso AG Gera, NStZ-RR 2005, 213, 214.
[11] BGHSt 50, 147, 154 ff.; BGH, wistra 2006, 20; wistra 2007, 312, 313; LG Oldenburg, NJW 1980, 1176, 1177.
[12] *Soyka*, NStZ 2004, 538, 540.

bar hervorgerufenen – Irrtum über seine Bonität. Der Mitarbeiter der Bank irre also nur darüber, dass der Kunde den abgebuchten oder überwiesenen Betrag ersetzen könne. Es fehle die Kausalität des durch die Täuschung bewirkten Irrtums für den Schaden. Die Inkassovereinbarung könne daher erst recht keinen Schaden darstellen. Dem ist jedoch zumindest für den Fall zu widersprechen, dass der Kunde per Online-Banking über sein Konto verfügen kann. Dann prüft nämlich kein Bankmitarbeiter bei den einzelnen Verfügungen, die im Online-Verfahren vorgenommen werden, ob es sich um ein „echtes" oder um ein mit einem möglichen Widerspruch belastetes Guthaben handelt. Es liegt somit bereits mit der Inkassovereinbarung ein Vermögensschaden vor, und zwar nicht nur eine „schadensgleiche Vermögensgefährdung"[13], sondern ein „echter" Schaden, weil die Bank für die – mit der Teilnahme an dem Lastschriftverfahren bewirkte faktische – Einräumung eines Verfügungsrahmens keine wirtschaftliche Gegenleistung erlangt. Dem Eingehungsbetrug vergleichbar sind das spätere Einreichen der Lastschriften und das Abheben des Guthabens lediglich Vertiefungen des Schadens[14], der bereits mit dem Einrichten des Lastschriftverfahrens eingetreten ist.

131 **d)** F handelte vorsätzlich und mit der erforderlichen (Dritt-) Bereicherungsabsicht sowie rechtswidrig und schuldhaft.

132 **e)** Fraglich ist, ob ein besonders schwerer Fall nach § 263 Abs. 3 S. 2 Nr. 2 StGB vorliegt, weil sich die endgültige Schädigung der Bank auf eine Million € beläuft. Nach zutreffender h.M.[15] setzt die Annahme eines besonders schweren Falles voraus, dass der Verlust tatsächlich eingetreten ist. Eine schadensgleiche Vermögensgefährdung reiche dagegen nicht. Hier ist der Schaden jedoch im weiteren Verlauf eingetreten. Ein Vermögensverlust großen Ausmaßes ist gegeben, wenn der beim Opfer eingetretene Schaden ein besonderes Gewicht hat[16]. Davon kann nach überwiegender Auffassung[17] ab 50.000 € ausgegangen werden. Damit hat F einen Betrug in einem besonders schweren Fall begangen.

2. § 263 Abs. 1, Abs. 3 S. 2 Nr. 2 StGB

133 F könnte sich zudem wegen Betruges in einem besonders schweren Fall in vier Fällen strafbar gemacht haben, indem er die Lastschriften einreichte.

134 **a)** Als F die Lastschriften vorlegte, täuschte er – ausdrücklich – darüber, dass ihnen tatsächliche Forderungen zugrunde lägen. Wie bei der Täuschung zur Erreichung der Inkassovereinbarung bedarf es also keines Rückgriffs auf die konkludente Täuschung über die Widerrufswahrscheinlichkeit.

---

[13] So *Beukelmann*, in: BeckOK-StGB, § 263 Rn. 131.
[14] AG Gera, NStZ-RR 2005, 213, 214.
[15] BGHSt 48, 354; *Beukelmann*, in: BeckOK-StGB, § 263 Rn. 103 f.; *Fischer*, § 263 StGB Rn. 215; *Kindhäuser/Hoven*, in: NK, § 263 StGB Rn. 394; *Wittig*, § 14 Rn. 163.
[16] *Kindhäuser/Hoven*, in: NK, § 263 StGB Rn. 394.
[17] BGHSt 48, 360, 362 ff.; BGH, NStZ-RR 2002, 50; NStZ 2004, 155; *Perron*, in: Sch/Sch, § 263 StGB Rn. 188c; *Saliger*, in: M/R, § 263 StGB Rn. 320.

b) Fraglich ist aber, ob sich B irrte. In der Literatur[18] wird zum Teil ein Irrtum des Bankangestellten verneint, weil dieser sich keine Gedanken über die der Lastschrift zugrunde liegende Forderung mache. Im Übrigen sei er sich der Möglichkeit des Widerrufs bei jeder Lastschrift bewusst. Die h.M.[19] nimmt dennoch zu Recht einen Irrtum des Bankangestellten an. Es trifft schon nicht zu, dass sich der Bankangestellte keine Gedanken über den Bestand der Forderung mache, da er zumindest die Vorstellung haben wird, „es sei alles in Ordnung". Nach allgemeiner Meinung reicht dies für einen Irrtum, wenn sich diese Annahme auf bestimmte Tatsachen stützt[20]. Der Vordruck enthält zwar nur die Erklärung, dass eine Einzugsermächtigung vorliege, was in casu zutrifft. Der Versicherung, eine Einzugsermächtigung zu haben, lässt sich aber auch die Erklärung entnehmen, die Lastschrift werde zu einer ordnungsgemäßen Abwicklung des bargeldlosen Zahlungsverkehrs benutzt. Über diesen Punkt irrte der Bankangestellte. **135**

Das Bewusstsein, dass ein Widerspruch möglich ist, schließt den Irrtum ebenfalls nicht aus, sondern belegt sogar die These, dass sich der Bankangestellte über die Berechtigung der einzelnen Lastschrift Gedanken macht und im konkreten Fall zu dem Ergebnis kommt, dass „alles in Ordnung" sei. **136**

c) Die irrtumsbedingte Vermögensverfügung liegt in der sofortigen Gutschrift des in der Lastschrift ausgewiesenen Betrags auf dem Konto des Zahlungsempfängers[21]. Allerdings tritt durch diese Gutschrift kein eigenständiger Schaden ein. Es handelt sich lediglich um eine Vertiefung des Schadens, der bereits durch die Inkassovereinbarung entstanden ist. **137**

F hat durch die Einreichung der Lastschriften deshalb keine weiteren Betrügereien begangen. **138**

3. § 263 StGB

F hat sich auch nicht durch die Überweisungen im Online-Verfahren wegen Betruges strafbar gemacht, weil die Bearbeitung der Überweisungen im Online-Verfahren automatisch erfolgt. Solange das Konto das entsprechende Guthaben aufweist, wird die Überweisung vorgenommen, ohne dass eine Person sich Gedanken über den Transfer macht[22]. Ein Betrug scheidet deshalb schon mangels Täuschung aus. **139**

4. § 263a Abs. 1, 3. Alt. StGB

Wegen der Online-Überweisungen kommt somit allenfalls ein Computerbetrug durch unbefugte Verwendung von Daten in Betracht. **140**

---

[18] *Soyka*, NStZ 2004, 538, 540.
[19] BGH, wistra 2006, 20; OLG Oldenburg, NJW 1980, 1176, 1177; *Hadamitzky/Richter*, wistra 2005, 441, 444.
[20] Krey/*Hellmann*/Heinrich, Rn. 611.
[21] BGH, wistra 2005, 423, 425; OLG Hamm, JZ 1977, 610; LG Oldenburg, NJW 1980, 1176, 1177.
[22] AG Gera, NStZ-RR 2005, 213, 214.

141 F benutzte allerdings seine eigenen PINs und TANs. Auf den ersten Blick scheint diese Konstellation dem Codekartenmissbrauch bei Geldauszahlungsautomaten durch den rechtmäßigen Karteninhabers vergleichbar zu sein[23]. Dort wird zum Teil ein unbefugtes Verwenden von Daten angenommen, wenn der berechtigte Karteninhaber bei fehlender Kontodeckung oder Ausschöpfung des vertraglich eingeräumten Überziehungskredits Bargeld an einem Bankautomaten abhebt[24]. Bei der „Lastschriftreiterei" liegt es jedoch anders, weil Verfügungen über das Kontoguthaben nicht vertragswidrig sind, wenn die Bank sie – wie hier – nicht hinsichtlich des mit einem möglichen Widerspruch belasteten Guthabens ausschließt. Ein Computerbetrug scheidet also schon aus diesem Grunde aus.

5. § 266 StGB

142 F hat sich durch die Überweisungen im Online-Verfahren auch nicht wegen Untreue zum Nachteil der K-Bank strafbar gemacht. § 266 StGB scheitert bereits daran, dass F als Kontoinhaber keine Vermögensbetreuungspflicht gegenüber der Bank hat.

6. § 263 StGB

143 F könnte sich aber durch die Barabhebungen wegen Betruges strafbar gemacht haben.

144 F hätte M getäuscht, wenn in dem Auszahlungsbegehren die konkludente Erklärung enthalten wäre, das Guthaben auf dem Konto sei „echt". In dem Abheben liegt jedoch nicht die Erklärung, das Konto sei gedeckt bzw. das Guthaben stehe dem Kontoinhaber rechtmäßig[25]. In der Bankpraxis sind Kontoverfügungen auch ohne Deckung durchaus üblich und nicht immer hat der Kunde Kenntnis von der Kontodeckung. Die Erklärung, eine Auszahlung zu wünschen, beschränkt sich deshalb auf diesen Inhalt. Ob eine Kontoverfügung möglich ist, hat die Bank bzw. deren Mitarbeiter zu prüfen, nicht dagegen der Kunde. Er erklärt deshalb auch nur, dass er eine Auszahlung wünsche. Betrug scheidet somit mangels Täuschung aus.

7. §§ 263, 13 StGB

145 Vereinzelt wird – statt eines Betruges durch positives Tun – Betrug durch Unterlassen mit der Begründung angenommen, der Kontoinhaber sei verpflichtet, den Bankmitarbeiter darauf hinzuweisen, dass das Guthaben ihm nicht dauerhaft zur Verfügung stehe und er zum Ausgleich nicht in der Lage sei[26]. Der Fall sei der so genannten „Scheckreiterei" vergleichbar, bei der ebenfalls eine Täuschung durch Unterlassen angenommen werde, wenn der Kontoinhaber ein Guthaben abhebe, das ihm nur

---

[23] So auch AG Gera, NStZ-RR 2005, 213, 214.
[24] Z.B. *Heger*, in: L/K/H, § 263a StGB Rn. 14, m.w.N. **A.A.** Krey/*Hellmann*/Heinrich, Rn. 853.
[25] BGHSt 46, 196, 198; *Heger*, in: L/K/H, § 263 StGB Rn. 9b; *Perron*, in: Sch/Sch, § 263 StGB Rn. 16c.
[26] So AG Gera, NStZ-RR 2005, 213, 215 mit Hinweis auf OLG Köln, NJW 1981, 1851, das allerdings keine Täuschung durch Unterlassen, sondern eine konkludente Täuschung bejaht.

kurzfristig zur Verfügung stehe. Die Garantenstellung ergebe sich aus Ingerenz. Das pflichtwidrige gefährdende Vorverhalten bestehe in dem Abschluss der Inkassovereinbarung.

Dem ist indes zu widersprechen. Worin das gefährdende Vorverhalten des Kunden bestehen sollte, wenn der Bank bekannt ist, dass eine Inkassovereinbarung besteht und das Guthaben deshalb unter Umständen zurückgebucht werden wird, bleibt unerfindlich, zumal es der Bank frei steht, von vornherein die volle Dispositionsbefugnis erst nach Ablauf der Widerspruchsfrist einzuräumen[27]. 146

II. Strafbarkeit des L
1. §§ 263, 25 Abs. 2 StGB

L könnte sich durch die Abrede mit F und den Widerspruch wegen mittäterschaftlich begangenen Betruges strafbar gemacht haben. 147

a) Ein Teil der Literatur[28] nimmt in Konstellationen wie der vorliegenden – allerdings ohne Begründung – einen gemeinsamen Tatentschluss und eine gemeinschaftliche Tatausführung an. Offensichtlich wird eine mittäterschaftliche Begehung auch dann bejaht, wenn der maßgebliche Tatbeitrag erst im Stadium zwischen Vollendung und Beendigung der Tat geleistet wird. Das mag zweifelhaft sein[29], hier liegt es jedoch so, dass L schon an der Planung der Tat beteiligt war und seine Mitwirkung durch den verzögerten Widerspruch zwar nach der Vollendung des Betruges erfolgte, diese Mitwirkung aber für die endgültige Herbeiführung des Schadens unabdingbar war, sodass eine gemeinschaftliche Tatausführung anzunehmen ist. 148

b) L handelte vorsätzlich. Fraglich ist jedoch die Bereicherungsabsicht. Absicht ist als finaler Erfolgswille zu verstehen, es muss dem Täter also gerade auf die Bereicherung ankommen[30]. L strebte durch seine Mitwirkung eine Bereicherung der G-GmbH durch die Erlangung der Rechnungen mit Umsatzsteuerausweis an, um die Vorsteuer in der Umsatzsteuervoranmeldung und der Umsatzsteuerjahreserklärung abziehen zu können. Diese beabsichtigte Bereicherung hat hier jedoch außer Betracht zu bleiben, da sie nicht die Kehrseite des Vermögensschadens der Bank darstellt, also die „Stoffgleichheit" fehlt. Dass L eine Bereicherung des F anstrebte, lässt sich dem Sachverhalt nicht entnehmen, zumal dessen Bereicherung kein notwendiges Zwischenziel auf dem Weg zur Bereicherung der G-GmbH war. 149

c) L ist deshalb nicht wegen mittäterschaftlich begangenen Betruges strafbar. 150

2. §§ 263, 27 StGB

L hat F aber zu dessen Betrug vorsätzlich Hilfe geleistet. 151

---

[27] *Soyka*, NStZ 2004, 538, 540.
[28] *Hadamitzky/Richter*, wistra 2005, 441, 445.
[29] Dazu *Schünemann/Greco*, in: LK[13], § 25 StGB Rn. 221 ff.
[30] *Beukelmann*, in: BeckOK-StGB, § 263 Rn. 76; *Kindhäuser/Hoven*, in: NK, § 263 StGB Rn. 353; *Mitsch*, BT, S. 336.

3. Abschnitt: Insolvenz der P-GmbH
I. Strafbarkeit der S
§ 15a Abs. 4 Nr. 1 i.V.m. Abs. 1 S. 1, 2 InsO

152 S könnte eine Insolvenzverschleppung begangen haben, indem sie die Beantragung der Eröffnung des Insolvenzverfahrens über das Vermögen der P-GmbH unterließ.

153 **a)** S war als eingetragene Geschäftsführerin der P-GmbH Adressatin des § 15a Abs. 4 Nr. 1 InsO. § 15a Abs. 1 S. 1, 2 InsO verpflichtet die Mitglieder des Vertretungsorgans einer juristischen Person, bei deren Zahlungsunfähigkeit die Eröffnung des Insolvenzverfahrens ohne schuldhaftes Zögern, spätestens aber drei Wochen nach Eintritt der Zahlungsunfähigkeit, zu beantragen. S ist als Geschäftsführerin gem. § 35 Abs. 1 S. 1 GmbHG zur Vertretung der GmbH berechtigt, also taugliche Täterin der Insolvenzverschleppung. Zahlungsunfähigkeit liegt nach § 17 Abs. 2 S. 1 InsO vor, wenn der Schuldner nicht mehr in der Lage ist, die fälligen Zahlungspflichten zu erfüllen. Die P-GmbH wäre aufgrund der Überweisung von 400.000 € von ihrem Konto auf das Privatkonto des F bereits am 7. Februar 2023 zahlungsunfähig gewesen, wenn zu diesem Zeitpunkt eine Verpflichtung zur Rückzahlung der eingezogenen – vermeintlichen – Rechnungsbeträge in Höhe von einer Million € bestanden hätte, denn die Gesellschaft hätte diese Zahlungspflichten nicht erfüllen können. Die Rückzahlungsverpflichtung wurde jedoch erst am 15. Februar 2023 wegen des Widerspruchs der G-GmbH fällig, sodass die Zahlungsunfähigkeit an diesem Tag eintrat. S beantragte die Eröffnung des Insolvenzverfahrens nicht innerhalb der folgenden drei Wochen, obwohl sie – trotz ihrer Abreise nach Australien – dazu in der Lage gewesen wäre, sodass sie den objektiven Tatbestand des § 15a Abs. 4 Nr. 1 InsO verwirklicht hat.

154 **b)** Da S am 15. Februar 2023 von der Zahlungsunfähigkeit der P-GmbH erfahren hatte, verzichtete sie vorsätzlich auf die Stellung des Insolvenzantrages. Rechtfertigungs- oder Schuldausschließungsgründe liegen nicht vor, sodass sie wegen Insolvenzverschleppung strafbar ist.

II. Strafbarkeit des F
1. § 15a Abs. 4 Nr. 1 i.V.m. Abs. 1 S. 1, 2 InsO

155 F könnte sich ebenfalls wegen Insolvenzverschleppung strafbar gemacht haben.

156 **a)** F wäre tauglicher Täter des Sonderdelikts der Insolvenzverschleppung jedoch nur, wenn der Tatbestand auf den faktischen Geschäftsführer anwendbar ist und F faktischer Geschäftsführer der P-GmbH war.

157 Die h.M. im Gesellschaftsrecht[31] und im Strafrecht[32] befürwortet die Anwendung des § 15a Abs. 1 S. 1 InsO auf das faktische Organ. Zahlreiche Stimmen in der straf-

---

[31] BGHZ 104, 44, 46; 96, 106 (zu § 64 Abs. 1 GmbHG *a.F.*); *Altmeppen*, GmbHG, 10. Aufl. 2021, Vorb. § 64 Rn. 55.

[32] BGH, NZWiSt 2015, 142 f.; GmbHR 2020, 93, 94, m. Anm. *Brand*; *Leppich*, wistra 2018, 361; *Priebe*, EWiR 2015, 337 f.; *Wolfer*, in: BeckOK-InsR, § 15a InsO Rn. 46.

rechtlichen Literatur lehnen es dagegen ab, das faktische Organ als Adressaten der Blankettstraftatbestände des § 15a Abs. 4, 5 InsO zu betrachten, weil dies sowohl gegen das Analogie- als auch gegen das Bestimmtheitsgebot verstoße[33]. Diese Bedenken überzeugen jedoch nicht. Es ist kriminalpolitisch geboten, den faktischen Geschäftsführer zu bestrafen[34] und es handelt sich nicht um eine verbotene Analogie, weil der Wortlaut es zulässt, dem Begriff des Vertretungsorgans, bei der GmbH also des Geschäftsführers, den faktischen Geschäftsführer zu subsumieren. Dem Bestimmtheitsgrundsatz wird genüge getan, wenn klar umrissene Kriterien für die Annahme einer faktischen Geschäftsführung eingehalten werden[35]:

Erforderlich ist zum einen, dass die Geschäftsführung – wie die des eingetragenen Geschäftsführers – auf dem Willen der Gesellschafter beruht, d.h. auf einem faktischen Bestellungsakt, der auch in dem Einverständnis der Gesellschafter mit der Geschäftsführung bestehen kann[36], und zum anderen, dass der faktische Geschäftsführer im Verhältnis zum eingetragenen eine überragende Stellung innehat[37], die es ihm ermöglicht, die Geschicke der Gesellschaft entscheidend zu steuern. **158**

Beide Voraussetzungen sind bei F gegeben. Er handelte mit dem Einverständnis der Gesellschafter, nämlich seinem eigenen als Alleingesellschafter der P-GmbH, und er konnte alle unternehmerischen Entscheidungen für die Gesellschaft treffen, da S lediglich als „Strohfrau" fungierte. F ist somit tauglicher Täter der Insolvenzverschleppung nach § 15a Abs. 4 Nr. 1 i.V.m. Abs. 1 S. 1, 2 InsO. **159**

b) Da F den erforderlichen Insolvenzantrag vorsätzlich nicht stellte sowie rechtswidrig und schuldhaft handelte, hat er sich wegen Insolvenzverschleppung strafbar gemacht. **160**

2. § 283 Abs. 1 Nr. 1, Abs. 2 StGB

F könnte sich zudem wegen Bankrotts strafbar gemacht haben, indem er die Überweisungen und die Auszahlung vornehmen ließ. **161**

a) Durch die Überweisungen und die Auszahlung entzog F den Gläubigern den Zugriff auf pfändbare Bestandteile des Vermögens der P-GmbH, nahm also der K-Bank die Möglichkeit, die zu Unrecht ergangenen Überweisungen rückgängig zu machen. F schaffte somit Bestandteile des Vermögens der P-GmbH beiseite.

Im Zeitpunkt der Überweisungen oder Auszahlung war die P-GmbH jedoch nicht überschuldet oder zahlungsunfähig und die Zahlungsunfähigkeit stand auch nicht bevor. Folglich scheidet § 283 Abs. 1 StGB mangels Handelns in der Krise aus.

---

[33] *Bergmann*, NZWiSt 2014, 81 ff.; *Ceffinato*, StV 2015, 442 f.; *Gotzens/Mayr*, wistra 2022, 72 f.; *Hohmann*, in: MüKo³, § 15a InsO Rn. 60; *Kudlich*, ZWH 2015, 64 f.; *Rotsch/Wagner*, in: M/G, § 28 Rn. 101 f.; *Schröder*, in: Festschrift für Beulke, 2015, S. 535, 538 ff.
Das **BVerfG** hat die Antwort auf diese Frage offengelassen, wistra 2022, 69, Rn. 26.
[34] BGHSt 21, 101, 105; 31, 118, 122.
[35] Näher dazu *Hellmann*, Rn. 356 f.
[36] BGHSt 46, 62, 65; *Tiedemann*, Rn. 281; *Weimar*, GmbHR 1984, 538.
[37] BGHSt 31, 118, 121; bisweilen lässt der BGH ein „Übergewicht" des faktischen Geschäftsführers genügen, vgl. BGH, StV 1994, 461.

§ 283 Abs. 2 StGB bedroht jedoch die Bankrotthandlungen des Abs. 1 mit Strafe, wenn dadurch die Krise herbeigeführt wird. Da die P-GmbH nach der Überweisung nicht mehr über liquide Mittel verfügte, bewirkte das Verhalten des F deren Zahlungsunfähigkeit.

b) § 283 StGB ist allerdings ein Sonderdelikt, dessen Adressat der Schuldner ist, wie sich aus § 283 Abs. 6 StGB ergibt (Rn. 101). Schuldner war die P-GmbH als juristische Person, sodass dieses besondere persönliche Merkmal nach Maßgabe des § 14 StGB auf F überwälzt werden müsste.

162 Auf den ersten Blick scheint es nahezuliegen, als „vertretungsberechtigtes Organ einer juristischen Person" im Sinne des § 14 Abs. 1 Nr. 1 StGB – wie bei der Insolvenzverschleppung – auch den faktischen Geschäftsführer einzuordnen. Die h.M.[38] behauptet die Geltung der Vorschrift für das faktische Organ, weil sich aus § 14 Abs. 3 StGB eine „faktische Betrachtungsweise" des Gesetzes ergebe, zumal diese auch im Gesellschaftsrecht vorherrschend sei. Nach zutreffender Auffassung[39] steht § 14 Abs. 3 StGB dieser faktischen Betrachtung jedoch gerade entgegen, weil die Vorschrift die Anwendbarkeit des § 14 Abs. 1, 2 StGB auf Personen, die keine Organe, Vertreter oder Beauftragte sind, nur für den Fall anordnet, dass die auf Bestellung gerichtete Rechtshandlung unwirksam ist. Fehlt – wie hier bei F – die zur Bestellung als Geschäftsführer vorgesehene Handlung, überschreitet es die Wortlautgrenze, den faktischen Geschäftsführer als Organ im Sinne des § 14 Abs. 1 Nr. 1, Abs. 3 StGB anzusehen. Letztlich ist dieser Streit aber nicht entscheidungserheblich, weil F von der eingetragenen Geschäftsführerin mit der Leitung des Unternehmens beauftragt wurde und deshalb eine Überwälzung nach § 14 Abs. 2 Nr. 1 StGB in Betracht kommt[40].

163 F müsste die Überweisungen und die Abhebung aber auch „als" Organ bzw. „auf Grund des Auftrags" vorgenommen haben. Nach zutreffender Auffassung ist ein Handeln als Vertreter bei rechtsgeschäftlichen Handeln generell und bei tatsächlichen Verhaltensweisen bei Handlungen mit Zustimmung des Vertretenen gegeben (Rn. 103). Bei Vornahme der Überweisung liegt somit ein Vertretungsbezug vor und auch die Barauszahlung dürfte in erforderlicher Weise mit Zustimmung der S geschehen sein, da sie sich gemeinsam mit F nach Australien absetzen wollte. Folglich ist eine Überwälzung nach § 14 Abs. 2 Nr. 1 StGB anzunehmen und F tauglicher Täter.

c) F handelte vorsätzlich, rechtswidrig und schuldhaft.

d) Das Amtsgericht lehnte mangels Masse die Eröffnung des Insolvenzverfahrens ab, sodass auch die objektive Bedingung der Strafbarkeit des § 283 Abs. 6 StGB eingetreten und F folglich wegen Bankrotts strafbar ist.

---

[38] BGH bei Holtz, MDR 1980, 453; OLG Naumburg, NZV 1998, 41 (zu § 9 Abs. 1 Nr. 1 OWiG); *Schünemann*, in: LK[13], § 14 StGB Rn. 74 f.
[39] *Hellmann*, Rn. 1028; *Hoyer*, NStZ 1988, 369; *Radtke*, ZIP 2016, 1993, 1999.
[40] Näher dazu *Hellmann*, Rn. 1027 ff.

3. § 266 Abs. 1, 2. Alt. StGB

F könnte auch eine Untreue zum Nachteil der P-GmbH begangen haben, indem er **164** das Guthaben der P-GmbH auf sein Privatkonto überwies.

a) F hatte als faktischer Geschäftsführer eine Vermögensbetreuungspflicht im Ver- **165** hältnis zur P-GmbH inne.

b) Fraglich ist, ob er diese Treuepflicht verletzte. Im Einverständnis mit allen Ge- **166** sellschaftern vorgenommene Verschiebungen von Bestandteilen des Vermögens der GmbH in das Vermögen eines anderen sind nach Ansicht des BGH[41] und der h.L.[42] pflichtwidrig, wenn dadurch das Stammkapital beeinträchtigt oder die Existenz bzw. die Liquidität der Gesellschaft gefährdet werden (Rn. 107).

Die Überweisungen und die Abhebung entzogen der P-GmbH die Liquidität und **167** gefährdeten ihre Existenz, sodass nach dieser Auffassung eine Treuepflichtverletzung des F unproblematisch vorläge. Zweifelhaft scheint dies dagegen zu sein, wenn eine Beeinträchtigung des Stammkapitals gefordert wird, weil die Gesellschaft scheinbar über gar kein Stammkapital verfügte, da dieses nie eingezahlt wurde. Die Kapitalerhaltungsvorschriften werden aber auch verletzt, wenn es zu Leistungen an die Gesellschafter kommt, obwohl die GmbH bereits überschuldet ist und die Leistung deshalb vollständig aus Fremdmitteln geleistet wird[43]. F handelte deshalb pflichtwidrig.

c) Indem er der P-GmbH das allein ihr zustehende Kapital entzog, fügte er ihr einen **168** Nachteil zu.

d) Da er auch vorsätzlich, rechtswidrig und schuldhaft handelte, hat er sich wegen **169** Untreue strafbar gemacht.

Gesamtergebnis und Konkurrenzen

F hat einen Gründungsschwindel in Mittäterschaft, einen Betrug in einem besonders **170** schweren Fall und eine Insolvenzverschleppung begangen. Die Taten stehen in Tatmehrheit (§ 53 StGB). Dazu tritt in Tatmehrheit die Strafbarkeit wegen Untreue und Bankrotts, die durch dieselbe Handlung verwirklicht wurden, aber unterschiedliche Rechtsgüter verletzen, und deshalb in Tateinheit (§ 52 StGB) verwirklicht wurden.

S ist wegen Gründungsschwindels und Insolvenzverschleppung in Tatmehrheit (§ 53 StGB) strafbar.

L hat Beihilfe zum Betrug geleistet.

---

[41] Vgl. BGHSt 54, 52, 57 f.; BGH, NStZ-RR 2012, 80 ff.; NStZ 2012, 630 ff.
[42] *Gehrlein,* NJW 2000, 1089, 1090; *Hadamitzky,* in: M-G, § 32 Rn. 84a.
[43] BGH, NJW 1990, 1730; vgl. BGHZ 75, 334.

Fall 4
Der erfundene Biorieselbettreaktor

Subventionsbetrug – Vermögensbetreuungspflicht bei der Missbrauchsalternative – Luftverunreinigung – unrichtige Darstellung im Jahresabschluss – Geheimnisverrat – unbefugte Offenbarung und Verwendung von Angaben über Millionenkredite

Die Raps Fürstenfelde GmbH & Co. KG (RF-KG) betrieb eine Anlage zur Gewinnung von Öl aus Raps. Geschäftsführer der Komplementär-GmbH und der KG war Karl Huber (K), einziger Kommanditist dessen Bruder Bernd (B).

Bei der Produktion von Rapsöl entsteht äußerst geruchsintensiver Schwefelwasserstoff. Ob Menschen, die über einen längeren Zeitraum Schwefelwasserstoff ausgesetzt sind, chronische Gesundheitsschädigungen erleiden, ist in der medizinischen Wissenschaft umstritten. In Tests beschrieben die Probanden zwar relativ unspezifische Symptome wie Kopfschmerz oder Müdigkeit. Diese Folgen können aber auch auf der starken Geruchsbelästigung beruhen und daher psychosomatisch sein.

Die RF-KG emittierte – mit der notwendigen behördlichen Genehmigung – jeden Tag mehrere Gramm/m^3 Schwefelwasserstoff in die Luft, weil der verwendete Biofilter den Schwefelwasserstoff nur unzureichend zurückhielt. Die TA Luft sieht die Verwendung von Biofiltern jedoch ausdrücklich vor und erlaubt bei deren Gebrauch den Ausstoß von Schwefelwasserstoff ohne die Einhaltung von Grenzwerten. Effektiver als Biofilter sind jedoch so genannte Biorieselbettreaktoren, bei denen auf inertem Trägermaterial oxidierende Bakterien fixiert sind, wodurch der Schwefelwasserstoff durch die Zufuhr von Sauerstoff zu Schwefel oxidiert und mit dem Trägermaterial entsorgt werden kann. Um mögliche Gesundheitsgefahren vorzubeugen, gewährte die Europäische Union Unternehmen, die sich zum Einbau von Biorieselbettreaktoren entschließen, einen verlorenen Zuschuss in Höhe von 50% der Herstellungskosten. Die Bewilligungsbescheide wurden von dem Umweltamt der örtlich zuständigen Gemeinde erlassen.

K hatte zwar nicht vor, einen Biorieselbettreaktor zu erwerben, wollte aber dennoch in den Genuss des Zuschusses für die RF-KG kommen. Er wandte sich deshalb an seinen alten Schulfreund Stefan Schmidt (S), der im Umweltamt der Gemeinde F für die Entscheidung über die Bewilligung zuständig war. K überzeugte S davon, der RF-KG den Zuschuss zu bewilligen, ohne dass der Einbau vorgenommen werde. S stimmte zu, weil er der Meinung war, dass ein erheblicher Teil der deutschen Zahlungen an die EU im Ausland „versickern" würde und auch deutsche Unternehmen an den Fördergeldern partizipieren sollten. K füllte am 15.05.2019 die erforderlichen Unterlagen aus, wobei er angab, einen Biorieselbettreaktor zum Preis von 400.000 € für die RF-KG zu erwerben. S bewilligte den Zuschuss und bestätigte später, den Erwerb und Einbau des Filters geprüft zu haben. Am 27.11.2019 wurden daraufhin 200.000 € an die RF-KG ausgezahlt. Die

47

Genehmigung zum Ausstoß von Schwefelwasserstoff nahm das Umweltamt zurück. B erfuhr von den Vorgängen nichts.

K aktivierte den angeblich am 1.12.2019 angeschafften Biorieselreaktor in der Schlussbilanz für 2019. Außerdem nahm er eine lineare Abschreibung bei einer angenommenen Nutzungsdauer von zehn Jahren in Höhe von 40.000 € vor. Dadurch kam es in der Gewinn- und Verlustrechnung zu einem in dieser Höhe zu niedrig ausgewiesenen Gewinn. Der Gewinnanteil, der B ausgezahlt wurde, war daraufhin um 1.600 € zu niedrig. Auch für die Jahre 2020 und 2021 nahm K die planmäßigen Abschreibungen in Höhe von jeweils 40.000 € vor. Die Gewinnanteile des B waren dadurch in jedem Jahr um 1.600 € zu niedrig.

Ende April 2022 kamen die Vorgänge ans Licht. Gegen die RF-KG wurden Rückforderungen geltend gemacht und gegen K und B Ermittlungsverfahren eingeleitet. So geriet die RF-KG in wirtschaftliche Schwierigkeiten. Im Juni mehrten sich die Gerüchte, die RF-KG sei wirtschaftlich angeschlagen. Die Gesellschaft hatte bei drei Banken, u.a. bei der P-Bank, Kredite in Millionenhöhe aufgenommen. Der Vorstandsvorsitzende der P-Bank, Christian Wagner (W), wusste aufgrund der Mitteilungen der Bundesbank von den drückenden Schulden der RF-KG und kündigte deshalb die Kredite, die seine Bank ihr gewährt hatte. Als die Spekulationen über die Zukunft der KG zunahmen, wurde W um ein Radiointerview gebeten. In der Sendung sagte er: „Wir sind nicht einmal die größten Kreditgeber der RF-KG und nicht die Einzigen, die Angst um die Rückzahlungsansprüche haben. Ich glaube kaum, dass der Finanzsektor bereit ist, der RF-KG noch Kredite zu gewähren." Daraufhin stellten auch andere Banken ihre Kredite fällig. K musste deshalb im August 2022 die Eröffnung des Insolvenzverfahrens beantragen.

Wie haben sich die Beteiligten strafbar gemacht?

Lösung

1. Handlungsabschnitt: Die Erlangung des verlorenen Zuschusses
I. Strafbarkeit des K
1. § 264 Abs. 1 Nr. 1 StGB

Indem K vorgab, einen Biorieselbettreaktor erwerben zu wollen, könnte er sich wegen Subventionsbetruges strafbar gemacht haben.

a) § 264 Abs. 1 Nr. 1 StGB ist kein Sonderdelikt, sodass der Tatbestand nicht nur durch den Subventionsnehmer, sondern durch jedermann verwirklicht werden kann, der für sich oder einen anderen Angaben macht[1]. K ist deshalb tauglicher Täter, weil er für die RF-KG den Antrag abgab; einer Anwendung des § 14 Abs. 1 Nr. 1 StGB bedarf es somit nicht.

b) Der verlorene Zuschuss ist eine Subvention im Sinne des § 264 Abs. 8 S. 1 Nr. 2 StGB, weil er nach dem Recht der Europäischen Union ohne marktmäßige Gegenleistung gewährt wurde. Da der für europarechtliche Zuwendungen geltende Subventionsbegriff weiter ist als der für Subventionen nach Bundes- oder Landesrecht einschlägige, der nach § 264 Abs. 8 S. 1 Nr. 1 StGB nur für Leistungen an Betriebe und Unternehmen gilt und zusätzlich einen Wirtschaftsförderungszweck voraussetzt, ist der aus Gründen des Gesundheitsschutzes gewährte Zuschuss erfasst.

c) Fraglich ist, ob K dem Subventionsgeber unrichtige Angaben über eine subventionserhebliche Tatsache machte, indem er in dem Antrag behauptete, die RF-KG habe einen Biorieselbettreaktor zur Abgasreinigung beschafft. Das Machen unrichtiger Angaben bedeutet letztlich nichts anderes als die Vornahme einer Täuschungshandlung[2]. Nach zutreffender Auffassung liegt eine Täuschung über Tatsachen vor, wenn die Behauptung objektiv falsch ist[3], während die wohl noch h.M.[4] bewusst unrichtige Tatsachenangaben fordert. Nach beiden Auffassungen scheint hier eine Täuschungshandlung des K gegeben zu sein, weil die Angaben des K in dem Subventionsantrag objektiv unrichtig waren. Der Umstand, dass der für die Bewilligung der Subvention zuständige S die Unrichtigkeit kannte, er also keinem Irrtum erlag, ist anscheinend irrelevant, weil der Subventionsbetrug, seinem Charakter als abstraktes Gefährdungsdelikt entsprechend, auf die übrigen Tatbestandsmerkmale des allgemeinen Betrugstatbestandes – auch den Irrtum – verzichtet[5].

---

[1] BGHSt 59, 244, Rn. 16; *Hellmann*, Rn. 888; *Saliger*, in: S/S/W, § 264 StGB Rn. 27.
[2] *Hellmann*, in: NK, § 264 StGB Rn. 74; *Isfen*, in: NK-WSS, § 264 StGB Rn. 48; *Mitsch*, BT 2, S. 407 f.
[3] *Hellmann*, in: NK, § 264 StGB Rn. 74; *Mitsch*, BT 2, S. 263 f.; *Wittig*, § 17 Rn. 39; wohl auch BGHSt 48, 373, 384.
[4] BGHSt 15, 235, 237; 18, 235, 237; 60, 1, 6; BGH, wistra 2001, 386; *Fischer*, § 263 StGB Rn. 18; *Rengier*, BT 1, § 13 Rn. 9.
[5] Eingehend dazu *Hellmann*, in: NK, § 264 StGB Rn. 11; im Ergebnis ebenso die h.M. BGHSt 34, 265, 267; BGH, NStZ 2007, 578, 579; *Ceffinato*, in: MüKo⁴, § 264 StGB Rn. 14; *Dannecker/Bülte*, in: W/J/S, 2. Kap. Rn. 309; *Mitsch*, BT 2, S. 403. **A.A.** BT-Drs. 7/5291, 5 (konkretes Gefährdungsdelikt); *Saliger*, in: E/R/S/T, § 264 StGB Rn. 2 (abstrakt-konkretes Gefährdungsdelikt); *Walter*, GA 2001, 131, 140 (Erfolgsdelikt).

176 Dennoch scheidet § 264 Abs. 1 Nr. 1 StGB hier aus. Der Anwendung des Tatbestandes steht allerdings nicht entgegen, dass der für die Entscheidung über die Bewilligung der Subvention zuständige Amtsträger die Unrichtigkeit der Angaben sogleich erkennt, da ein Irrtum – wie dargelegt – nicht erforderlich ist. Anders liegt es dagegen bei einem kollusiven Zusammenwirken des Antragstellers mit dem zur Entscheidung berufenen Amtsträger. Als Täter des Subventionsbetruges nach § 264 Abs. 1 Nr. 1 StGB kommt auch ein Amtsträger in Betracht, nach Auffassung der h.L. jedoch nicht der Amtsträger, der die abschließende Entscheidung trifft, da er niemandem gegenüber unrichtige Angaben mache[6]. Wenn aber der bösgläubige entscheidungsbefugte Amtsträger den Subventionsbetrug nicht als Täter begehen kann, muss die (mit-)täterschaftliche Begehung durch den Antragssteller, der mit einem solchen Amtsträger zusammenwirkt, ebenfalls scheitern. § 264 StGB ist ein Vorfeldtatbestand des allgemeinen Betruges. Obwohl der Subventionsbetrug lediglich – näher beschriebene – Täuschungshandlungen unter Strafe stellt und auf die übrigen objektiven Tatbestandsmerkmale des § 263 StGB verzichtet, muss das Geschehen doch das Gepräge eines – mindestens versuchten – Betruges aufweisen. Das ist aber nicht der Fall, wenn der entscheidungsbefugte Amtsträger mit dem Subventionsnehmer kollusiv zusammenwirkt. Das Vermögen des Subventionsgebers soll dann nicht durch ein täuschendes Verhalten geschädigt werden, sondern – gleichsam von innen – durch den pflichtwidrig handelnden Amtsträger „ausgehöhlt" werden.

177 d) K hat sich deshalb nicht wegen Subventionsbetrugs strafbar gemacht.

2. § 263 StGB

178 Die Strafbarkeit des K wegen Betrugs scheitert mangels Irrtums des S, da dieser Kenntnis von der Unrichtigkeit der Angaben in dem Subventionsantrag hatte. Betrugsversuch kommt ebenfalls nicht in Betracht, weil K wusste, dass S die Unrichtigkeit der Angaben bekannt war und er sich deshalb nicht in einem Irrtum befand.

II. Strafbarkeit des S
§ 266 Abs. 1, 1. Alt. StGB

179 S könnte sich durch die Bewilligung der Subvention wegen Untreue in der Missbrauchsalternative strafbar gemacht haben.

180 a) Er hatte kraft behördlichen Auftrags die Befugnis, die EU durch den Erlass des Bewilligungsbescheids wirksam zur Zahlung der Subvention zu verpflichten. Diese Befugnis missbrauchte er, weil er durch die im Außenverhältnis wirksame Verpflichtung die im Innenverhältnis zum Subventionsgeber bestehenden Grenzen seiner Befugnis überschritt.

---

[6] *Hellmann*, in: NK, § 264 StGB Rn. 89; *Schünemann*, NStZ 1985, 73; *Tiedemann*, in: LK[12], § 264 StGB Rn. 37; *Wittig*, § 17 Rn. 51.

b) Strittig ist, ob auch die Missbrauchsalternative eine Vermögensbetreuungspflicht voraussetzt. Zum Teil[7] wird das verneint, überwiegend jedoch gefordert[8]. Einige[9] stellen an die Vermögensbetreuungspflicht im Rahmen der Missbrauchsalternative allerdings geringere Anforderungen als beim Treubruchstatbestand. Es reiche, wenn dem Täter das fremde Vermögen anvertraut worden ist. Danach hätte S eine Pflicht zur Betreuung des Vermögens der EU. Die h.M.[10] verlangt dagegen eine Vermögensbetreuungspflicht von gleicher Intensität wie bei der Treubruchsalternative. Die Vermögensbetreuungspflicht setzt danach – neben einer gewissen wirtschaftlichen Bedeutung und einer gewissen Dauer der Tätigkeit – auch eine Selbstständigkeit des Verpflichteten bei seinen Entscheidungen über das fremde Vermögen voraus[11].

181

Ob S hier ein Spielraum für eigene Entscheidungen über das Vermögen der EU zustand, ist zweifelhaft, im Ergebnis aber zu verneinen. In der Regel wird der Amtsträger, der über die Bewilligung einer Subvention zu entscheiden hat, die subventionserheblichen Umstände einer eigenen Bewertung unterziehen müssen. Das gilt insbesondere bei wirtschaftsfördernden Zuwendungen, die zumeist eine Prüfung der Tragfähigkeit der unternehmerischen Pläne, der Erreichbarkeit der wirtschaftlichen Ziele, der Auswirkungen auf den Arbeitsmarkt usw. erfordern wird. S verfügte jedoch nicht über einen solchen Entscheidungsspielraum, da sowohl die Vergabe der Subvention als auch deren Höhe bei Vorliegen der Voraussetzungen, also der Beschaffung eines Biorieselbettreaktors zu einem bestimmten Preis, feststanden. S hatte somit lediglich das Vorhandensein der Anlage sowie deren Preis festzustellen und eine gebundene Entscheidung zu treffen. Auf der Grundlage der h.M. scheidet die Untreuestrafbarkeit daher aus, sodass der Streit zu entscheiden ist.

Zustimmung verdient die h.M. Die Untreue erhält ihr besonderes Gepräge in der Missbrauchsalternative ebenfalls erst durch die Einräumung einer gewissen Dispositionsmacht über das fremde Vermögen. Die Einräumung einer Verpflichtungs- oder Verfügungsbefugnis, auch wenn der Täter sie nur im Interesse des Vermögensinhabers ausüben darf, genügt dafür nicht. Beauftragt der Vermögensinhaber den Täter mit der Vornahme einzelner Geschäfte nach genauen Vorgaben, so stellt der Missbrauch dieser Befugnis lediglich ein dienstpflicht- oder vertragswidriges Verhalten dar, das für § 266 StGB aber nicht ausreicht. Dadurch auftretende Strafbarkeitslücken müssen wegen des fragmentarischen Charakters des Strafrechts hingenommen werden.

c) Mangels Vermögensbetreuungspflicht hat sich S deshalb nicht wegen Untreue strafbar gemacht.

182

---

[7] So die ältere Rechtsprechung z.B. BGHSt 1, 186, 188; 13, 315, 316; ebenso *Otto*, BT, § 54 Rn. 7 ff.
[8] BGHSt 24, 386, 387; 47, 187, 192; 50, 331, 342; *Waßmer*, in: G/JW, § 266 StGB Rn. 20
[9] *Bringewat*, NStZ 1983, 457, 458 f.; *Mitsch*, BT, S. 363 f.; *Perron* in: Sch/Sch, § 266 Rn. 11.
[10] BGHSt 24, 386, 387; OLG Hamm, NJW 1977, 1834 f.; OLG Köln, NJW 1978, 713 f.; *Heger*, in: L/K/H, § 266 StGB Rn. 4; *Schreiber/Beulke*, JuS 1977, 656 ff.; *Vormbaum*, JuS 1981, 18, 20 f.; *Waßmer*, in: G/J/W, § 266 StGB Rn. 30..
[11] Krey/*Hellmann*/Heinrich, Rn. 907.

2. Handlungsabschnitt: Das Betreiben der Anlage
I. Strafbarkeit des K
1. § 325 Abs. 1 StGB

183 K könnte sich wegen Luftverunreinigung nach § 325 Abs. 1 StGB strafbar gemacht haben, indem er die Anlage zur Rapsölgewinnung nach Rücknahme der Genehmigung weiterarbeiten ließ.

184 a) Dann müsste K tauglicher Täter dieses Tatbestandes sein. Uneinigkeit herrscht in der Literatur darüber, ob es sich bei § 325 StGB um ein Sonderdelikt handelt. Während ein Teil der Literatur dies ablehnt[12], bejaht die h.M.[13] die Sonderdeliktseigenschaft.

Innerhalb der h.M. ist zudem umstritten, aus welchem Tatbestandsmerkmal der Sonderdeliktscharakter folgt. Eine Auffassung entnimmt ihn dem Merkmal „beim Betrieb einer Anlage"[14]. Täter könne nur der Betreiber der Anlage sein. Das sei nicht die natürliche Person, welche die Anlage in Gang setzt und hält, sondern das Unternehmen, deren Zwecken die Anlage dient. Andere[15] stellen – zutreffend – auf die „Verletzung verwaltungsrechtlicher Pflichten" ab. Diese Pflichten träfen ebenfalls das Unternehmen, das die Anlage betreibt. Einer Entscheidung dieses Streits bedarf es nicht. Nach beiden Auffassungen wäre K zwar nicht – jedenfalls nicht unmittelbar – Adressat des Tatbestandes. Sowohl die Betreibereigenschaft als auch die besondere Pflichtenstellung sind aber besondere persönliche Merkmale, die nach Maßgabe des § 14 StGB auf die dort genannten natürlichen Personen „überwälzt" wird.

185 Dazu bedarf es im Falle der GmbH & Co. KG allerdings einer doppelten Anwendung des § 14 Abs. 1 StGB[16]. Die Kommanditgesellschaft ist eine rechtsfähige Personengesellschaft, sodass § 14 Abs. 1 Nr. 2 StGB die Überwälzung des besonderen persönlichen Merkmals auf den vertretungsberechtigten Gesellschafter, also die Komplementär-GmbH, ermöglicht. Auf dessen Geschäftsführer wird das Merkmal nach § 14 Abs. 1 Nr. 1 StGB überwälzt. K ist somit tauglicher Täter der Luftverunreinigung.

186 b) K verursachte unter Verletzung verwaltungsrechtlicher Pflichten, nämlich ohne die erforderliche Genehmigung, Veränderungen der Luft.

187 c) Die Luftverunreinigung müsste geeignet sein, einen anderen außerhalb des Bereichs der Anlage an der Gesundheit zu schädigen. Zwar sollen auch psychische Beeinträchtigungen dem Begriff der Gesundheitsschädigung unterfallen, wenn sie nachteilige Auswirkungen auf den Körper haben[17]. Ob die Symptome – Kopf-

---

[12] Dazu eingehend *Schall*, in SK[9], § 325 StGB Rn. 86; Vor § 324 Rn. 40 ff.
[13] *Alt* in: MüKo[4], § 325 StGB Rn. 66; *Bock*, in: HdS 5, § 48 Rn. 39; *Saliger*, in: S/S/W, § 325 StGB Rn. 25.
[14] OLG Karlsruhe, ZfW 1996, 406, 408; *Steindorf* in: LK[11], § 325 StGB Rn. 1a.
[15] *Alt*, in: MüKo[4], § 325 Rn. 66; *Heghmanns*, in: LK[13], § 325 StGB Rn. 61; *Rengier*, in: Festschrift für Kohlmann, 2003, S. 225, 229 ff.; *Rettenmaier/Gehrmann*, in: M/R, § 325 StGB Rn. 15.
[16] *Hellmann*, Rn. 1022 f.; *Wittig*, § 6 Rn. 90.
[17] *Heine/Schittenhelm*, in: Sch/Sch, § 325 StGB Rn. 14.

schmerz und Müdigkeit – Folgen der Schwefelwasserstoffemission waren, lässt sich hier aber nicht feststellen. Da es sich möglicherweise lediglich um psychosomatische Auswirkungen der Geruchsbelästigung handelte, ist unter Anwendung des Zweifelsgrundsatzes eine Eignung zur Gesundheitsschädigung abzulehnen.

d) K hat sich deshalb nicht wegen Luftverunreinigung nach § 325 Abs. 1 StGB strafbar gemacht. **188**

2. § 325 Abs. 2 StGB

K könnte aber wegen Luftverunreinigung nach § 325 Abs. 2 strafbar sein. **189**

a) Er ist – wie dargelegt – tauglicher Täter. Ob er Schadstoffe „in bedeutendem Umfang" in die Luft außerhalb des Betriebsgeländes freisetzte, ist den Sachverhaltsangaben nicht eindeutig zu entnehmen. Angesichts der nicht geringen Menge des emittierten Schwefelwasserstoffs ist jedoch davon auszugehen, dass jedenfalls nicht nur eine unbedeutende Luftverunreinigung vorlag. **190**

b) K müsste aber „unter Verletzung verwaltungsrechtlicher Pflichten" gehandelt haben. Das 45. StrRÄndG[18] strich im Jahre 2011 das Erfordernis einer „groben" Pflichtverletzung, sodass nun jede Verletzung verwaltungsrechtlicher Pflichten genügt[19]. Die RF-KG hatte für die Freisetzung von Schwefelwasserstoff keine Genehmigung mehr, sodass K verwaltungsrechtliche Pflichten verletzte. **191**

c) Da K vorsätzlich, rechtswidrig und schuldhaft handelte, hat er sich wegen Luftverunreinigung nach § 325 Abs. 2 StGB strafbar gemacht. **192**

II. Strafbarkeit des S

§§ 325 Abs. 2, 27 StGB

Indem S die Prüfung des Erwerbs und des Einbaus des Filters bestätigte, leistete er Beihilfe zu der Luftverunreinigung, da er den Tatentschluss des K verstärkte. **193**

3. Handlungsabschnitt: Jahresabschlüsse

Strafbarkeit des K

1. § 331 Abs. 1 Nr. 1 HGB

Die Aktivierung des nicht erworbenen Biorieselbettreaktors in der Schlussbilanz 2019 durch K könnte als unrichtige Darstellung nach § 331 Abs. 1 Nr. 1 HGB strafbar sein. **194**

a) § 331 Abs. 1 Nr. 1 HGB richtet sich nur an vertretungsberechtigte Organe oder Aufsichtsräte einer Kapitalgesellschaft. Die KG ist aber eine Personengesellschaft, sodass die Anwendung des § 331 HGB scheinbar ausscheidet. Nach § 335b HGB gilt die Strafvorschrift des § 331 HGB jedoch auch für Kommanditgesellschaften **195**

---

[18] Vom 06.12.2011, BGBl. I 2011, 2557.
[19] Vgl. BT-Drs. 17/5391, 18: Jedes „rechtswidrige" Einleiten, Abgeben oder Einbringen einer Menge von Stoffen in die Luft genüge.

im Sinne des § 264a Abs. 1 HGB. Das sind nach § 264a Abs. 1 Nr. 1 HGB Kommanditgesellschaften, bei denen nicht wenigstens eine natürliche Person unbeschränkt haftet. Das ist hier der Fall, weil der einzig haftende Komplementär die RF-GmbH, also eine juristische Person, ist. § 331 Abs. 1 Nr. 1 HGB ist demnach auf unseren Fall anwendbar und verbietet dem Organ der Kommanditgesellschaft, unrichtige Angaben in dem Jahresabschluss zu machen. K ist als Geschäftsführer der RF-KG deren Organ.

196 b) K machte in der Schlussbilanz unrichtige Angaben, weil er einen nicht existierenden Vermögensgegenstand aktiviert hatte. Nach § 242 Abs. 3 HGB ist die Schlussbilanz Teil des Jahresabschlusses. Auch die Gewinn- und Verlustrechnung ist Teil des Jahresabschlusses (§ 242 Abs. 3 HGB). Die Gewinn- und Verlustrechnung für das Jahr 2019 war unrichtig, weil K ein unberechtigt eröffnetes Abschreibungskonto abschloss. Folglich hat K im Jahresabschluss die Verhältnisse der RF-KG unrichtig wiedergegeben und sich nach § 331 Abs. 1 Nr. 1 HGB strafbar gemacht.

2. § 331 Abs. 1 Nr. 1 HGB

197 In den Folgejahren hat K in den Gewinn- und Verlustrechnungen die Verhältnisse der Gesellschaft weiter unrichtig wiedergegeben. Er hat sich deshalb auch für die Jahre 2020 und 2021 wegen unrichtiger Darstellung strafbar gemacht.

3. § 263 StGB

198 K täuschte B darüber, dass der Gewinn der RF-KG in den Jahren 2019-2021 niedriger war, als es den tatsächlichen Umständen entsprach. B irrte über diese Tatsache und verfügte daraufhin über sein Vermögen, indem er es unterließ, den ihm zustehenden Gewinnanteil einzufordern. Dadurch erlitt B einen Schaden in Höhe des zu niedrig ausgezahlten Gewinns.

199 Da K auch vorsätzlich und mit der erforderlichen Drittbereicherungsabsicht sowie rechtswidrig und schuldhaft handelte, hat er sich wegen Betruges in drei Fällen strafbar gemacht.

4. Handlungsabschnitt: Das Interview
Strafbarkeit des W
1. § 55b Abs. 1 KWG

200 Die öffentliche Äußerung des W, seine Bank sei nicht der größte Kreditgeber der RF-KG, könnte als unbefugte Offenbarung von Angaben über Millionenkredite strafbar sein.

201 a) W verfügte aufgrund der Informationen, die der P-Bank von der Deutschen Bundesbank nach § 14 Abs. 2 S. 1, 2 KWG übermittelt worden waren, u.a. über die Kenntnis der Gesamtverschuldung der RF-KG und der Anzahl der beteiligten Unternehmen. § 14 Abs. 2 S. 10 KWG verbietet den bei einem Unternehmen beschäf-

tigten Personen, die aufgrund der Benachrichtigung durch die Deutsche Bundesbank Kenntnis von diesen Informationen erhalten haben, deren Offenbarung und Verwertung. § 55b Abs. 1 KWG flankiert das Offenbarungsverbot durch einen Blankettstraftatbestand.

b) Fraglich ist, ob die Äußerung des W in dem Interview schon eine solche unbefugte Offenbarung von Angaben über Millionenkredite darstellt. Die Angaben werden offenbart, wenn eine bei einem anzeigepflichtigen Unternehmen beschäftigte Person die Informationen einem anderen in der Weise zugänglich macht, dass dieser die Möglichkeit hat, von ihnen Kenntnis zu nehmen[20]. Erforderlich sind dafür aber konkretisierte Angaben über die Höhe der Kredite. W äußerte sich in dem Interview jedoch weder zur Gesamtverschuldung der RF-KG noch zur Anzahl der Kredit gewährenden Unternehmen. Der lediglich indirekte Hinweis auf die Gesamtverschuldung, der sich aus der Äußerung ergibt, die P-Bank sei nicht der größte Kreditgeber, erfüllt deshalb die Voraussetzungen des Merkmals der Offenbarung von Angaben nicht. 202

c) W hat sich deshalb nicht wegen unbefugter Offenbarung von Angaben über Millionenkredite strafbar gemacht. 203

2. § 55a Abs. 1 KWG

W könnte sich aber wegen unbefugter Verwertung von Angaben über Millionenkredite strafbar gemacht haben, indem er in dem Interview auf die Gesamtverschuldung anspielte. 204

Eine unbefugte Verwertung von Angaben über Millionenkredite liegt vor, wenn die von der Deutschen Bundesbank übermittelten Informationen in einer von § 14 KWG nicht gedeckten Art und Weise für eigene oder für fremde wirtschaftliche Zwecke genutzt werden[21]. Das ist der Fall, wenn eine bei dem anzeigenden Unternehmen beschäftigte Person eine Information, die sie durch die Deutsche Bundesbank über Millionenkredite eines Kreditnehmers bei einer anderen Bank erhalten hat, nicht ausschließlich zu bankinternen Zwecken der Kreditgewährung oder -verweigerung nutzt, sondern sonst eigennützig verwendet und dabei ein gewinnorientiertes Ziel verfolgt[22]. Die Nutzbarmachung der Informationen, indem W der RF-KG die Kredite kündigte, stellt deshalb keine unbefugte Verwertung dar, da die Information gerade dazu dient, den Kreditgebern zu ermöglichen, ihre Kreditentscheidungen in Kenntnis der Gesamtverschuldung des Kreditnehmers zu treffen. Der Äußerung in dem Interview fehlt dagegen ein eigennütziger oder wirtschaftlicher Zweck, sodass auch die Strafbarkeit nach § 55a Abs. 1 KWG ausscheidet. 205

---

[20] *Achenbach/Schröder*, ZBB 2005, 135, 140.
[21] BGHZ 166, 84, 103.
[22] *Gercke/Stirner*, in: Park, Teil 3 Kap. 15.20, § 55a KWG Rn. 11.

3. § 23 Abs. 1 Nr. 3 i.V.m. § 4 Abs. 2 Nr. 3 GeschGehG

206 Die Äußerung in dem Interview könnte aber als Geheimnisverrat strafbar sein.

207 Dann müsste es sich bei der Verschuldung der RF-KG um ein Geschäftsgeheimnis im Sinne des § 2 Nr. 1 GeschGehG des Unternehmens handeln, bei dem der Täter angestellt ist[23], hier also um ein Geheimnis der P-Bank, nicht etwa der RF-KG. Ein Teil der Literatur[24] hatte zu § 17 Abs. 1 UWG, der Vorgängervorschrift des § 23 Abs. 1 Nr. 3 GeschGehG, in einem ähnlichen Fall den Verrat eines Geschäftsgeheimnisses angenommen, weil es im Interesse der Bank liege, die Kreditwürdigkeit der Kunden geheim zu halten. Wüsste die Öffentlichkeit von der fehlenden Kreditwürdigkeit eines Kunden, würden andere Kreditinstitute gewarnt und die Gewährung von Krediten ablehnen. Da dies gegen die Interessen der Bank verstoße, sei eine Äußerung über die Verschuldung des Kreditnehmers ein Verrat eines Geschäftsgeheimnisses der Bank. Der BGH lehnte diese Sicht jedoch ab. Die fehlende Kreditwürdigkeit sei allenfalls ein Geheimnis des Bankkunden, nicht jedoch der den Kredit gebenden Bank[25]. Dem ist zuzustimmen, weil sich durch den Verweis auf die langfristigen Interessen der Bank allenfalls ein mittelbarer Geheimniswille konstruieren lässt. Dieser lässt das Fehlen der Kreditwürdigkeit des Bankkunden aber nicht zu einem Geschäftsgeheimnis des Kreditgebers werden.

208 W hat sich somit auch keinen Geheimnisverrat begangen.

Gesamtergebnis und Konkurrenzen:

209 K hat sich wegen unrichtiger Darstellung nach § 331 Abs. 1 Nr. 1 HGB und Betruges in drei Fällen (§ 53 StGB) strafbar gemacht. Die unrichtige Darstellung und der Betrug durch die Angaben in den einzelnen Schlussbilanzen stehen jeweils in Tateinheit (§ 52 StGB). Die Luftverunreinigung nach § 325 Abs. 2 StGB tritt in Tatmehrheit (§ 53 StGB) hinzu

S hat sich wegen Beihilfe zur Luftverunreinigung gemäß §§ 325 Abs. 2, 27 StGB strafbar gemacht.

W ist straflos.

Hinweis zur Lösung

210 Es wäre gut vertretbar, eine Vermögensbetreuungspflicht des S anzunehmen oder deren Erfordernis bei der Missbrauchsalternative abzulehnen. S hätte dann eine Untreue begangen, da die EU einen Schaden erlitten hätte, weil die RF-KG keinen Anspruch auf die Subvention hatte und die Gewährung nicht den beabsichtigten Zweck erreichte. Da K seinen Schulfreund von der Bewilligung überzeugte, wäre

---

[23] Vgl. *Hellmann*, Rn. 524.
[24] *Tiedemann*, Rn. 886.
[25] BGH, NJW 2006, 830, 838.

K wegen Anstiftung zur Untreue strafbar. Mittäterschaftliche Begehung durch K würde dagegen ausscheiden, da § 266 StGB ein Sonderdelikt darstellt, das nur durch den Vermögensbetreuungspflichtigen bzw. den Inhaber der Verpflichtungs- bzw. Verfügungsbefugnis als Täter verwirklicht werden kann. Bei K wäre dann § 28 Abs. 1 StGB zu beachten, da die Pflichtenstellung im Rahmen des § 266 StGB ein – strafbarkeitsbegründendes – besonderes persönliches Merkmal ist[26].

---

[26] *Fischer*, § 28 StGB Rn. 5b; *Hoyer*, in: SK^9, § 266 StGB Rn. 122; *Kindhäuser/Hoven*, in: NK, § 266 StGB Rn. 127; *Saliger*, in: S/S/W, § 266 StGB Rn. 131. **A.A.** *Perron*, in: Sch/Sch, § 266 StGB Rn. 52.

Fall 5
Unwissenheit mangels Buchführung

Bankrott – Vorenthalten von Arbeitsentgelt – Insolvenzverschleppung – Vereitelung der Zwangsvollstreckung – Schuldnerbegünstigung

Günther Gerke (G) war bei der Potsdamer Privatkunden Möller-Bank (M-Bank) für die Anlageberatung zuständig. Nach einigen Jahren wollte er sein Können und seine Verbindungen nicht mehr zum Wohle der Bank einsetzen, sondern auf eigene Rechnung arbeiten. Er gründete deshalb am 10.01.2022 zusammen mit seinem Bruder Werner Gerke (W) die „Gerke Anlageberatungs-GmbH" (G-GmbH) mit einem Stammkapital von 50.000 €. Die Gesellschafteranteile hielt W zu 60 %, G selbst zu 40 %. Im Gesellschaftsvertrag wurde G als Geschäftsführer eingesetzt und er war zudem einziger Mitarbeiter der GmbH. Für seine Tätigkeit sollte er ein Geschäftsführergehalt von 4.500 € brutto monatlich erhalten. Krankenversichert war G bei der AOK.

Das eingezahlte Kapital setzte G vollständig dafür ein, einen repräsentativen Firmenwagen zu erwerben und die angemieteten Räume angemessen einzurichten. Bis zum Juli 2022 konnte G nur einige Kunden der M-Bank dazu bewegen, zu ihm zu wechseln. Die eingenommenen Provisionen wendete G fast vollständig für die Zahlung seines Geschäftsführergehalts und der dazugehörigen Nebenleistungen auf. G befürchtete, dass die GmbH bereits überschuldet sein könnte. Genau konnte er das jedoch nicht feststellen, weil er den Überblick über die Außenstände und die gegen die GmbH geltend gemachten Forderungen verloren hatte. Er hatte von Anfang an nicht Buch geführt, da er selbst dazu nicht in der Lage war und die liquiden Mittel für die Beauftragung eines Buchhalters nicht reichten. Rechnungen, Zahlungsbelege usw. sammelte er in seiner Schreibtischschublade. Er vertraute darauf, dass noch keine Überschuldung eingetreten war. Am 13.07.2022 hatte das Geschäftskonto einen Kontostand von 930 €. Erst jetzt wurde G die schwierige Lage der GmbH völlig bewusst. Er überwies sich diese Summe als Anzahlung auf sein fälliges Geschäftsführergehalt für Juli 2022. Die Sozialversicherungsbeiträge für Juli 2022 in Höhe von 927,80 € konnte er deshalb nicht zahlen.

Am 01.08.2022 beantragte ein Gläubiger die Eröffnung des Insolvenzverfahrens über das Vermögen der G-GmbH. Daraufhin stellte G am 02.08.2022 ebenfalls einen Insolvenzantrag für die GmbH. Das Amtsgericht Potsdam stellte fest, dass die Forderungen gegen die GmbH schon seit März 2022 die Guthaben und Außenstände der GmbH überstiegen und lehnte die Einleitung des Insolvenzverfahrens mangels Masse ab.

Bernd Baumann (B) war als langjähriger Kunde der M-Bank von der Kompetenz und Loyalität des G überzeugt. Bei dem nächsten Zusammentreffen am 15.09.2022 auf dem Golfplatz fragte B deshalb G, ob dieser – als Privatmann – auch Kapitalanlagen im Ausland anbiete, bei denen der Anleger unbekannt bleiben möchte. G berichtete B von der einmaligen Gelegenheit, in Monaco eine Motoryacht zu erwerben, die der Eigentümer verkaufen müsse. G bot B an, dieses Boot für ihn zu erwerben, ohne dass der Name des B genannt würde. B schätzte den Wert der angebotenen Yacht auf 750.000 € und war deshalb gerne bereit, das Schiff durch die Vermittlung des G für 500.000 € zu erwerben. Er übergab G deshalb einen Barscheck in Höhe von 500.000 €, den G auf seinem Privatkonto einlöste. Tatsächlich wollte der Eigentümer das Boot gar nicht verkaufen und G hatte von Anfang an vorgehabt, das Geld für eigene Zwecke zu verwenden, weil er nicht damit rechnete, dass B das Risiko eingehen würde, seinen Rückforderungsanspruch gerichtlich durchzusetzen und damit das Finanzamt auf das „Schwarzgeld" aufmerksam zu machen. G gab in der ersten Woche insgesamt 100.000 € für Reisen und ähnliches aus. B hatte die List des G inzwischen durchschaut und kündigte am 07.10.2022 an, er werde seinen Anspruch gerichtlich durchsetzen. G überwies daraufhin nach Absprache mit seiner Lebensgefährtin Linda Ladner (L), die verbleibende Summe in Höhe von 398.000 € auf deren Konto. Da er keine weiteren pfändbaren Vermögenswerte hatte, stellte er alle Zahlungen ein und beantragte die Durchführung des Verbraucherinsolvenzverfahrens.

Wie haben sich G und L strafbar gemacht?
Eventuell erforderliche Strafanträge sind gestellt.

Lösung

1. Handlungsabschnitt: Die Vorgänge um die G-GmbH
Strafbarkeit des G
1. § 283 Abs. 1 Nr. 5, Abs. 4 Nr. 1 StGB

G könnte sich wegen Bankrotts strafbar gemacht haben, indem er es unterließ, die Bücher zu führen.

a) § 283 StGB ist ein Sonderdelikt, das grundsätzlich nur von dem Schuldner – hier der G-GmbH – als Täter begangen werden kann (Rn. 101). Dieses besondere persönliche Merkmal wird jedoch nach § 14 Abs. 1 Nr. 1 StGB „überwälzt", weil G als Geschäftsführer Organ der juristischen Person GmbH ist (§ 35 GmbHG).

Die Tathandlung des § 283 Abs. 1 Nr. 5 StGB besteht in dem Unterlassen des Führens von Handelsbüchern, zu deren Führung der Schuldner gesetzlich verpflichtet ist. Nach § 6 Abs. 1 HGB i.V.m. § 13 Abs. 3 GmbHG war die G-GmbH Kaufmann und als solcher nach § 238 Abs. 1 HGB zur Führung von Büchern verpflichtet. Das HGB bestimmt zwar nicht im Einzelnen, welche Bücher zu führen sind. Es müssen aber jedenfalls die Handelsgeschäfte und die Lage des Vermögens nach den Grundsätzen der ordnungsgemäßen Buchführung ersichtlich gemacht werden[1]. Da G nicht einmal eine geordnete Ablage der Belege (vgl. § 239 Abs. 4 HGB) erstellte, liegt ein Verstoß gegen die Buchführungspflicht vor.

§ 283 Abs. 1 Nr. 5 StGB ist ein echtes Unterlassungsdelikt[2], sodass die Strafbarkeit die physisch-reale Möglichkeit zur Vornahme der geforderten Handlung voraussetzt. Fraglich ist deshalb, ob G zur Führung der Bücher überhaupt in der Lage war, weil er selbst nicht über die erforderlichen Kenntnisse verfügte und der GmbH die finanziellen Mittel fehlten, einen Buchhalter zu beschäftigen. Einigkeit herrscht darüber, dass das eigene Unvermögen den Schuldner nicht von der Pflicht zur Buchführung entlastet, da er Hilfspersonen einstellen kann und muss[3]. Umstritten ist allerdings, ob es den Schuldner strafrechtlich entlastet, wenn ihm mangels finanzieller Mittel die Übertragung der Buchführung auf einen Dritten und damit ein normgemäßes Handeln unmöglich ist. Die Rechtsprechung[4] wendet die Grundsätze der Unterlassungsdogmatik – scheinbar – strikt an und verneint die Strafbarkeit des Schuldners, wenn er nicht über die erforderlichen Mittel verfügt, um einen mit der Buchführung betrauten Dritten zu bezahlen. Die Literatur[5] lehnt diese Sicht zutreffend mit der Begründung ab, dass der eigentliche Vorwurf nicht in dem Un-

---

[1] BGHSt 4, 270, 275; 14, 262, 264.
[2] *Altenhain*, in: M/R, § 283 StGB Rn. 31; *Beukelmann*, in: BeckOK-StGB, § 283 Rn. 58; *Fischer*, § 283 StGB Rn. 22.
[3] Vgl. nur *Kindhäuser/Bülte*, in: NK, § 283 StGB Rn. 58 m.w.N.
[4] BGH, JZ 2003, 804 ff. m. Anm. *Beckemper*; BGH, wistra 2007, 308, 309; NJW 2011, 3047; „ob an dieser Rechtsprechung uneingeschränkt festzuhalten ist", hat der BGH, in NStZ 2012, 511, offengelassen.
[5] *Beckemper*, JZ 2003, 806, 808; *Richter*, in: M-G, Kap. 82 Rn. 27 ff.; *Schäfer*, wistra 1986, 200, 203; *Weyand/Diversy*, Rn. 86.

terlassen der ordnungsgemäßen Buchführung zu sehen sei, sondern in der Fortsetzung der Geschäftstätigkeit unter Verletzung der gesetzlichen Pflichten. Der Schuldner übernimmt mit der Aufnahme eines kaufmännischen Betriebes Verpflichtungen, zu denen gerade auch die Einhaltung der Buchführungspflichten gehört. Zwar erfüllt nicht jede kurzzeitige Verzögerung bei der Buchführung den Tatbestand, weil dem Unternehmen eine angemessene Buchungsfrist einzuräumen ist. Kann der Schuldner aber seinen Buchführungsführungspflichten oder anderen gesetzlichen Pflichten für längere Zeit nicht nachkommen, so muss er notfalls den Betrieb aufgeben[6]. Es ist kein Grund ersichtlich, weshalb das Fehlen der finanziellen Mittel zur Zahlung der Arbeitnehmerbeiträge zur Sozialversicherung den Arbeitgeber im Rahmen des § 266a Abs. 1 StGB grundsätzlich nicht entlastet, dagegen etwas anderes gelten soll, wenn der Schuldner nicht über die zur Gewährleistung der Buchführung erforderlichen Mittel verfügt. Die Konstellationen, in denen beide Tatbestände einschlägig sind, ähneln sich nämlich nicht nur, sondern sie treffen oft in demselben Sachverhalt zusammen. Die Strafbarkeit aus § 283 Abs. 1 Nr. 5 StGB kann deshalb in unserem Fall nicht überzeugend mit der These abgelehnt werden, es fehle dem Schuldner die physisch-reale Möglichkeit zur Vermeidung der Bankrotthandlung, denn er kann durch ein zumutbares Verhalten – nämlich die Einstellung der Geschäftstätigkeit bei dauerhaftem Unvermögen zur Einhaltung der ihm gesetzlich auferlegten Pflichten – die Strafbarkeit abwenden.

216 § 283 Abs. 1 StGB setzt zudem voraus, dass der Schuldner – bzw. sein Vertreter im Sinne des § 14 StGB – eine der genannten Bankrotthandlungen in der Krise, d.h. bei Überschuldung oder bei drohender oder eingetretener Zahlungsunfähigkeit begeht. Zahlungsunfähigkeit nach § 17 Abs. 2 S. 1 InsO ist das auf dem Mangel an Zahlungsmitteln beruhende voraussichtlich dauernde Unvermögen, die fälligen Geldschulden zu befriedigen. Dies stellte das Amtsgericht schon für den März 2022 fest. Die Bankrotthandlung erfolgte somit in der Krise.

217 b) G kannte seine Verpflichtung zur Buchführung und er wusste, dass er diese Pflicht verletzte. Er handelte insofern also vorsätzlich. Ihm fehlte allerdings bis Juli 2022 – infolge der unterlassenen Buchführung – die Kenntnis der Zahlungsunfähigkeit. § 283 Abs. 4 Nr. 1 StGB stellt jedoch den Bankrott nach § 283 Abs. 1 StGB auch unter Strafe, wenn der Täter fahrlässig nicht erkennt, dass sich der Schuldner in der Krise befindet. Das ist hier festzustellen, weil die Unkenntnis des G gerade aus dem Fehlen der Buchführung resultierte, er bei sorgfaltsgemäßem Verhalten also die Zahlungsunfähigkeit hätte erkennen können.

218 c) Die objektive Bedingung der Strafbarkeit nach § 283 Abs. 6 StGB ist eingetreten, weil das Amtsgericht den Antrag auf Eröffnung des Insolvenzantrags abgelehnt hat. Fraglich ist aber, ob ein Zusammenhang zwischen der Bankrotthandlung und dem Zusammenbruch notwendig ist und worin dieser besteht. Da die objektive Strafbarkeitsbedingung außerhalb von Unrecht und Schuld steht, ist jedenfalls keine Kausalität erforderlich[7], sondern es genügt ein gewisser tatsächlicher und

---

[6] *Petermann/Sackreuther*, in: MüKo⁴, § 283 StGB Rn. 43.
[7] *Pelz*, in: W/J/S, 9. Kap. Rn. 128.

zeitlicher Zusammenhang von Tathandlung und Zusammenbruch[8], der hier vorliegt, weil G aufgrund der fehlenden Buchführung die Übersicht über den Vermögensstand der Gesellschaft verloren hatte.

d) G hat sich also wegen Bankrotts nach § 283 Abs. 1 Nr. 5, Abs. 4 Nr. 1 StGB strafbar gemacht. Der ebenfalls erfüllte § 283b Abs. 1 Nr. 1 StGB tritt als abstraktes Gefährdungsdelikt im Wege der Gesetzeskonkurrenz dahinter zurück[9]. **219**

2. § 283 Abs. 1 Nr. 1, Abs. 4 Nr. 1 StGB

G könnte sich eines weiteren Bankrotts schuldig gemacht haben, indem er die 930 € auf sein eigenes Konto überwies. **220**

G hatte hier allerdings eine fällige Forderung gegenüber der Gesellschaft. Die Erfüllung einer fälligen Forderung stellt kein Beiseiteschaffen von Vermögensbestandteilen dar, weil dieses Merkmal nicht schon immer dann gegeben ist, wenn ein Vermögensbestandteil dem Zugriff der Gläubiger entzogen wird, sondern nach ganz herrschender Auffassung hinzukommen muss, dass dies unter Verletzung der Anforderungen einer ordnungsgemäßen Wirtschaft geschieht[10]. Die Erfüllung fälliger Verbindlichkeiten bewegt sich im Rahmen ordnungsgemäßen Wirtschaftens[11]. Das gilt auch, wenn die Forderung dem Geschäftsführer der Gesellschaft zusteht[12]. G hat sich deshalb insofern nicht wegen Bankrotts strafbar gemacht. **221**

3. § 266a Abs. 1 StGB

Durch die Nichtzahlung der Arbeitnehmeranteile zur Sozialversicherung könnte sich G aber wegen Vorenthaltens von Arbeitsentgelt nach § 266a Abs. 1 StGB strafbar gemacht haben. **222**

a) § 266a Abs. 1 StGB ist ein Sonderdelikt, das nur der Arbeitgeber als Täter verwirklichen kann[13]. Arbeitgeber ist nicht G, sondern die GmbH. Die Arbeitgebereigenschaft wird aber auf den Geschäftsführer einer GmbH nach § 14 Abs. 1 Nr. 1 StGB überwälzt, weil er Organ der juristischen Person ist (§ 35 GmbHG). **223**

b) G war im Übrigen als Geschäftsführer der G-GmbH auch deren Arbeitnehmer und unterfiel deshalb der Sozialversicherungspflicht. Nach dem geltenden Sozialrecht ist der geschäftsführende Gesellschafter Beschäftigter, wenn er weniger als **224**

---

[8] BGH, NStZ 2008, 401, 402; NStZ 2019, 212, Rn. 5; *Hellmann*, Rn. 265; *Kindhäuser/Bülte*, in: NK, Vor § 283 StGB Rn. 108 ff. A.A. *Trüg/Habetha*, wistra 2007, 365, 370.
[9] BGH, NStZ 1998, 192, 193 (Subsidiarität).
[10] BGHSt 34, 309, 310; BGH, NJW 1952, 898; *Heger*, in: L/K/H, § 283 StGB Rn. 10; *Kindhäuser/Bülte*, in: NK, § 283 StGB Rn. 15; *Pelz*, in: W/J/S, 9. Kap. Rn. 140. Teilweise wird dagegen verlangt, dass die Vermögensverschiebung darauf abzielt, das Vermögen zum Nachteil der Gläubiger wesentlich zu verringern, *Tiedemann*, in: LK[12], § 283 StGB Rn. 26 ff., 28.
[11] BGHSt 34, 309, 310; 35, 357, 359; *Fischer*, § 283 StGB Rn. 4b; *Kindhäuser/Bülte*, in: NK, § 283 StGB Rn. 15; *Tiedemann*, in: LK[12], § 283 StGB Rn. 29.
[12] *Kindhäuser/Bülte*, in: NK, § 283 StGB Rn. 13.
[13] *Gercke*, in: HWiSt, 12. Teil 2. Kap. Rn. 13; *Radtke*, in: MüKo[4], § 266a StGB Rn. 8; *Tag*, in: NK, § 266a StGB Rn. 18; *Wiedner*, in: G/J/W, § 266a Rn. 8; *Wittig*, in: BeckOK-StGB, § 266a Rn. 4

50 % der Anteile der GmbH hält[14]. G war folglich Arbeitnehmer, sodass es sich bei den nicht abgeführten Beträgen um Beiträge des Arbeitnehmers zu Sozialversicherung handelte. Fällig waren die Beiträge nach § 23 Abs. 1 S. 2 SGB IV spätestens am drittletzten Bankarbeitstag des Monats, in dem die Beschäftigung oder Tätigkeit, mit der das Arbeitsentgelt oder Arbeitseinkommen erzielt wird, ausgeübt worden ist, also am 27. Juli 2022.

225 c) Da § 266a Abs. 1 StGB ein echtes Unterlassungsdelikt ist, setzt die Strafbarkeit voraus, dass dem Täter die Abführung der Arbeitnehmerbeiträge physisch-real möglich ist. Fraglich ist, ob es G entlastet, dass die GmbH im Fälligkeitszeitpunkt nicht mehr über die finanziellen Mittel verfügte, die Beiträge zu zahlen. Hier war zwar bei Fälligkeit kein hinreichendes Guthaben mehr auf dem Firmenkonto vorhanden. Das beruhte aber darauf, dass G die am 13.07.2022 noch vorhandenen 930 € nicht für die Zahlung der Arbeitnehmerbeiträge zur Sozialversicherung zurückgehalten, sondern als Anzahlung auf sein Geschäftsführergehalt verwendet hatte. Nach h.M. schließt die Zahlungsunfähigkeit die Strafbarkeit nach § 266a Abs. 1 StGB in einem solchen Fall nicht aus. Das ergebe sich aus dem Vorrang der Arbeitnehmerbeiträge vor anderen Verbindlichkeiten. Uneinigkeit herrscht allerdings über die Begründung. Zumeist wird dieses Ergebnis mit der Rechtsfigur der omissio libera in causa begründet, nach der die Unterlassungsstrafbarkeit nicht entfällt, wenn sich der Täter durch ein vorwerfbares Verhalten selbst außer Stande gesetzt hat, später das Erforderliche tun zu können[15]. Andere stimmen dieser Ansicht im Ergebnis zu, stellen allerdings nicht auf die omissio libera in causa ab. Für die Feststellung der Handlungsmöglichkeit komme es nicht nur auf die Gegebenheiten in dem Zeitpunkt, in dem der Täter handeln muss, an, sondern er sei dazu verpflichtet, seine Handlungsfähigkeit herzustellen oder zu erhalten[16]. Nach diesen Auffassungen scheitert die Strafbarkeit des G nicht an der fehlenden Zahlungsfähigkeit im Fälligkeitszeitpunkt. Der Vorrang der Arbeitnehmerbeiträge wird von anderen allerdings bestritten[17]. Er lasse sich aus keiner zivil- oder sozialrechtlichen Norm herleiten und verlagere die Strafbarkeit im Vergleich mit den §§ 283, 283c, 288 StGB unangemessen vor. Nach dieser Ansicht könnte sich G darauf berufen, dass ihm im Fälligkeitszeitpunkt die physisch-reale Möglichkeit fehlte, die Arbeitnehmerbeiträge zu entrichten. Zuzustimmen ist aber der h.M. Der Vorrang ist zwar weder im Zivil- noch im Sozialrecht ausdrücklich geregelt, er ergibt sich aber aus der Existenz und der Ausgestaltung des § 266a Abs. 1 StGB[18]. Damit lässt die Zahlungsunfähigkeit im Fälligkeitszeitpunkt den objektiven Tatbestand des § 266a Abs. 1 StGB nicht entfallen.

---

[14] BSG, NJW 2018, 2664, Rn. 21.
[15] BGHSt 47, 318, 320, zust. *Jacobi/Reufels*, BB 2000, 771, 772; *Perron*, in: Sch/Sch, § 266a StGB Rn. 10; *Radtke*, NStZ 2003, 154, 156; *Wittig*, § 22 Rn. 31.
[16] *Kühl*, § 18 Rn. 22; *Hellmann*, Rn. 949.
[17] OLG Düsseldorf, NJW-RR 1983, 1448, 1449; W/Hillenkamp/*Schuhr*, Rn. 835; *Tag*, in: NK, § 266a StGB Rn. 70 ff.
[18] BGHSt 47, 318, 321; *Hellmann*, Rn. 948.

In der Literatur wird jedoch zum Teil behauptet, das Zahlungsverbot des § 15b **226** Abs. 1 S. 1 InsO für die Fälle des Eintritts der Zahlungsunfähigkeit und der Feststellung der Überschuldung stehe der Anwendbarkeit des § 266a Abs. 1 StGB nach Eintritt der Zahlungsunfähigkeit bzw. nach Feststellung der Überschuldung entgegen. Die Ausnahme des § 15b Abs. 1 S. 2 InsO für Zahlungen, die mit der Sorgfalt eines ordentlichen Kaufmanns vereinbar sind, sei im Falle der Zahlung der Sozialversicherungsbeiträge nicht einschlägig[19]. Der Geschäftsführer gerate während der Unternehmenskrise deshalb in eine Kollisionslage, die durch die Aufhebung der strafbewehrten Zahlungspflicht des § 266a Abs. 1 StGB zu beseitigen sei. Dem wird aber überzeugend entgegengehalten, dass dies zu einem „Sonderrecht" für juristische Personen führen würde, weil die Aussetzung der Zahlungspflicht nur für Organe einer juristischen Person, nicht dagegen für Einzelkaufleute und Gesellschafter oder Geschäftsführer einer Personengesellschaft gelten würde[20]. Um diese Ungereimtheiten zu vermeiden, ist bei der Auslegung des § 15b Abs. 1 S. 1, 2 InsO die in § 266a Abs. 1 StGB zum Ausdruck gebrachte Entscheidung des Gesetzgebers zu berücksichtigen und die Zahlung der Arbeitnehmerbeiträge als mit der Sorgfalt eines ordentlichen Kaufmanns vereinbar anzusehen, weil die Zahlung das strafrechtliche Gebot erfüllt[21].

d) G unterließ die Abführung der Arbeitnehmerbeiträge bewusst und gewollt, so- **227** dass er vorsätzlich handelte.

e) Die Nichtzahlung der Arbeitnehmerbeiträge könnte aber gerechtfertigt sein. Der **228** BGH[22] entnahm § 64 Abs. 1 GmbHG *a.F.* (nun § 15a Abs. 1 S. 2 InsO), dass der Geschäftsführer innerhalb der Drei- bzw. Sechs-Wochen-Frist, die ihm das Gesetz zur Stellung des Insolvenzantrages einräumt, die Möglichkeit erhalte, Sanierungsversuche durchzuführen. Aus § 64 Abs. 2 GmbHG *a.F.* ergebe sich, dass in diesem Zeitraum die verteilungsfähige Vermögensmasse einer insolvenzreifen GmbH im Interesse der Gesamtheit der Gläubiger zu erhalten und eine zu ihrem Nachteil gehende bevorzugte Befriedigung einzelner Gläubiger zu verhindern sei. Mit Ablauf dieser Frist entfalle der Grund des Zahlungsverbots und die Nichtabführung der Arbeitnehmerbeiträge werde wieder strafbar. Diese Sicht überzeugt jedoch nicht, weil unklar bleibt, ob es den Geschäftsführer entlastet, wenn er schon vor Eintritt der Insolvenzantragspflicht die Maßnahmen unterlassen hat, die zur Sicherstellung der Zahlungsfähigkeit bei Fälligkeit der Arbeitnehmerbeiträge erforderlich gewesen wären, und weshalb aussichtsreiche Sanierungsversuche den Geschäftsführer nur während der drei- bzw. sechswöchigen Insolvenzantragsfrist privilegieren, nicht jedoch davor oder danach. Aber auch auf der Grundlage der Rechtspre-

---

[19] *Rönnau*, wistra 1997, 13, 14 ff.; ders., wistra 2004, 976; *Wegner*, wistra 1998, 283, 290; zu § 64 GmbHG, den das Sanierungs- und Insolvenzrechtsfortentwicklungsgesetz (SanInsFoG) vom 22.12. 2020 (BGBl. I 2020, 3256) mit Geltung vom 01.01.2021 durch die einheitliche, rechtsformübergreifende Regelung für alle juristischen Personen in § 15b InsO ersetzte.

[20] *Hellmann*, JZ 1997, 1005, 1007.

[21] BGH (Z), NJW 2007, 2118, 2120, mit krit. Anm. *Rönnau*, JZ 2008, 46 ff.; BGH (Z), NZG 2008, 628, 629; NJW 2009, 295 f.; *Bittmann*, wistra 2004, 327 f.; *Brand*, GmbHR 2010, 237, 240 f.; *Hellmann*, JZ 1997, 1005, 1006. **A.A.** *Ischebeck*, wistra 2009, 95, 100.

[22] BGHSt 48, 307, 309 ff.; BGH, NStZ 2006, 223.

chung des BGH scheidet eine Rechtfertigung in casu aus, da die sechswöchige Frist nach Eintritt der Überschuldung zur Rettung der Gesellschaft dann nicht gilt, wenn sich bereits vorher absehen lässt, dass mit einer fristgerechten Sanierung nicht ernstlich zu rechnen ist[23]. Hier war die „Insolvenzreife" der GmbH schon Monate früher eingetreten und die Möglichkeit einer Sanierung ausgeschlossen. Eine Rechtfertigung des G scheidet somit aus.

229 **f)** Da G schuldhaft handelte, ist er wegen Vorenthaltens von Arbeitsentgelt nach § 266a Abs. 1 StGB strafbar.

4. § 266a Abs. 2 Nr. 2 StGB

230 G könnte sich zudem wegen Nichtabgabe der Meldung über die Arbeitgeberbeiträge nach § 266a Abs. 2 Nr. 2 StGB strafbar gemacht haben.

231 **a)** Das Arbeitgebermerkmal wird wiederum nach § 14 Abs. 1 Nr. 1 StGB auf G überwälzt.

232 **b)** Fraglich ist, ob er die AOK als Einzugsstelle pflichtwidrig über sozialversicherungsrechtlich erhebliche Tatsachen in Unkenntnis gelassen hat. Da G bei der AOK versichert war, ist er der allgemeinen Meldepflicht aus § 28a SGB IV nachgekommen. Zusätzlich hat der Arbeitgeber der Einzugsstelle gem. § 28f Abs. 3 S. 1, 1. Halbs. SGB IV einen Beitragsnachweis über die Höhe der geschuldeten Beiträge einzureichen. Dieser Nachweis kann monatlich oder – wenn sein Inhalt unverändert gilt – als Dauernachweis erfolgen[24]. Der Sachverhalt teilt zwar nicht mit, ob G eine Monats- oder Dauermitteilung erstattet hat, bei lebensnaher Auslegung ist aber davon auszugehen, dass wegen des festen Bruttogehalts eine Dauermitteilung erfolgt ist. Die Strafbarkeit aus § 266a Abs. 2 Nr. 2 StGB scheidet deshalb aus, weil die Einzugsstelle über die Kenntnis der sozialversicherungsrechtlich relevanten Tatsachen verfügte.

5. § 15a Abs. 4 Nr. 1, Abs. 1 S. 1, 2 InsO

233 G könnte durch die Weiterführung der Geschäfte nach Eintritt der Zahlungsunfähigkeit eine – vorsätzliche – Insolvenzverschleppung begangen haben.

234 **a)** G war als eingetragener Geschäftsführer Adressat des § 15a Abs. 4 InsO. § 15a Abs. 1 S. 1, 2 InsO verpflichtet die Mitglieder des vertretungsberechtigten Organs einer juristischen Person, bei der GmbH also den bzw. die Geschäftsführer (§ 35 Abs. 1 S. 1 GmbHG), den Antrag auf Einleitung des Insolvenzverfahrens ohne schuldhaftes Zögern, spätestens aber drei Wochen nach Eintritt der Zahlungsunfähigkeit bzw. sechs Wochen nach Eintritt der Überschuldung zu stellen. Die Gesellschaft war bereits seit mehreren Monaten zahlungsunfähig, ohne dass G einen Antrag gestellt hatte. Allerdings erkannte G die finanzielle Situation der Gesellschaft erst am 13.07.2022. Ob die Insolvenzantragspflicht die Kenntnis des Verpflichteten

---

[23] BGHSt 48, 307, 309; BGH, NStZ 2006, 223, 224.
[24] *Rönnau/Kirch-Heim*, wistra 2005, 321, 322.

von der Zahlungsunfähigkeit voraussetzt, ist umstritten. Die wohl h.M.[25] geht davon aus, dass die Pflicht erst mit Erlangung der Kenntnis von dem Insolvenzgrund entsteht. Der objektive Tatbestand der Insolvenzverschleppung würde danach ausscheiden, weil ein Gläubiger am 01.08.2022 und G selbst am 02.08.2022, also vor Ablauf der Drei-Wochen-Frist des § 15a Abs. 1 S. 2 InsO, Insolvenzanträge stellten. Die Gegenmeinung[26] bejaht dagegen eine Verpflichtung zur Antragstellung nach § 15a Abs. 1 S. 1, 2 InsO mit Eintritt der Zahlungsunfähigkeit bzw. Überschuldung, ohne dass es auf die Kenntnis des Geschäftsführers ankomme. G hätte also bereits im März bzw. April 2022 den Insolvenzantrag stellen müssen.

b) Der Meinungsstreit muss dennoch nicht an dieser Stelle entschieden werden, da G aufgrund der fehlenden Buchführung keine Übersicht über den Vermögenstand der GmbH hatte. Ihm ist aber zugute zu halten, dass er dies nicht sogleich, sondern erst am 13.07.2022 erkannte und er deshalb jedenfalls keinen Vorsatz hinsichtlich der Verwirklichung des § 15a Abs. 4 Nr. 1 InsO besaß. 235

6. § 15a Abs. 5 i.V.m. § 15a Abs. 4 Nr. 1, Abs. 1 S. 1, 2 InsO

G könnte aber eine fahrlässige Insolvenzverschleppung begangen haben. Für die h.M. würde aber auch § 15a Abs. 5 InsO ausscheiden, da sie den Beginn der Drei-Wochen-Frist des § 15a Abs. 1 S. 2 InsO erst mit Erlangung der Kenntnis von der Zahlungsunfähigkeit am 13.07.2022 annehmen würde. Gegen diese Sicht spricht, dass der Fahrlässigkeitstatbestand damit weitgehend ins Leere gehen würde. Zu folgen ist deshalb der Gegenmeinung, denn – nur – sie beachtet die Entscheidung des Gesetzgebers. Sorgfaltswidrig handelt der – eingetragene – Geschäftsführer u.a. dann, wenn er die wirtschaftlichen Verhältnisse der Gesellschaft nicht ordnungsgemäß dokumentiert und somit den Überblick über den Vermögensstand verliert. Seit der Streichung des Bilanzerfordernisses in § 64 GmbHG durch das 2. WiKG[27] ist der Geschäftsführer verpflichtet, die Vermögenslage der GmbH fortlaufend zu kontrollieren[28]. Hätte G dies getan, so wäre ihm die Zahlungsunfähigkeit frühzeitig bekannt geworden und er hätte den Antrag auf Eröffnung des Insolvenzverfahrens rechtzeitig stellen können. G hat sich folglich wegen fahrlässiger Insolvenzverschleppung strafbar gemacht. 236

2. Handlungsabschnitt: Der vermeintliche Bootskauf
I. Strafbarkeit des G
1. § 263 Abs. 1, Abs. 3 S. 2 Nr. 2 StGB

G hat sich durch das Angebot, die angeblich zum Verkauf stehende Yacht für B zu erwerben, wegen Betruges in einem besonders schweren Fall strafbar gemacht. 237

---

[25] *Himmelreich*, in: HWSt, 7. Teil 2. Kap. Rn. 49; ebenso zu § 64 Abs. 1 GmbHG *a.F.* BGHSt 48, 307, 309; BGHZ 75, 96, 110 f.; *Schulze-Osterloh*, AG 1984, 141, 142.
[26] *Klöhn*, in: MüKo-InsO, § 15a Rn. 119; *Wolfer*, in: BeckOK-InsR, § 15a InsO Rn. 20
[27] *Haas*, in: N/S/H, § 64 GmbHG Rn. 2.
[28] OLG Düsseldorf, NZG 1999, 349; *Schäfer*, GmbHR 1993, 479.

238 G täuschte B über eine äußere und eine innere Tatsache, nämlich die Möglichkeit, das Boot erwerben zu können, und seine – des G – Absicht, die Yacht für B zu kaufen. B glaubte ihm, irrte also über diese Umstände und verfügte durch die Übergabe der 500.000 € über sein Vermögen. Er erlitt einen Vermögensschaden in dieser Höhe, weil er tatsächlich keinen Übereignungsanspruch erwarb. G handelte vorsätzlich und in der Absicht, sich rechtswidrig zu bereichern, sowie rechtswidrig und schuldhaft. Es liegt ein besonders schwerer Fall des Betrugs nach § 263 Abs. 3 S. 2 Nr. 2 StGB vor, weil G einen Vermögensverlust großen Ausmaßes[29] herbeigeführt hat.

2. § 283 Abs. 1 Nr. 1 StGB

239 Durch die Überweisung der 398.000 € auf das Konto der L könnte sich G zudem wegen Bankrotts strafbar gemacht haben.

240 a) G ist Schuldner, somit grundsätzlich tauglicher Täter. Fraglich ist allerdings, ob das „Regelinsolvenzverfahren" oder das „Verbraucherinsolvenzverfahren" nach §§ 304 ff. InsO einschlägig ist. Dies ist der Fall, wenn der Schuldner eine natürliche Person ist, die keine selbständige wirtschaftliche Tätigkeit ausübt oder ausgeübt hat (§ 304 Abs. 1 S. 1 InsO). Hat der Schuldner eine selbständige wirtschaftliche Tätigkeit ausgeübt, so findet das Verbraucherinsolvenzverfahren Anwendung, wenn seine Vermögensverhältnisse überschaubar sind und gegen ihn keine Forderungen aus Arbeitsverhältnissen bestehen (§ 304 Abs. 1 S. 2 InsO). Überschaubar sind die Vermögensverhältnisse gem. § 304 Abs. 2 InsO nur, wenn der Schuldner zu dem Zeitpunkt, zu dem der Antrag auf Eröffnung des Insolvenzverfahrens gestellt wird, weniger als 20 Gläubiger hat. G vereinbarte den Kauf der Yacht für B als Privatperson zu einem Zeitpunkt, als er nicht (mehr) selbstständig unternehmerisch tätig war, sodass es sich um ein Verbraucherinsolvenzverfahren handelt[30].

240a Strittig ist, ob § 283 StGB auf „Verbraucherinsolvenzen" nach §§ 304 ff. InsO anwendbar ist. Die h.M.[31] befürwortet die Anwendbarkeit der Insolvenzdelikte auf private Schuldner. Ein Teil der Literatur[32] propagiert dagegen eine teleologische Reduktion des Tatbestandes auf Unternehmensinsolvenzen, weil der Gesetzgeber bei der Einführung der Verbraucherinsolvenz die strafrechtlichen Konsequenzen nicht erkannt habe und es nicht beabsichtigt gewesen sei, durch die Einführung des Verbraucherinsolvenzverfahrens die Strafbarkeit auf Private auszudehnen. Schon die Behauptung, die – früheren – Konkursdelikte seien nicht auf private Schuldner anwendbar gewesen, trifft jedoch nicht zu[33]. Hinzu kommt, dass die Gläubiger bei

---

[29] Ein Vermögensverlust großen Ausmaßes liegt nach ganz h.M. bei einem Vermögensverlust in Höhe von 50.000 € vor; siehe nur BGHSt 48, 360, 364 f.; *Perron*, in: Sch/Sch, § 263 StGB Rn. 188c; *Saliger*, in: M/R, § 263 StGB Rn. 320.
[30] Vgl. *Savini*, in: BeckOK-InsR, § 304 InsO Rn. 1.
[31] BGH, NJW 2001, 1874, 1875; NStZ-RR 2017, 250; *Heger*, in: L/K/H, § 283 StGB Rn. 2; *Heine/Schuster*, in: Sch/Sch § 283 StGB Rn. 7a. Eingehend hierzu *Schlüter*, NZI 2020, 928 ff.
[32] *Moosmeyer*, Einfluss der Insolvenzordnung 1999 auf das Insolvenzstrafrecht, 1997, S. 63 f.; *Schramm*, wistra 2002, 55 f.
[33] Siehe dazu *Hellmann*, Rn. 281 f.

einer Verbraucherinsolvenz nicht weniger schützenswert sind als bei einer Firmeninsolvenz. Der Tatbestand enthält deshalb zu Recht keine Beschränkung auf Unternehmensinsolvenzen.

G müsste Bestandteile seines pfändbaren Vermögens in der Krise beiseitegeschafft 241 haben. Der Schuldner schafft Bestandteile seines Vermögens beiseite, wenn er die Durchsetzung des Gläubigerzugriffs unmöglich macht oder erschwert, z.B. indem er ein Guthaben von seinem Konto auf das einer anderen Person überweist[34]. Die Überweisung auf das Konto der L schloss zwar nicht aus, dass B auf das Kontoguthaben zugreifen konnte, weil die Übertragung nach § 3 Abs. 1 AnfG anfechtbar war. Der Zugriff des B wurde dadurch aber erschwert. Fraglich ist allerdings, ob G die Zahlungsunfähigkeit drohte oder diese bereits eingetreten war[35]. Auf den ersten Blick scheint G seine Zahlungsunfähigkeit erst durch die Überweisung bewirkt zu haben und deshalb § 283 Abs. 2 StGB einschlägig zu sein. Dem ist jedoch nicht so, weil der fälligen Forderung des B in Höhe von 500.000 € am Tag der Vermögensverschiebung nur noch 398.000 € gegenüberstanden. Damit war G nicht in der Lage, die fälligen Forderungen zu begleichen, also bereits zahlungsunfähig.

b) G handelte vorsätzlich, rechtswidrig und schuldhaft. Auch die objektive Bedin- 242 gung der Strafbarkeit nach § 283 Abs. 6 StGB lag vor, weil G alle Zahlungen eingestellt und einen Antrag auf Verbraucherinsolvenz gestellt hatte.

c) Er hat sich deshalb wegen Bankrotts strafbar gemacht. 243

3. § 288 StGB

Indem G das verbleibende Vermögen an L überwiesen hat, könnte er zudem die 244 Zwangsvollstreckung vereitelt haben.

a) G müsste die Zwangsvollstreckung gedroht haben. Das ist der Fall, wenn ein 245 fälliger durchsetzbarer Anspruch entstanden und nach den Umständen des Falles anzunehmen ist, dass der Gläubiger den Willen hat, seinen Anspruch demnächst zwangsweise durchzusetzen. Hier bestand der Rückforderungsanspruch des B nach § 812 Abs. 1 S.1 Alt. 1 BGB, der auch fällig und durchsetzbar war. Zudem hatte B am 07.10.2022 angekündigt, den Anspruch notfalls auch gerichtlich durchzusetzen. In dieser Situation schaffte G – wie dargelegt – Bestandteile seines Vermögens beiseite.

b) Er handelte vorsätzlich und in der Absicht, die Befriedigung des B zu vereiteln. 246 Er hat sich deshalb wegen Vereitelung der Zwangsvollstreckung strafbar gemacht.

c) Der nach § 288 Abs. 2 StGB erforderliche Strafantrag ist gestellt worden. 247

---

[34] BGH, NJW 2001, 1874, 1875; *Altenhain*, in: M/R, § 283 StGB Rn. 20; *Petermann/Sackreuther*, in: MüKo[4], § 283 StGB Rn. 9.
[35] Ausführlich zur Zahlungsunfähigkeit *Weyand/Diversy*, Rn. 46 ff.

Fall 5

II. Strafbarkeit der L
1. § 283d Abs. 1 Nr. 1 StGB

248 L könnte sich durch die Überführung der Forderung gegen die Bank in ihr Vermögen wegen Schuldnerbegünstigung strafbar gemacht haben.

249 a) Dann müsste sie zur Insolvenzmasse gehörende Vermögensbestandteile des Schuldners beiseitegeschafft haben. Das Merkmal des Beiseiteschaffens ist wie in § 283 StGB auszulegen[36]. Durch die Einverleibung der Forderung gegen die Bank in ihr Vermögen erschwerte L aktiv die Durchsetzung des Anspruchs des B und schaffte damit einen pfändbaren Vermögensbestandteil beiseite.

250 b) Erforderlich ist, dass L in Kenntnis der G drohenden Zahlungsunfähigkeit gehandelt hat. G drohte die Zahlungsunfähigkeit nicht nur, sondern er war im Zeitpunkt der Transaktion bereits zahlungsunfähig. § 283d Abs. 1 Nr. 1 StGB ist aber auch in diesen Fällen anzuwenden (argumentum a minore ad maius)[37]. L kannte die Lage des G, auch wenn sie diese nicht als Zahlungsunfähigkeit bewertet haben mag. Damit handelte sie in Kenntnis der Zahlungsunfähigkeit und auch hinsichtlich des Beiseiteschaffens mit Vorsatz.

251 c) Rechtswidrigkeit, Schuld und die objektive Strafbarkeitsbedingung des Zusammenbruchs des Schuldners sind gegeben, sodass L wegen Schuldnerbegünstigung strafbar ist.

2. §§ 283 Abs. 1 Nr. 1, 27 StGB

252 Durch das Zurverfügungstellen ihres Kontos hat L dem G außerdem Hilfe zur Begehung des Bankrotts geleistet.

3. §§ 288, 27 StGB

253 Sie hat dadurch zudem die Voraussetzungen einer Beihilfe zur Vereitelung der Zwangsvollstreckung erfüllt.

Gesamtergebnis und Konkurrenzen

254 G ist wegen Bankrotts nach § 283 Abs. 1 Nr. 5, Abs. 4 Nr. 1 StGB, Vorenthaltens von Arbeitsentgelt nach § 266a Abs. 1 StGB, fahrlässiger Insolvenzverschleppung nach § 15a Abs. 5 InsO und Betruges in einem besonders schweren Fall nach § 263 Abs. 1, Abs. 3 S. 2 Nr. 2 StGB strafbar. Die Delikte stehen in Tatmehrheit (§ 53 StGB). Der Bankrott nach § 283 Abs. 1 Nr. 1 StGB und die Vereitelung der Zwangsvollstreckung nach § 288 StGB treffen tateinheitlich zusammen[38] und treten in Tatmehrheit zu den übrigen Tatbeständen.

---

[36] *Kindhäuser/Bülte*, in: NK, § 283d StGB Rn. 3; *Weyand/Diversy*, Rn. 137.
[37] *Fischer*, § 283d StGB Rn. 5; *Hoyer*, in: SK⁹, § 283d StGB Rn. 3; *Tiedemann*, in: LK¹², § 283d Rn. 7; *Weyand/Diversy*, Rn. 140.
[38] *Maier*, in: MüKo⁴, § 288 StGB Rn. 53.

L ist wegen Gläubigerbegünstigung nach § 283d StGB strafbar. Die Strafbarkeit wegen Beihilfe zum Bankrott und zur Vereitelung der Zwangsvollstreckung tritt hinter § 283d StGB im Wege der Gesetzeskonkurrenz (Konsumtion) zurück, wenn die Verwirklichung der Gläubigerbegünstigung zugleich ein Hilfeleisten ist, weil das Unrecht der täterschaftlich begangenen Schuldnerbegünstigung das Unrecht der Beihilfe überschreitet[39]. Das ist hier der Fall, sodass L nur wegen Gläubigerbegünstigung zu bestrafen ist. **254a**

---

[39] *Heger*, in: L/K/H, § 283d StGB Rn. 7; *Petermann/Hofmann*, in: MüKo[4], § 283d StGB Rn. 24.

Fall 6
Copyshop mit Service

Unerlaubte Verwertung urheberrechtlich geschützter Werke – Wucher – Eingriff in verwandte Schutzrechte – Beschäftigung eines Ausländers ohne Genehmigung zu wucherischen Arbeitsbedingungen – Bruttoprinzip bei der Einziehung von Taterträgen

Die aus China stammende Omeira Piau Phang (P) ist Alleingesellschafterin und Geschäftsführerin der „Copy, Print, Press GmbH" (CPP). Die CPP führt Kopier- und Druckarbeiten aus und stellt CDs her.

Da sich die Geschäftsräume der CPP in der Nähe der Universität befinden, witterte P ein ertragreiches Geschäft, wenn sie das neu erschienene Lehrbuch „Wirtschaftsstrafrecht" in kopierter Form für 10 € pro Exemplar verkaufen würde. P stellte deshalb 100 Kopien des Buches her.

Um den Betrieb kostengünstiger führen zu können, beschäftigte P ihren chinesischen Landsmann Yu Quinglin (Q), der mit einem „Schengen-Visum" nach Deutschland eingereist war. Q verfügte nicht über die erforderlichen finanziellen Mittel für seinen Lebensunterhalt. Da der durchschnittliche Stundenlohn eines Arbeiters in der chinesischen Provinz umgerechnet 4,50 € beträgt, meinte P, Q sei mit 9 € „gut bedient", obwohl sich der tarifliche Stundenlohn auf 18,07 € belief.

Um die Beschäftigung des Q zu sichern, sorgten seine Verwandten dafür, dass die CPP einen lukrativen Auftrag des chinesischen Plattenlabels „Queenie" erhielt. Die CPP sollte tausend CDs der neuesten Veröffentlichung der irischen Rockband W3 pressen. Die Platte war in Irland von dem Label „Sunny" aufgenommen worden, die Vertriebsrechte für Deutschland besaß die Plattenfirma „white lily", die Rechte für China das Label „Queenie". Nach der Pressung übergab P die tausend CDs an das Pakettransportunternehmen „obs", das diese in China der Firma „Queenie" überbrachte.

1. Welche Straftaten haben P und Q begangen?

In der Hauptverhandlung stellte das Strafgericht fest, dass P 25 kopierte Wirtschaftsstrafrechtslehrbücher verkauft, also 250 € durch den Verkauf der kopierten Bücher eingenommen hatte. Für die Pressung der CDs hatte die CPP 2.000 € erhalten. Aus den Lohnabrechnungen ergab sich, dass Q 400 Arbeitsstunden für die Gesellschaft erbracht hatte. Das Gericht ging deshalb davon aus, dass der Gesellschaft 7.228 € durch die Beschäftigung des Q zugeflossen seien. Es möchte insgesamt 9.228 € „abschöpfen".

Dr. Michael Venghaus (V), der Verteidiger der P, wendet dagegen ein, nur das „unschuldige" Unternehmen habe Gewinn gemacht, es sei also eine Bestrafung Unschuldiger, den Gewinn abzuschöpfen.

Hilfsweise macht V geltend, das Gericht müsse die Kosten für den Erwerb des Buches in Höhe von 28 € und die Herstellungskosten, 2,50 € pro Buch, insgesamt also 62,50 €, abziehen. Gleiches gelte auch für die anderen Einnahmen: Von den für die Herstellung der CDs erlangten 2.000 € müssten die Aufwendungen in Höhe von 1.000 € und von dem Ertrag aus der Beschäftigung des Q müsste der gezahlte Arbeitslohn in Höhe von 3.600 € abgezogen werden.

2. Muss das Gericht die gesamten Einnahmen (9.228 €) „abschöpfen"?

3. Wie wird das Gericht mit den noch vorhandenen 75 Kopien des Lehrbuchs verfahren?

Lösung

Frage 1: Straftaten von P und Q

I. Strafbarkeit der P
1. § 106 Abs. 1 UrhG

P könnte sich durch die Herstellung und den Verkauf der Kopien des Lehrbuchs wegen unerlaubter Verwertung urheberrechtlich geschützter Werke nach § 106 Abs. 1 UrhG strafbar gemacht haben.

Ein durch § 106 UrhG geschütztes Werk im Sinne des § 2 UrhG ist – nur – eine persönliche geistige Schöpfung (§ 2 Abs. 2 UrhG), d.h., sie muss auf einem Schaffensvorgang beruhen und eine gewisse Gestaltungshöhe sowie einen Qualitätsgehalt besitzen[1]. Bei einem rechtswissenschaftlichen Lehrbuch handelt es sich um ein Sprachwerk (§ 2 Abs. 1 Nr. 1 UrhG), das die erforderliche Individualität und Gestaltungshöhe aufweist[2]. Das von P kopierte Buch wird folglich durch das UrhG geschützt.

In Betracht kommen hier zwei Tathandlungen des § 106 Abs. 1 UrhG, nämlich das Vervielfältigen und das Verbreiten. Vervielfältigung (vgl. § 16 UrhG) bedeutet Herstellen einzelner oder mehrerer Festlegungen, die geeignet sind, ein Werk den menschlichen Sinnen zugänglich zu machen[3]. Das Kopieren erfüllt diese Voraussetzungen. Indem P die Vervielfältigungsstücke des Werkes öffentlich anbot, verbreitete sie diese auch (vgl. § 17 Abs. 1 UrhG). Das Vervielfältigen und das Verbreiten durch denselben Täter stellt – wie das Herstellen einer unechten Urkunde bzw. das Verfälschen einer echten Urkunde und das Gebrauchen der Urkunde bei § 267 StGB[4] – eine tatbestandliche Handlungseinheit, also nur eine Handlung dar, wenn bei der Vervielfältigung bereits die Absicht des Verbreitens bestand[5].

Da hier keine Schranke des Urheberrechts (siehe dazu *Hellmann*, Rn. 705 ff.) einschlägig ist und P vorsätzlich, rechtswidrig sowie schuldhaft handelte, hat sie sich nach § 106 Abs. 1 UrhG strafbar gemacht.

2. § 108 Abs. 1 Nr. 5 UrhG

Die Herstellung der CDs könnte als unerlaubter Eingriff in verwandte Schutzrechte nach § 108 Abs. 1 Nr. 5 UrhG strafbar sein.

---

[1] Näher dazu *Ernst*, in: G/J/W, § 106 UrhG Rn. 8 ff.; *Nordemann*, in: HWSt, 11. Teil 1. Kap. Rn. 13 ff; *Schulze*, in: Dreier/Schulze, § 2 UrhG Rn. 16 ff.
[2] Vgl. *Knopp*, GRUR 2010, 28, 29; *Zabel*, JA 2010, 401, 402.
[3] BGHZ 17, 267, 297.
[4] BGH, GA 1955, 246; *Heine/Schuster*, in: Sch/Sch, § 267 StGB Rn. 79.
[5] *Dreier*, in: Dreier/Schulze, § 106 UrhG Rn. 14.

261 **a)** Zu den verwandten Schutzrechten gehören auch die Verwertungsrechte des Herstellers eines Tonträgers. Er hat nach § 85 Abs. 1 S. 1 UrhG das ausschließliche Recht, den Tonträger zu vervielfältigen, zu verbreiten und öffentlich zugänglich zu machen. Dieses Recht entsteht bei demjenigen, der die Erstfixierung der Aufnahme vornimmt[6]. Handelt es sich dabei um ein Unternehmen, so gilt der Inhaber des Unternehmens als Hersteller (§ 85 Abs. 1 S. 2 UrhG). Dies ist in casu das Label „Sunny". Das Recht ist jedoch gemäß § 85 Abs. 2 S. 1 UrhG übertragbar. Für Deutschland hatte „Sunny" es auf das Label „white lily" übertragen, das dadurch in Deutschland Inhaber des Leistungsschutzrechtes des Tonträgers der Rockgruppe W3 wurde.

262 **b)** In dieses Leistungsschutzrecht könnte P eingegriffen haben, indem sie als Geschäftsführerin der Firma CPP an der Herstellung der 1.000 CDs ohne Einwilligung von „white lily" mitwirkte. Dagegen scheint jedoch zu sprechen, dass die Herstellung der CDs im Auftrag des Labels „Queenie", das die Verwertungsrechte für China besitzt, zum Zweck der Verbreitung in China vorgenommen wurde. Für die Verletzung des Vervielfältigungsrechts, das selbstständig neben dem Verbreitungsrecht des Tonträgerherstellers steht, ist es jedoch unerheblich, ob und in welcher Form sich eine Verbreitung anschließt oder anschließen soll. Es kommt deshalb nur darauf an, ob die Vervielfältigung an dem Ort, an dem sie stattfindet, erlaubt ist[7]. Da die Inhaberin der Verwertungsrechte für Deutschland, das Label „white lily", der Firma CPP keine Einwilligung[8] zur Vervielfältigung des Tonträgers erteilt hatte, hat P an der unerlaubten Vervielfältigung mitgewirkt.

263 **c)** P könnte die CDs zudem verbreitet, d.h. in den Verkehr gebracht haben. Unter Inverkehrbringen im Sinne des § 17 Abs. 1 UrhG ist jede Handlung zu verstehen, durch die Werkstücke aus der internen Betriebssphäre der Öffentlichkeit zugeführt werden[9]. Das ist nach Auffassung der Rechtsprechung schon dann der Fall, wenn der Tonträger im Inland einem beauftragten Spediteur, der sie ins Ausland exportieren soll, überlassen wird[10]. Durch die Übergabe von Werkstücken an einen eigenverantwortlichen Lieferanten gehe der Gewahrsam nämlich auf diesen über, sodass sie aus der internen Herrschaftssphäre in die Öffentlichkeit gelangen, folglich – im Inland – in den Verkehr gebracht würden[11]. Geschieht dies ohne Einwilligung desjenigen, dem das Verbreitungsrecht im Inland zusteht, hier „white lily", so liege darin ein urheberrechtswidriges Verbreiten. Es handele sich nicht etwa um eine inländische Vorbereitungshandlung zu einer eventuellen Schutzrechtsverletzung im Ausland, sodass es nicht darauf ankomme, ob der Empfänger im Ausland eine Urheberrechtsverletzung begehen würde[12]. Der Umstand, dass „Queenie" die Rechte an den Musikstücken von W3 für China innehat, ist danach unerheblich.

---

[6] BGHSt 49, 93, 98.
[7] BGHSt 49, 93, 102.
[8] Zum Merkmal „ohne Einwilligung" vgl. *Zabel*, JA 2010, 401, 402.
[9] BGHZ 113, 159, 161; BGH, GRUR 1985, 129, 130; NJW 1986, 1045.
[10] BGHSt 49, 93, 105 f.
[11] Allgemein zum Territorialitätsprinzip im Urheberrecht vgl. *Weber*, ZIS 2010, 220, 223.
[12] BGHSt 49, 93, 107 f.

P hat die CDs somit nicht nur vervielfältigt, sondern auch verbreitet, indem sie die **264** Werkstücke an das Pakettransportunternehmen „obs" übergab. Das – auf einem einheitlichen Plan beruhende – Herstellen von Vervielfältigungsstücken und das Verbreiten durch denselben Täter ist ebenfalls (vgl. Rn. 258) als eine Schutzrechtsverletzung anzusehen[13].

d) Subjektiv genügt dolus eventualis, sodass P es mindestens für möglich gehalten **265** haben müsste, durch ihr Verhalten ein Schutzrecht zu verletzen. Dazu wäre eine – zumindest laienhaft – korrekte rechtliche Einordnung der urheberrechtlichen Konsequenzen erforderlich[14]. Da der Sachverhalt keine Anhaltspunkte für einen den Vorsatz ausschließenden Tatumstandsirrtum enthält, ist von einer solchen laienhaften Kenntnis auszugehen.

e) P handelte auch rechtswidrig und schuldhaft und ist deshalb nach § 108 Abs. 1 **266** Nr. 5 UrhG strafbar.

3. § 10 Abs. 1 SchwarzArbG i.V.m. § 404 Abs. 2 Nr. 3 SGB III

P könnte sich durch die Beschäftigung des Q zu einem Stundenlohn von 9 € nach **267** § 10 Abs. 1 SchwarzarbG strafbar gemacht haben.

P hat eine in § 404 Abs. 2 Nr. 3 SGB III bezeichnete – ordnungswidrige – Hand- **268** lung begangen, indem sie Q entgegen § 4a Abs. 5 S. 1 AufenthG beschäftigte. Q hatte mit dem Schengen-Visum (§ 6 Abs. 1 Nr. 1 AufenthG) zwar einen Aufenthaltstitel gemäß § 4 Abs. 1 S. 2 Nr. 1 AufenthG, der aber keine Berechtigung zur Ausübung einer Erwerbstätigkeit umfasst. Schengen-Visa berechtigen gem. § 6 Abs. 2a AufenthG nur zur Ausübung einer Erwerbstätigkeit, wenn sie zum Zweck der Erwerbstätigkeit erteilt wurden, was hier nicht der Fall ist.

Diese Ordnungswidrigkeit würde zu einer Straftat nach § 10 Abs. 1 SchwarzArbG „heraufgestuft", wenn die Beschäftigung zu Arbeitsbedingungen erfolgte, die in einem groben Missverhältnis zu denen deutscher Arbeitnehmer stehen. Das auffällige Missverhältnis ist zwar durch eine Gesamtbetrachtung zu ermitteln[15], es liegt aber in der Regel vor, wenn der vereinbarte Lohn 20 % unter dem eines deutschen Arbeitsnehmers liegt[16]. Da P dem Q weniger als die Hälfte des Arbeitslohnes eines deutschen Arbeitnehmers zahlte, stehen die Arbeitsbedingungen in einem deutlichen Missverhältnis zu denen deutscher Arbeitnehmer.

Vorsatz, Rechtswidrigkeit und Schuld liegen vor, sodass sich P nach § 10 Abs. 1 **269** SchwarzarbG i.V.m. § 404 Abs. 2 Nr. 3 SGB III strafbar gemacht hat.

---

[13] A.A. offensichtlich der BGH (St 49, 93, 110), der Tateinheit von Herstellen und Verbreiten annimmt.
[14] *Zabel*, JA 2010, 401, 403.
[15] BGH, NStZ 2018, 546, 547, mit Anm. *Mosbacher*; OLG Frankfurt, NStZ-RR 2005, 184; *Mosbacher*, in: I/M, § 4 Rn. 140; *Wittig*, § 34 Rn. 14.
[16] *Ambs/Lutz*, in: E/K, S 34, § 10 SchwarzArbG Rn. 8. Für 30 % *Henzler*, in: M-G, § 37 Rn. 201; *Mosbacher*, in: HWSt, 12. Teil 5. Kap. Rn. 55.

4. § 291 Abs. 1 S. 1 Nr. 3 StGB

270 Die Beschäftigung des Q zu diesen Bedingungen könnte zudem die Voraussetzungen des Wuchers erfüllen.

271 **a)** Der Arbeitslohn ist eine sonstige Leistung im Sinne des § 291 Abs. 1 S. 1 Nr. 3 StGB. Indem P den Q für die CPP arbeiten ließ, hat sie einem Dritten Vermögensvorteile gewähren lassen. Die geleistete Arbeit ist jedenfalls dann ein Vermögensvorteil, wenn sich ihr Erfolg wirtschaftlich zugunsten des Arbeitgebers auswirkt.

272 **b)** Fraglich ist, ob P die Zwangslage des Q ausgebeutet hat. Um eine Zwangslage handelt es sich schon dann, wenn sich das Opfer in einer wirtschaftlichen Bedrängnis befindet, die zwar nicht dessen Existenz bedroht, die aber schwere wirtschaftliche Nachteile mit sich bringt[17]. Ausbeuten ist die bewusste Ausnutzung der bedrängten Lage eines anderen zur Erlangung eines übermäßigen Vermögensvorteils[18]. Gegen das Vorliegen dieser Voraussetzungen könnte sprechen, dass P den Q zu einem Lohn, den er in seiner Heimat nicht hätte erzielen können, beschäftigte. Die Ausbeutung scheitert allerdings nicht daran, dass die Entlohnung des Q immer noch deutlich höher war, als sie es in seinem Heimatland gewesen wäre.

273 **c)** Leistung und Gegenleistung stehen im Falle des Lohnwuchers in einem auffälligen Missverhältnis, wenn der an einen Arbeitnehmer tatsächlich gezahlte Lohn weniger als zwei Drittel des für die erbrachte Arbeitsleistung fälligen Tariflohns beträgt[19]. Bei dem hier geltenden Tariflohn von 18,07 €, läge ein auffälliges Missverhältnis bereits vor, wenn P weniger als 12,04 € bezahlt hätte. Der tatsächlich gezahlte Stundenlohn von 9 € unterschritt diese Grenze deutlich, sodass ein Missverhältnis gegeben ist. Auch für ausländische Arbeitnehmer ist der in Deutschland tarifvertraglich vorgesehene bzw. übliche Lohn maßgeblich, sodass die Tatbestandsmäßigkeit nicht etwa ausscheidet, wenn die Entlohnung über der im Heimatland zu erzielenden liegt bzw. die Kaufkraft dort höher ist als in Deutschland[20].

274 **d)** Da P vorsätzlich, rechtswidrig und schuldhaft handelte, hat sie sich nach § 291 Abs. 1 S. 1 Nr. 3 StGB strafbar gemacht.

II. Strafbarkeit des Q
§ 95 Abs. 1a AufenthG

275 § 95 Abs. 1a AufenthG stuft die an sich nur als Ordnungswidrigkeit ahndbare nichtselbständige (§ 404 Abs. 2 Nr. 4 SGB III) oder selbständige Tätigkeit (§ 98 Abs. 3 Nr. 1 AufenthG) eines Ausländers ohne Arbeitsgenehmigung zu einer Straftat mit Androhung von Freiheitsstrafe bis zu einem Jahr oder Geldstrafe hoch, wenn der Ausländer, der als Aufenthaltstitel nur ein Schengen-Visum (§ 6 Abs. 1 Nr. 1 AufenthG) besitzt, eine nichtselbständige oder selbständige Tätigkeit in

---

[17] BGH, NJW 2003, 1816 f.; *Fischer*, § 291 StGB Rn. 10.
[18] BGHSt 11, 182, 187; *Wittig*, § 24 Rn. 32.
[19] BGH, NStZ-RR 2003, 212, 213; BAG ArbuR 2001, 509, 510; OLG Köln NStZ-RR 2003, 212; *Kindhäuser*, in: NK, § 291 StGB Rn. 34.
[20] BGHSt 43, 53; *Achenbach*, NStZ 1998, 560, 563.

Deutschland aufnimmt. Der Tatbestand schloss eine Strafbarkeitslücke, die dadurch entstanden war, dass sich nach Auffassung des BGH[21] ein Ausländer, der mit einem Touristenvisum nach Deutschland kommt, um einer von diesem nicht gedeckten Erwerbstätigkeit nachzugehen, nicht wegen unerlaubter Einreise bzw. unerlaubten Aufenthalts nach § 95 Abs. 1 Nr. 2, 3 AufenthG strafbar macht, weil jede wirksame Aufenthaltsgenehmigung den Tatbestand entfallen lasse, selbst wenn sie für den konkreten Aufenthalt nicht hinreichend sei oder durch Täuschung oder auf andere rechtsmissbräuchliche Art und Weise erschlichen wurde; maßgeblich sei die formelle Wirksamkeit des Aufenthaltstitels, nicht dessen materielle Richtigkeit.

Q verwirklichte § 95 Abs. 1a AufenthG vorsätzlich, rechtswidrig und schuldhaft, sodass er sich nach diesem Tatbestand strafbar gemacht hat. **276**

Gesamtergebnis und Konkurrenzen:
Die unerlaubte Verwertung urheberrechtlich geschützter Werke (§ 106 Abs. 1 UrhG), der Eingriff in verwandte Schutzrechte (§ 108 Abs. 1 Nr. 5 UrhG) sowie der Verstoß gegen § 10 Abs. 1 SchwarzArbG und der damit in Tateinheit stehende Wucher (§ 291 Abs. 1 S. 1 Nr. 3 StGB) wurden von P tatmehrheitlich verwirklicht. **277**

Q hat eine Straftat nach § 95 Abs. 1a AufenthG begangen.

Frage 2: Muss das Gericht die gesamten Einnahmen der CPP abschöpfen?

I. Einziehung von Taterträgen aus dem Verkauf der Kopien
Das Gericht muss den Erlös in Höhe von 250 €, den die CPP für die Kopien des Wirtschaftsstrafrechtslehrbuchs erlangt hat, einziehen, wenn die Voraussetzungen der §§ 73 ff. StGB vorliegen. Einschlägig ist § 73b StGB, der die Einziehung von Taterträgen bei Dritten regelt. **278**

a) § 73b Abs. 1 S. 1 StGB verweist auf die Voraussetzungen des § 73 StGB. Die rechtswidrige Tat im Sinne des § 73 Abs. 1 StGB ist die von P begangene unerlaubte Verwertung urheberrechtlich geschützter Werke nach § 106 Abs. 1 UrhG. **279**

b) Die CCP müsste Adressatin der Einziehungsanordnung sein. Nach § 73b Abs. 1 Nr. 1 StGB richtet sich die Einziehung von Taterträgen gegen einen anderen – als den Täter oder Teilnehmer –, wenn er durch die Tat etwas erlangt und der Täter oder Teilnehmer für ihn gehandelt hat. Drittbegünstigter kann auch ein Unternehmen sein[22]. Eine Einziehung der Taterträge in den Vertretungsfällen gemäß § 73b Abs. 1 S. 1 Nr. 1 StGB setzt kein besonderes Vertretungs- oder Auftragsverhältnis **280**

---
[21] BGH, NJW 2005, 2095, 2097 f., m. krit. Besprechung *Schnabel*, wistra 2005, 446 ff.
[22] BT-Drs. 18/9525, 66.

zwischen dem Tatbeteiligten und dem Bereicherten voraus, sodass keine speziellen Anforderungen an die rechtliche Grundlage des Handelns „für einen anderen" zu stellen sind, sondern ein rein faktisches Tätigwerden – auch – in dessen Interesse genügt[23]. P handelte hier sogar als Organ der CPP, sodass diese Voraussetzungen erfüllt sind.

281 c) Fraglich ist jedoch, in welcher Höhe die Einziehung anzuordnen ist. Der Einziehung unterliegt nach §§ 73, 73b Abs. 1 S. 1 StGB grundsätzlich alles, was der Begünstigte aus der rechtswidrigen Tat erlangt hat, sowie Nutzungen, Surrogate und der Wert des Taterträges. Die Vermögensabschöpfung erfolgt „im Ausgangspunkt" nach dem „Bruttoprinzip"; wie im alten Recht meint das „erlangte Etwas" im Sinne von § 73 Abs. 1 StGB „die Gesamtheit der wirtschaftlich messbaren Vorteile, die dem Täter oder Teilnehmer durch oder für die Tat zugeflossen sind"[24]. Dadurch ist allerdings nur der „erste Schritt" bezeichnet, in einem zweiten Schritt sind vom Täter, Teilnehmer oder einem Dritten erbrachte Gegenleistungen oder sonstige Aufwendungen nach Maßgabe des § 73d Abs. 1 StGB bei der Bestimmung des Wertes des Erlangten zu berücksichtigen. Daraus folgt jedoch nicht generell die Rückkehr zum Netto-Prinzip, also zur Abschöpfung nur des aus der rechtswidrigen Tat erlangten Gewinns[25]. Nach § 73d Abs. 1 S. 2 StGB bleiben nämlich die Aufwendungen außer Betracht, die für die Begehung oder Vorbereitung der Tat eingesetzt worden sind, soweit es sich nicht um Leistungen zur Erfüllung einer Verbindlichkeit gegenüber dem Verletzten der Tat handelt. Danach wäre der Ertrag aus dem Verkauf der Lehrbuchkopien in Höhe von 250 € einzuziehen, ohne dass der Kaufpreis für das Buch und die Herstellungskosten abzuziehen wären.

282 Ob dies generell auch gilt, wenn einem Unternehmen das Erlangte zugeflossen ist, ist zweifelhaft. Soweit über den Tatgewinn hinaus das in die Tat eingeflossene Vermögen entzogen wird, handelt es sich nach zutreffender Auffassung um eine strafähnliche Sanktion[26]. Um dem Schuldprinzip in diesen Konstellationen Genüge zu tun, wird in der Literatur zu Recht gefordert, die Regelung im Wege einer teleologischen Reduktion verfassungskonform so auszulegen, dass die Einziehung des über den Nettogewinn hinaus gehenden Betrages nur bei einer schuldhaften Verstrickung des Einziehungsadressaten in die Anknüpfungstat angeordnet werden darf[27]. Das Unternehmen als solches kann zwar nicht schuldhaft handeln, ihm wird aber das schuldhafte Verhalten seiner verantwortlichen Leitungspersonen zuge-

---

[23] *Altenhain/Fleckenstein*, in: M/R, § 73b StGB Rn. 4; *Bittmann*, NZWiSt 2018, 209, 210; *Fischer*, § 73b StGB Rn. 6. So auch schon zum früheren (Verfalls-)Recht BGH, NJW 1991, 367, 371; OLG Düsseldorf, NJW 1979, 992. Enger *Eser/Schuster*, in: Sch/Sch, § 73b StGB Rn. 4; *Joecks/Meißner*, in: MüKo⁴, § 73b StGB Rn. 14.
[24] BT-Drs. 18/9525, 61.
[25] A.A. *Emmert*, NZWiSt 2016, 449 ff., der darin eine „Rückkehr zum Nettoprinzip" sieht.
[26] LG Kaiserslautern, wistra 2018, 94, mit Anm. *Reichling*, wistra 2018, 139 f. und *Saliger/Schörner*, StV 2018, 388 ff. Zum Verfall nach altem Recht z.B. *Hellmann*, GA 1997, 503, 521 f.; *Hofmann*, wistra 2008, 401, 405 f. **A.A.** BVerfGE 110, 1, 15 ff.; BVerfG, wistra 2021, 193, Rn. 106 ff.; BGH, NJW 2002, 2257, 2258; NStZ-RR 2004, 214 f.; BGHSt 47, 369, 373; *Altenhain/Fleckenstein*, in: M/R, § 73 StGB Rn. 2; *Joecks/Meißner*, in: MüKo⁴, Vorbem. § 73 StGB Rn. 54.
[27] *Achenbach*, in: HWSt, 1. Teil 2. Kap. Rn. 39. **A.A.** BGHSt 47, 369, 376 f.

rechnet[28]. Es bietet sich an, den Kreis der verantwortlichen Personen auf die in § 75 StGB und § 30 Abs. 1 OWiG Genannten zu beschränken. Da P als Organ der CPP handelte, ist in casu keine Einschränkung geboten.

d) Es ist folglich das aus dem Verkauf der Lehrbuchkopien Erlangte einzuziehen. Da die Einziehung der durch den Verkauf erlangten Geldstücke bzw. -scheine nicht mehr möglich sein dürfte, da sie gegenständlich nicht mehr bei der CPP vorhanden sein werden, ist gemäß § 73c StGB vom Gericht die Einziehung eines Geldbetrages in Höhe von 250 € anzuordnen. 283

II. Einziehung von Taterträgen aus der Pressung der CDs

Aus den gleichen Gründen ist die Einziehung des gesamten Betrages, der der CPP für die Pressung der CDs zugeflossen ist, also ein Geldbetrag in Höhe von 2.000 €, anzuordnen. 284

III. Einziehung des aus der Beschäftigung des Q Erlangten

a) Die CPP kann wiederum Adressatin der Einziehungsanordnung sein, weil ihr durch rechtswidrige Taten der P, nämlich die Beschäftigung eines Ausländers ohne Genehmigung und zu ungünstigen Arbeitsbedingungen gemäß § 10 Abs. 1 SchwarzarbG i.V.m. § 404 Abs.2 Nr. 3 SGB III und den Wucher gemäß § 291 Abs. 1 Nr. 3 StGB, die Arbeitsleistung des Q zugeflossen war. 285

b) Fraglich ist allerdings, in welcher Höhe die Einziehung anzuordnen ist. Grundsätzlich ist – wie dargelegt – das Bruttoerlangte abzuschöpfen. Es stellt sich allerdings die Frage, worin dieses hier besteht. 286

Das aus der Tat Erlangte könnte die Arbeitsleistung sein, die Q quasi unentgeltlich erbracht hat, also der Teil, für den ihm der übliche Lohn vorenthalten wurde. Für diese Sicht könnte der Vergleich mit § 8 Abs. 1 S. 1 WiStG, der die Mehrerlösabschöpfung bei Verstößen gegen §§ 1 ff. WiStG anordnet, sprechen. § 8 Abs. 1 S. 1 WiStG regelt nämlich auch die Mehrerlösabschöpfung bei Wucher in bestimmten Bereichen (Beruf oder Gewerbe bzw. Miete), sieht aber ausdrücklich als das Erlangte nur den Unterschiedsbetrag zwischen dem zulässigen und dem erzielten Preis an. Die Einziehung wegen einer Straftat nach § 10 Abs. 1 SchwarzarbG i.V.m. § 404 Abs. 2 Nr. 3 SGB III bzw. § 291 Abs. 1 Nr. 3 StGB ähnelt der Regelungssituation des § 8 Abs. 1 S. 1 WiStG, da diese Straftatbestände das Ausnutzen einer besonderen Zwangslage sanktionieren. 287

Der Verweis auf § 8 Abs. 1 S. 1 WiStG überzeugt letztlich jedoch nicht, weil § 73 Abs. 1 StGB – im Gegensatz zur Mehrerlösabschöpfung des WiStG – grundsätzlich gerade das Bruttoprinzip zugrunde liegt. Dennoch sind die Lohnzahlungen an Q abzuziehen. Zwar handelt es sich um Aufwendungen, die für die Begehung der Tat erbracht worden sind. Sie sind aber – anders als die Aufwendungen für die Herstellung der Kopien und der CDs – nach § 73d Abs. 1 S. 2 StGB zu berücksich- 288

---

[28] Vgl. BVerfGE 20, 323, 333, 336.

tigen, da es sich um Aufwendungen zur Erfüllung einer Verbindlichkeit gegenüber dem Verletzten der Tat handelt. Q wurde durch die Beschäftigung eines Ausländers ohne Genehmigung und zu ungünstigen Arbeitsbedingungen gemäß § 10 Abs. 1 SchwarzarbG i.V.m. § 404 Abs. 2 Nr. 3 SGB III und den Wucher gemäß § 291 Abs. 1 Nr. 3 StGB verletzt.

289 e) Das Gericht muss daher die Einziehung des Wertes des Tatertrages in Höhe von 3.628 € anordnen, also von den durch die Beschäftigung des Q zugeflossenen 7.228 € die Lohnzahlungen an Q in Höhe von 3.600 € abziehen.

Frage 3: Einziehung der noch vorhandenen Kopien des Lehrbuchs

290 a) § 110 UrhG lässt die Einziehung von Gegenständen, auf die sich eine Straftat nach §§ 106, 107 Abs. 1 Nr. 2, 108 bis 108b UrhG bezieht, zu.

291 b) P hat sich – wie dargelegt – wegen unerlaubter Verwertung urheberrechtlich geschützter Werke nach § 106 Abs. 1 UrhG strafbar gemacht. Die Einziehung von Tatprodukten, Tatmitteln und Tatobjekten setzt gemäß § 74 Abs. 2 StGB, der nach § 74 Abs. 3 StGB auch gilt, wenn die Einziehung durch besondere Vorschrift – hier § 110 UrhG – vorgeschrieben oder zugelassen ist, grundsätzlich voraus, dass die Gegenstände im Zeitpunkt der Entscheidung dem Täter bzw. Teilnehmer gehören oder zustehen.

292 c) In Betracht kommt aber eine Einziehung „bei anderen" nach Maßgabe des § 74a StGB. Den erforderlichen Verweis auf § 74a StGB nimmt § 110 S. 2 UrhG vor. Einschlägig ist § 74a Nr. 2 StGB, also der Erwerb der Gegenstände – der Lehrbuchkopien – „in verwerflicher Weise" und „in Kenntnis der Umstände". Die CPP kann als juristische Person zwar keine Kenntnis erlangen, § 74e StGB rechnet aber Handlungen der dort genannten Organe und Vertreter dem Vertretenen zu. P beging die Urheberrechtsverletzung als Geschäftsführerin der CPP, also als vertretungsberechtigtes Organ der juristischen Person, sodass die Einziehung der Kopien angeordnet werden kann, obwohl sie im Eigentum der CPP standen.

293 d) Im Gegensatz zur Einziehung von Taterträgen, dessen Anordnung bei Vorliegen der Voraussetzungen zwingend vorgeschrieben ist, stellen § 110 UrhG und §§ 94 ff. StGB die Einziehung in das Ermessen des Gerichts.

Hinweise zur Lösung

294 1. Die Argumentation zu § 108 Abs. 1 Nr. 5 UrhG folgt der Lösung, die der BGH[29] in einem vergleichbaren Fall gefunden hat. Die sehr formale Betrachtung, die insbesondere unberücksichtigt lässt, dass der Hersteller die Vervielfältigungsstücke für einen ausländischen Auftraggeber, der das Verbreitungsrecht im Ausland besitzt, anfertigt, ist durchaus nicht unbedenklich. Bisher hat diese Sicht aber keinen

---

[29] BGHSt 49, 93.

Widerspruch erfahren. Deshalb ist in einer Klausurlösung von einer abweichenden Argumentation abzuraten, da nicht erwartet werden kann und auch nicht erwartet wird, dass die Bearbeiter eine eigene – neue – Stellungnahme entwickeln.

2. Die Annahme des Vorsatzes ist bei näherer Betrachtung ebenfalls nicht unzweifelhaft, setzt die subjektive Tatseite doch voraus, dass P die Möglichkeit einer Urheberrechtsverletzung wenigstens laienhaft erkannte. Die Ablehnung des Vorsatzes könnte allerdings nur mit spekulativen Erwägungen zur Vorstellung der P, die über eine lebensnahe Auslegung des Sachverhalts hinausgehen würden, begründet werden. Es gilt der Grundsatz, dass ein Tatumstandsirrtum nur bejaht werden darf, wenn dafür Anhaltspunkte im Sachverhalt zu finden sind. Ansonsten ist davon auszugehen, dass der Täter das Geschehen zutreffend erfasst hat. **295**

Fall 7
Das unschöne Squeeze-Out

Strafbare Marktmanipulation – Insiderhandel – Kreditbetrug – Untreue durch Bankmitarbeiter bei Kreditvergabe – unrichtige Darstellung der Verhältnisse der Aktiengesellschaft – Verletzung der Berichtspflicht

Die börsennotierte Stromox AG (SAG) stellt u.a. Stromabnehmer für Schienenfahrzeuge her. Da sich das Interesse der Anleger in den letzten Jahren mehr auf die Hightechbranche gerichtet hatte, war der Kurs der Aktien im Laufe der Zeit kontinuierlich gesunken. Um den Kurs zu „stützen", erwarb der Vorstandsvorsitzende Werner Assenhauer (A) Aktien der SAG. Der Erwerb der Aktien hatte zur Folge, dass der Börsenkurs kurzfristig von 9,56 € auf 10,31 € stieg.

Im November 2021 schloss A für die SAG mit der Betreibergesellschaft der Prager S-Bahnen einen größeren langfristigen Lieferauftrag, der die Geschäftssituation der SAG maßgeblich verbesserte. Seine Ehefrau Edda (E) hatte – von A unbemerkt – ein Telefongespräch ihres Mannes mit dem Geschäftsführer der Prager S-Bahnen, in dem der unmittelbar bevorstehende Vertragsschluss besprochen worden war, mitgehört. Bevor die SAG die Ad-hoc-Mitteilung nach Maßgabe des Art. 17 Abs. 1 MAR veröffentlichte, wollte E Aktien der SAG für die Edda-Assenhauer-Dienstleistungs-GmbH (E-GmbH), deren alleinige Gesellschafterin und Geschäftsführerin E war, erwerben, um damit einen erheblichen Gewinn zu erwirtschaften. Die E-GmbH verfügte jedoch nicht über genügend liquide Mittel, um einen größeren Anteil der Aktien der SAG zu kaufen. E beantragte deshalb für die Gesellschaft bei der Wagner Unternehmens-Bank AG (W-Bank) einen Kredit in Höhe von 1,4 Mio. €. In dem schriftlichen Kreditantrag führte E aus, die E-GmbH plane die Erweiterung der Unternehmenstätigkeit auf den Verleih von Gerüsten. Sie fügte dem Kreditantrag ein von ihr erstelltes Unternehmenskonzept bei, das die Möglichkeit, Gewinn durch den Verleih von Gerüsten zu erzielen, glaubhaft darlegte. Der für die Gewährung zuständige Mitarbeiter der W-Bank, das Vorstandsmitglied Martin Schuchreis (S), gewährte den Kredit – nach Genehmigung durch den Vorstand –, ohne sich die wirtschaftlichen Verhältnisse, insbesondere die Jahresabschlüsse der E-GmbH offenlegen zu lassen. Eine nähere Prüfung der Vermögensverhältnisse hielt er für unnötig, weil er die E-GmbH als zuverlässiges Unternehmen und E als tüchtige Geschäftsfrau kennen gelernt hatte.

E erwarb mit der Kreditsumme die am Markt verfügbaren Aktien der SAG, deren Kurs dadurch auf 13,46 € stieg. Die E-GmbH hielt dadurch insgesamt 96 % der Aktien der SAG. Um das Unternehmen vollständig zu beherrschen, plante E ein so genanntes „Squeeze-Out" gemäß § 327a AktG, nach dem die Hauptversammlung die Übertragung der Aktien von Minderheitsaktionären auf den Hauptaktionär gegen eine angemessene Barabfindung beschließen kann. Obwohl der auf Vorschlag der E vom Gericht bestellte Prüfer Peter von Canstetten (C) die von der E-GmbH vorgeschlagene Abfindung in Höhe von 11,50 € pro Aktie für unangemessen hielt, da er aus den Geschäftsunterlagen der SAG von dem Auftrag der Prager S-Bahnen Kenntnis erlangt hatte, bestätigte er in seinem Prüfbericht die Angemessenheit der Barabfindung, weil E ihm für den Prüfbericht 50.000 € zahlte. In der Hauptversammlung am 13.03.2022 behauptete A in seiner mündlichen Ansprache – wie mit E und C abgesprochen – wahrheitswidrig, dass sich die SAG in einer schwierigen wirtschaftlichen Lage befände und ein leichter Auftragsrückgang festzustellen sei. Die Hauptversammlung beschloss nach Einhaltung aller Verfahrensvorschriften die Übertragung sämtlicher Aktien auf den Hauptaktionär gegen die von der E-GmbH vorgeschlagene Barabfindung.

Nach Bekanntwerden der Transaktionen der E-GmbH und der Einleitung eines Ermittlungsverfahrens gegen A und E blieben Aufträge früherer Kunden der E-GmbH aus. Die Gesellschaft konnte deshalb ab Juli 2022 die fälligen Kreditraten nicht mehr zahlen und musste im August 2022 Insolvenz anmelden. Die Eröffnung des Insolvenzverfahrens wurde mangels Masse abgelehnt.

Wie haben sich die Beteiligten strafbar gemacht?

Lösung

1. Abschnitt: Der Erwerb der Aktien durch A
Strafbarkeit des A
1. §§ 119 Abs. 1 Nr. 1, 120 Abs. 15 Nr. 2 WpHG, Art. 15 MAR[1]
A könnte sich wegen verbotener Marktmanipulation strafbar gemacht haben, indem er als Vorstandsvorsitzender der SAG Aktien der Gesellschaft erwarb.

a) § 119 Abs. 1 Nr. 1 WpHG ist ein Blankettstraftatbestand, der auf den Blankettbußgeldtatbestand des § 120 Abs. 15 Nr. 2 WpHG verweist. Dort findet sich der Verweis auf die – vermeintliche – Ausfüllungsnorm des Art. 15 MAR, in dem aber lediglich das Verbot der Marktmanipulation und des Versuchs hierzu statuiert wird, ohne dass die Marktmanipulation näher beschrieben wird. Was unter Marktmanipulation zu verstehen ist, regelt Art. 12 MAR. Art. 12 Abs. 1 MAR umschreibt in abstrakter Weise vier Marktmanipulationshandlungen, und zwar unter lit. a *handels*gestützte, unter lit. b *handels- und informations*gestützte sowie unter lit. c und d *informations*gestützte Manipulationshandlungen[2]. Art. 12 Abs. 2 MAR enthält einen nicht abschließenden Katalog *verbindlicher Anwendungsfälle*[3], die allerdings nicht immer (Ausnahme Art. 12 Abs. 2 lit. c MAR) einer der in Art. 12 Abs. 1 MAR abstrakt umschriebenen Manipulationsformen zugeordnet sind. Auf diese Weise ist ein sehr unübersichtliches Geflecht von Vorschriften entstanden, die für die strafbare Marktmanipulation relevant sind. Die Straftatbestände unterscheiden sich von den Bußgeldtatbeständen lediglich darin, dass sie über die als Ordnungswidrigkeiten ahndbare Vornahme der Tathandlung hinaus einen Taterfolg erfordern, und zwar die Einwirkung auf den Börsen- oder Marktpreis eines Finanzinstruments, den Preis eines Finanzinstruments oder die Berechnung eines Referenzwerts.

b) In Betracht kommt in casu nur eine handelsgestützte Marktmanipulation, da A durch den Kauf der Aktien der SAG die Erhöhung des Kurses bewirkte. Da kein verbindlicher Anwendungsfall des Art. 12 Abs. 2 MAR einschlägig ist, läge eine strafbare Marktmanipulation nur vor, wenn der Kauf der Aktien als Marktmanipulation nach Art. 12 Abs. 1 lit. a oder b MAR zu betrachten wäre.

Nach Art. 12 Abs. 1 lit. a MAR liegt eine Marktmanipulation vor, wenn der Abschluss eines Geschäfts, die Erteilung eines Handelsauftrags oder eine andere Handlung falsche oder irreführende Signale hinsichtlich des Angebots, der Nachfrage oder des Preises eines Finanzinstruments – der Aktien der SAG – gibt oder ein anor-

---

[1] Die von § 120 Abs. 15 WpHG in Bezug genommene Verordnung (EU) Nr. 596/2014 (Marktmissbrauchsverordnung) wird wegen der englischen Bezeichnung „market abuse regulation" üblicherweise **MAR** abgekürzt.
[2] So auch *Szesny*, DB 2016, 1420, 1422. **A.A.** *Schmolke*, AG 2016, 434, 441 f. („überkommene Kategorien"). Näher zu den drei Grundformen der Manipulationshandlungen *Stage*, Rn. 68 ff.
[3] *Schmolke*, in: Klöhn, Art. 12 Rn. 305 („verbindliche oder zwingende Beispiele"); *Wittig*, § 30 Rn. 8. Missverständlich *Poelzig*, NZG 2016, 528, 536, und *Schröder/Poller*, HdB, 3. Kap. Rn. 14, die den Begriff „Regelbeispiele" verwenden, aber wohl in einem – strafrechtlich – untechnischen Sinn.

males oder künstliches Preisniveau sichert. Die MAR enthält keine Definition des Signalbegriffs. Zum Teil versteht die Literatur darunter Geschäfte oder Order, die geeignet sind, das Angebots- oder Nachfrageverhalten auf dem Markt bzw. den Preis zu beeinflussen[4]. Mit dem Wortlaut ist diese Sicht jedoch nicht zu vereinbaren, da der Terminus Signal ein Zeichen mit festgelegter Bedeutung beschreibt. Nach zutreffender Auffassung ist der Begriff deshalb nicht nach den mittelbaren Auswirkungen einer Tätigkeit auf den Markt zu bestimmen, sondern nach dem unmittelbaren Bedeutungsgehalt, den das Verhalten für den Empfänger des „Signals" hat bzw. haben kann. Falsch ist ein Signal somit, wenn eine wirtschaftlich begründete Markttätigkeit fehlt, wie dies bei „fiktiven" Geschäften der Fall ist, irreführend ist ein Signal, wenn es – ähnlich wie eine konkludente Täuschung – eine Markttätigkeit vorspiegelt, die tatsächlich nicht in dieser Weise existiert (z.B. Aufteilung einer größeren in mehrere kleine Transaktionen, um den Eindruck einer lebhaften Handelstätigkeit zu erwecken).

A erwarb die Aktien tatsächlich, sodass es sich um eine wirtschaftlich begründete Markttätigkeit handelte, die in dieser Weise existierte. Der Erwerb von Aktien einer börsennotierten AG durch ein Vorstandsmitglied der Gesellschaft unterliegt keinerlei Beschränkungen. Art. 19 Abs. 1 MAR verpflichtet zwar Personen, die bei einem Emittenten von Aktien Führungsaufgaben wahrnehmen, zur Information des Emittenten und der „zuständigen Behörde" – in Deutschland der BaFin – über solche Geschäfte. Der Handel selbst ist aber erlaubt und setzt keine irreführenden Signale.

301 c) Da der Kauf der Aktien erlaubt war, scheidet auch eine Marktmanipulation nach Art. 12 Abs. 1 lit. b MAR aus. A spiegelte keine falschen Tatsachen vor, verwendete keinen „sonstigen Kunstgriff" oder eine Form der Täuschung.

302 d) A ist wegen des Kaufs der Aktien somit nicht wegen Marktmanipulation strafbar.

2. §§ 119 Abs. 1 Nr. 1, 120 Abs. 15 Nr. 2 WpHG, Art. 15 MAR, § 13 StGB

303 Fraglich ist, ob sich A wegen Marktmanipulation strafbar gemacht hat, indem er weder den Emittenten noch die BaFin über den Kauf der Aktien informierte.

304 a) Umstritten ist, ob eine Marktmanipulation durch Unterlassen begangen werden kann, obwohl die Manipulationshandlungen als positives Tun formuliert sind. Ein Teil der Literatur[5] beschränkt die Marktmanipulation – unter Berufung auf Art. 2 Abs. 4 MAR – auf aktives Tun. Die Gegenauffassung[6] stützt die Möglichkeit der Tatbegehung durch Unterlassen, ohne dass es eines Rückgriffs auf § 13 StGB bedürfe, ebenfalls auf diese Vorschrift. Nach zutreffender Auffassung[7] ist eine Markt-

---

[4] *Mülbert*, in: Assmann/Schneider/Mülbert, Wertpapierhandelsrecht, 7. Aufl. 2019, Art. 12 VO (EU) Nr. 596/2014 Rn. 184; *Schröder/Poller*, in: HdB, 3. Kap. Rn. 76.
[5] *Nietsch*, WM 2020, 717, 722 ff.; *Park/Wagner*, wistra 2019, 306, 307; *Sajnovits/Wagner*, WM 2017, 1189, 1191 ff., 1198 f.; *Saliger*, in: Park, Teil 3 Kap. 6.1. Rn. 277; *Schladitz*, wistra 2022, 133, 139 ff.
[6] *Kudlich*, AG 2016, 459, 462.
[7] *Böse*, wistra 2018, 22 ff.; *Buck-Heeb*, Kapitalmarktrecht, 12. Aufl. 2022, Rn. 668; *Hohn*, in: M/G, § 21 Rn. 124; *Richter*, WM 2017, 1636 ff.; *Rückert*, NStZ 2020, 391 f.; *Schmolke*, in: Klöhn, Marktmissbrauchsverordnung, 2018, Art. 12 MAR Rn. 40.

manipulation durch Unterlassen unter Heranziehung des § 13 StGB möglich (unechtes Unterlassungsdelikt). Eine Garantenstellung des A könnte sich aus der Informationspflicht gemäß Art. 19 MAR ergeben.

b) A müsste allerdings eine informationsgestützte Marktmanipulation durch Unterlassen begangen haben. In Betracht kommen die Tathandlungen nach Art. 12 Abs. 1 lit. c oder d MAR. Die Nichtverbreitung der Information müsste – um die Voraussetzungen des Art. 12 Abs. 1 lit. c MAR zu erfüllen – aber wiederum falsche oder irreführende Signale hinsichtlich des Angebots oder des Kurses der SAG-Aktien oder ein anormales oder künstliches Kursniveau herbeiführen. Wie dargelegt (Rn. 300) war dies nicht der Fall. Die Nichtoffenlegung des Umstands, dass ein Vorstandsmitglied der SAG die Aktien erwarb, lässt sich zudem nicht Art. 12 Abs. 1 lit. d MAR subsumieren, da keine falschen oder irreführenden Angaben vorlagen, die A hätte berichtigen müssen. 305

c) A hat sich folglich auch nicht wegen Marktmanipulation durch Unterlassen strafbar gemacht. 306

2. Abschnitt: Die Vorgänge um die Aktienkäufe der E-GmbH
I. Strafbarkeit der E
1. § 119 Abs. 3 Nr. 1 WpHG i.V.m. Art. 14 lit. a MAR

E könnte sich wegen der Tätigung eines Insidergeschäfts strafbar gemacht haben, indem sie die Aktien der SAG für die E-GmbH erwarb. 307

a) Die Insiderstraftatbestände sind ebenfalls als Blanketttatbestände ausgestaltet. Die Verweisung auf die Ausfüllungsnorm des Art. 14 MAR erfolgt – im Unterschied zur Marktmanipulation – aber direkt, also ohne den „Umweg" über einen Bußgeldtatbestand.

b) Täter der Tatbestände des Insiderhandels nach § 119 Abs. 3 WpHG können Primär- und Sekundärinsider sein, d.h. Personen die über eine Insiderinformation verfügen. Primärinsider sind Personen, die aufgrund ihres Status (und zwar ihrer Organstellung, z.B. als Vorstände, Aufsichtsräte oder Geschäftsführer des Emittenten, Art. 8 Abs. 4 UA 1 lit. a MAR), ihrer Beteiligung am Kapital des Emittenten (Art. 8 Abs. 4 UA 1 lit. b MAR), ihrer Beschäftigung (Art. 8 Abs. 4 S. 1 lit. c MAR) oder krimineller Handlungen (Art. 8 Abs. 4 UA 1 lit. d MAR) eine Insiderinformation erhalten haben[8]. Sekundärinsider haben auf andere Weise Kenntnis von der Insiderinformation erhalten. E ist Sekundärinsiderin, weil sie durch das Mithören eines Telefongesprächs ihres Mannes mit dem Geschäftsführer der Prager S-Bahnen von dem unmittelbar bevorstehenden Vertragsschluss erfahren hatte. E ist taugliche Täterin des § 119 Abs. 3 Nr. 1 WpHG i.V.m. Art. 14 lit. a MAR, da dieser Tatbestand jeden – also nicht nur die sog. Primärinsider (Art. 8 Abs. 4 MAR) –, der ein Insidergeschäft tätigt, mit Strafe bedroht. 308

---

[8] Eingehend dazu *Hellmann*, Rn. 37 ff.

309 c) Ein Insidergeschäft liegt gemäß Art. 8 Abs. 1 S. 1 MAR vor, wenn eine Person über eine Insiderinformation verfügt und unter Nutzung dieser Information für eigene oder fremde Rechnung direkt oder indirekt Finanzinstrumente, auf die sich die Insiderinformation bezieht, erwirbt oder veräußert.

310 d) Die Definitionen der Insiderinformationen finden sich in Art. 7 MAR. Einschlägig ist hier Art. 7 Abs. 1 lit. a MAR. Der Vertrag über die Lieferung der Straßenbahnen war eine – im Zeitpunkt des Erwerbs der Aktien der SAG – nicht öffentlich bekannte präzise, d.h. auf bereits gegebenen oder in Zukunft vernünftigerweise zu erwartenden Umständen beruhende (vgl. Art. 7 Abs. 2 S. 1 MAR) – Information, die direkt den Emittenten der SAG-Aktien betraf und deren öffentliches Bekanntwerden zur erheblichen Beeinflussung des Kurses dieses Finanzinstrumentes geeignet wäre.

311 e) E verfügte über diese Insiderinformation und erwarb unter Nutzung dieser Information die Aktien der SAG für fremde Rechnung, nämlich die der E-GmbH, sodass sie den objektiven Tatbestand des verbotenen Insidergeschäfts verwirklichte.

312 f) Da E vorsätzlich, rechtswidrig und schuldhaft handelte, hat sie sich wegen eines verbotenen Insidergeschäfts strafbar gemacht.

2. § 265b Abs. 1 Nr. 1b StGB

313 Des Weiteren könnte sich E wegen Kreditbetrugs strafbar gemacht haben, indem sie den Kredit für die E-GmbH bei der W-Bank beantragte.

314 a) § 265b StGB ist auf die Konstellationen beschränkt, in denen sowohl der Kreditgeber als auch der Kreditnehmer ein Betrieb oder ein Unternehmen ist (sog. Betriebskredite)[9]. Bei dem von der W-Bank der E-GmbH gewährten Darlehen handelt es sich um einen Betriebskredit.

315 b) E hat schriftlich unrichtige Angaben gemacht, indem sie in ihrem Kreditantrag wahrheitswidrig ausführte, den Geschäftsbereich auf den Verleih von Gerüsten ausdehnen zu wollen.

316 c) Die Angaben über die Verwendung des Kredits müssten die wirtschaftlichen Verhältnisse der E-GmbH betreffen. Die h.L. betrachtet den Verwendungszweck generell als wirtschaftliches Verhältnis[10], die Gegenauffassung nur unter der Voraussetzung, dass die behauptete Verwendung die wirtschaftlichen Verhältnisse des Unternehmens mittelbar beeinflussen würde, z.B. indem Verbrauchs- statt Investitionsgüter angeschafft werden sollen[11]. Beide Auffassungen gelangen in unserem Fall zu demselben Ergebnis, da die geplante Verwendung des Darlehens zu Spekulationszwecken statt zur Ausweitung der Geschäftstätigkeit mittelbar die wirtschaftlichen Verhältnisse der E-GmbH betraf.

---

[9] BGH, NStZ 2011, 279; *Hellmann*, in: HWSt, 9. Teil 1. Kap. Rn. 7, 10; *Momsen/Laudien*, in: BeckOK-StGB, § 265b Rn. 5; *Pelz*, in: W/J/S, 9. Kap. Rn. 344.

[10] *Heger*, in: L/K/H, § 265b StGB Rn. 5; *Hellmann*, in: NK, § 265b StGB Rn. 29; *Kasiske*, in: MüKo[4], § 265b StGB Rn. 30; *Tiedemann*, in: LK[12], § 265b StGB Rn. 78.

[11] *Perron*, in: Sch/Sch, § 265b StGB Rn. 32.

d) Vorteilhaft sind die Angaben, wenn sie geeignet sind, die konkreten Aussichten des Kreditantrags zu verbessern[12]. Die wirtschaftlichen Verhältnisse des Kreditnehmers müssen also günstiger erscheinen, als es der tatsächlichen Lage entspricht. Die Ausdehnung der Geschäftstätigkeit lässt eine nachhaltige Steigerung der Umsätze und des Ertrags der E-GmbH erwarten. Ob sich der Erwerb von Aktien in vergleichbarer Weise dauerhaft rentieren wird, ist dagegen aufgrund der letztlich kaum zu kalkulierenden Risiken zweifelhaft. Die – zukünftigen – wirtschaftlichen Verhältnisse der E-GmbH erschienen deshalb bei Verwendung des Kredits zur Ausdehnung der Geschäftstätigkeit in einem günstigeren Licht. 317

e) Die unrichtigen Angaben müssten zudem entscheidungserheblich sein. Da § 265b StGB als abstraktes Gefährdungsdelikt keinen konkreten Gefährdungs- oder Verletzungserfolg voraussetzt, ist die Kausalität der Angaben für die spätere positive Kreditentscheidung jedenfalls nicht maßgeblich. Abzustellen ist stattdessen auf die generelle Eignung zur Beeinflussung der Kreditentscheidung[13]. Ein verständiger, durchschnittlich vorsichtiger Dritter hätte den Kredit eher vergeben, wenn er zu einer nachhaltigen Verbesserung der wirtschaftlichen Verhältnisse des Kreditnehmers statt zu Spekulationszwecken eingesetzt würde. 318

f) Da E vorsätzlich, rechtswidrig und schuldhaft handelte, hat sie sich wegen Kreditbetrugs strafbar gemacht. 319

3. § 263 Abs. 1 StGB

E könnte zudem einen Betrug zum Nachteil der W-Bank begangen haben. 320

a) E hat S über eine innere Tatsache, die beabsichtigte Verwendung des Darlehens, getäuscht. S erlag einem Irrtum, indem er ihr glaubte, und verfügte durch den Abschluss des Darlehensvertrages über das Vermögen der W-Bank (Dreiecksbetrug). 321

b) Fraglich ist aber, ob die Bank einen Schaden erlitt. Zum Teil wird der Schaden bei der Darlehensvergabe in der Minderwertigkeit des Rückzahlungsanspruchs im Vergleich zu der ausgereichten Darlehensvaluta gesehen[14]. Danach wäre der Wert der aus dem Darlehensvertrag erwachsenden gegenseitigen vertraglichen Verpflichtungen zu saldieren[15]. Der Rückzahlungsanspruch der W-Bank müsste also einen geringeren Wert haben als der Anspruch der E-GmbH aus dem Darlehensvertrag. Auf den ersten Blick scheint dies nicht der Fall zu sein, weil E plante, die Kreditsumme vollständig zum Erwerb von Aktien der SAG zum Marktpreis, also für die Anschaffung von Vermögen im Wert des Darlehensbetrages zu verwenden. Maßgeblich ist jedoch die Bonität des Rückzahlungsanspruchs. Für die Beurteilung des Wertes des Rückzahlungsanspruchs sind die Gesichtspunkte und Risiken zu berücksichtigen, die schon im Zeitpunkt des Vertragsschlusses gegeben sind. Hier käme es 322

---

[12] *Hadamitzky*, in: M-G, Kap. 50 Rn. 178; *Mitsch*, BT 2, S. 457; *Wiedner*, in: G/J/W, § 265b StGB Rn. 48; *Wittig*, § 19 Rn. 23.
[13] BGHSt 30, 285, 290; *Hellmann*, in: NK, § 265b StGB Rn. 31.
[14] Vgl. BGHSt 47, 148, 157; BGH, wistra 2010, 21, 22; 65, 66; NStZ 2016, 286, 287; *Ransiek*, ZStW 2004, 634, 669 f.
[15] *Kindhäuser/Hoven*, in: NK, § 263 StGB Rn. 317.

somit darauf an, ob der Wert des Rückzahlungsanspruchs bei einer geplanten Verwendung des Kredits zur Anschaffung der Aktien geringer wäre als bei dem – vorgespiegelten – Einsatz zur Ausweitung der Geschäftstätigkeit der E-GmbH. Die wirtschaftlichen Verhältnisse der E-GmbH sind zwar nicht bekannt. Sie verfügte aber jedenfalls nicht über hinreichende eigene Mittel, um die Aktien zu erwerben. Für den Fall, dass sich das jedem Aktienkauf immanente Risiko eines – u.U. erheblichen – Kursverlustes realisieren würde, bestand deshalb die Gefahr, dass die GmbH das Darlehen bei Fälligkeit nicht oder zumindest nicht vollständig würde zurückzahlen können. Es läge daher nicht nur eine „schadensgleiche Vermögensgefährdung"[16] vor, sondern ein „echter" Schaden – den § 263 StGB ohnehin nach zutreffender Auffassung erfordert[17] –, da wegen des höheren Rückzahlungsrisikos der Wert des Anspruchs der W-Bank im Zeitpunkt des Vertragsschlusses gemindert und ihr Vermögen in diesem Umfang bereits geschmälert war.

323 Nach zutreffender Auffassung erfolgt die Bemessung des Marktpreises der Gegenleistung des Darlehensnehmers bei Kreditgeschäften jedoch, indem das Risiko des völligen oder teilweisen Ausfalls der Rückzahlung des Darlehens bei der Bemessung der Höhe des Darlehenszinses abgewogen wird. Hätte der Darlehensgeber den Darlehensvertrag ohne Täuschung über die Bonität also nur gegen einen höheren Zinssatz abgeschlossen, so besteht der Schaden im Zeitpunkt der Vermögensverfügung – Eingehen des Darlehensvertrages – deshalb in Höhe des erschlichenen Zinsvorteils über die Laufzeit des Darlehensvertrages[18]. Hätte der Darlehensgeber den Kredit in Kenntnis der wahren Sachlage nicht einmal gegen Vereinbarung eines hohen Zinssatzes gewährt, so besteht der Schaden in Höhe des Wertes der gesamten vereinbarten Gegenleistung, da der Anspruch auf Rückzahlung des Kredits und der Zinsen keinen oder allenfalls einen geringen Marktwert besitzt[19]. Ein Schaden wäre auch nach dieser Auffassung eingetreten, da die W-Bank den Darlehensvertrag jedenfalls wegen des erheblich höheren Verlustrisikos aufgrund der Verwendung des Kredits für ein Spekulationsgeschäft nicht zu dem vereinbarten Zins abgeschlossen hätte. Vermutlich hätte die Bank das Darlehen sogar verweigert, wenn die zuständigen Mitarbeiter gewusst hätten, dass der Kredit für das Tätigen eines verbotenen Insidergeschäfts verwendet werden sollte.

324 c) Da E vorsätzlich, in der Absicht, die E-GmbH rechtswidrig zu bereichern, rechtswidrig und schuldhaft handelte, hat sie sich wegen Betrugs strafbar gemacht.

4. Konkurrenzen

325 Das Konkurrenzverhältnis der §§ 265b, 263 StGB ist strittig. Nach Auffassung eines Teils der Literatur schützt § 265b StGB nicht nur – wie § 263 StGB – das Vermögen

---

[16] Dazu *Perron*, in: Sch/Sch, § 263 StGB Rn. 143 f.
[17] BGHSt 53, 199, 201 f.
[18] BGH, NStZ 2012, 698, 699; NStZ 2019, 144, Rn. 23, mit Bespr. *Kulhanek*; *Hellmann*, FS-Kühl, 2014, 691, 703. Der BGH zieht zusätzlich einen Vergleich der bilanziellen Bewertung der von der Bank zu Grunde gelegten und der tatsächlichen Vertragsgestaltung heran.
[19] *Hellmann*, FS-Kühl, 2014, 691, 703 f.

des Kreditgebers, sondern auch die Kreditwirtschaft, sodass wegen der unterschiedlichen Schutzrichtungen beide Tatbestände tateinheitlich (§ 52 StGB) zusammenträfen[20]. Nach der Gegenmeinung dient § 265b StGB nur dem Vermögensschutz mit der Folge, dass § 265b StGB als abstraktes Gefährdungsdelikt wegen materieller Subsidiarität hinter das Verletzungsdelikt des allgemeinen Betrugstatbestandes zurücktrete, und zwar auch im Falle des Betrugsversuchs[21].

Zuzustimmen ist der letztgenannten Ansicht. § 265b StGB schützt zwar mittelbar auch das Kreditwesen, vorrangig aber das Vermögen. Wäre das Kreditwesen Schutzgut des Kreditbetrugs, müsste der Tatbestand einen Mindestkreditbetrag nennen, da nur ein erschlichener Kredit in erheblicher Höhe die Kreditwirtschaft gefährden kann. § 265b StGB tritt folglich zurück, sodass E nicht aus dieser Vorschrift, sondern nur nach § 263 StGB bestraft wird. **326**

II. Strafbarkeit des S
§ 266 Abs. 1, 1. Alt. StGB

S könnte sich durch die Kreditvergabe wegen Untreue strafbar gemacht haben. **327**

a) Er ist als Vorstandsmitglied zur Wahrnehmung der Vermögensinteressen der W-Bank verpflichtet und damit tauglicher Täter der Untreue. Ob er die ihm eingeräumte Befugnis, rechtswirksam über das Vermögen der W-Bank zu verfügen, durch die Vergabe der Kredite an die E-GmbH missbraucht, d.h. die im Innenverhältnis gezogenen Grenzen seiner Befugnis überschritten hat, ist nach den Gegebenheiten im Zeitpunkt der Vornahme der Tathandlung zu beurteilen[22]. **328**

Wegen des bei Darlehensgeschäften bestehenden Rückzahlungsrisikos ist vor allem eine ausreichende Risikoprüfung erforderlich. Der BGH[23] hat einen Katalog von Indizien, die für eine nicht hinreichende Risikoprüfung sprechen, aufgestellt. Eine Pflichtverletzung liegt danach insbesondere nahe, wenn sich der Bankmitarbeiter nicht hinreichend informiert hat. S ist der – auch in § 18 S. 1 KWG niedergelegten – Pflicht, vor Ausreichung einer Kreditsumme von mehr als 750.000 € sich von dem Kreditnehmer die wirtschaftlichen Verhältnisse, insbesondere durch Vorlage der Jahresabschlüsse, offen legen zu lassen, nicht nachgekommen. Eine Ausnahme von dieser Pflicht (vgl. § 18 S. 2 KWG) liegt nicht vor. **329**

b) Durch die missbräuchliche Kreditvergabe muss der W-Bank ein Nachteil, d.h. ein Vermögensschaden entstanden sein. Auf den Ausfall der Kreditsumme kann hier nicht abgestellt werden, weil dieser lediglich ein Indiz für den Schaden der W-Bank darstellt. Bei einer Kreditgewährung muss der Schaden nämlich spätestens im Zeitpunkt der Valutierung eintreten. Der Vermögensnachteil besteht aber in der Minder- **330**

---

[20] *Perron*, in: Sch/Sch, § 265b StGB Rn. 51; W/Hillenkamp/*Schuhr*, Rn. 740; *Tiedemann*, in: LK[12], § 265b StGB Rn. 113.
[21] BGHSt 30, 130 ff.; OLG Celle, wistra 1991, 359; Krey/*Hellmann*/Heinrich, BT 2, Rn. 811. **A.A.** für den Betrugsversuch *Heger*, in: L/K/H, § 265b StGB Rn. 10; *Kindhäuser*, JR 1990, 520, 522.
[22] Vgl. BGHSt 46, 30, 34, zust. *Knauer*, NStZ 2002, 399.
[23] BGHSt 46, 30, 34.

wertigkeit des Rückzahlungsanspruchs im Vergleich mit der ausgereichten Darlehensvaluta bzw. in dem Abschluss des Darlehensvertrages zu einem dem tatsächlichen Risiko nicht angemessenen – zu niedrigen – Zinssatz (Rn. 322 f.).

331 c) Zweifelhaft ist jedoch, ob die Pflichtverletzung des S für den Schaden ursächlich war. Die Minderwertigkeit des Rückzahlungsanspruchs resultiert daraus, dass E den S über die beabsichtigte Verwendung des Kredits täuschte. Auch wenn sich S den Jahresabschluss hätte vorlegen lassen, hätte er dies nicht erkennen können. Anhaltspunkte dafür, dass S den Kredit im Falle der Vorlage des Jahresabschlusses hätte ablehnen müssen, enthält der Sachverhalt nicht. Zugunsten des S ist deshalb zu unterstellen, dass der Darlehensvertrag bei pflichtgemäßem Verhalten ebenfalls geschlossen worden wäre.

S hat sich somit nicht wegen Untreue strafbar gemacht.

3. Abschnitt: Das „Squeeze-Out"
I. Strafbarkeit von E, C und A
§§ 263 Abs. 1, 25 Abs. 2 StGB

332 E, C und A haben die Aktionäre getäuscht, damit diese ihre Aktien gegen Barabfindung abgeben. Fraglich ist, ob darin ein mittäterschaftlich begangener Betrug liegt.

333 a) E hat den Minderheitsaktionären vorgespiegelt, dass die Barabfindung angemessen sei und C hat dies in seinem Prüfbericht bestätigt. Damit haben sie die Aktionäre gemeinschaftlich darüber getäuscht, dass die wirtschaftliche Lage der SAG keine gute Entwicklung genommen hat und nehmen wird. Es handelt sich um ein arbeitsteiliges Zusammenwirken aufgrund eines gemeinsamen Tatentschlusses, weil die Tatbeiträge nur zusammen einen Irrtum der Aktionäre herbeiführen konnten. Auf die Aussage nur der E bzw. nur des C hätten sich die Minderheitsaktionäre nicht verlassen.

334 Aber auch A leistete einen gewichtigen Tatbeitrag, indem er – nach Absprache mit E und C – die wirtschaftliche Lage der SAG unrichtig darstellte. Erst durch seine Erklärung, es gäbe einen Auftragsrückgang, wurden die Aussagen der E und C, die Abfindung sei angemessen, glaubwürdig. Deshalb hat A die Anleger gemeinschaftlich mit E und C getäuscht.

335 b) Die Täuschungen betreffen Tatsachen. Die Angemessenheit der Barabfindung ist zwar eine Wertung, sie beruht aber auf Tatsachen, namentlich den wirtschaftlichen Verhältnissen der SAG, insbesondere deren Auftragslage. Diese Tatsache ist in der Wertung nicht berücksichtigt.

336 c) Der dadurch hervorgerufene Irrtum führte zu einer Vermögensverfügung, nämlich dem Verzicht auf die nach § 327f AktG mögliche gerichtliche Nachprüfung der Angemessenheit der Barabfindung.

337 d) Der Schaden besteht darin, dass die Minderheitsaktionäre eine Abfindung erhielten, die nicht „angemessen" im Sinne des § 327a Abs. 1 S. 1 AktG war und zudem unter dem Marktpreis lag.

e) Da E, C und A vorsätzlich und in der Absicht, die E-GmbH rechtswidrig – und "stoffgleich" – zu bereichern, handelten, haben sie sich wegen in Mittäterschaft begangenen Betruges strafbar gemacht. **338**

II. Strafbarkeit des C
§ 403 AktG
C berichtete als Prüfer über das Ergebnis der Prüfung vorsätzlich falsch, weil er die Angemessenheit der Barabfindung wider besseres Wissen bestätigte. Er ist deshalb wegen Verletzung der Berichtspflicht nach § 403 Abs. 1 AktG strafbar. **339**

III. Strafbarkeit der E
§ 403 AktG, § 26 StGB
Zu dieser vorsätzlichen rechtswidrigen Haupttat hat E den C vorsätzlich bestimmt. Da keine Rechtfertigungs- und Entschuldigungsgründe vorliegen, hat sie eine Anstiftung zur Verletzung der Berichtspflicht begangen. Gegen die Annahme einer Anstiftung spricht im Übrigen nicht, dass C durch die Verletzung seiner Berichtspflicht einen Beitrag zu dem gemeinschaftlichen Betrug leistete. Zwar geht die Anstiftung eines Mittäters durch einen anderen in der mittäterschaftlichen Begehung des Delikts auf, das Sonderdelikt des § 403 AktG verwirklichte C aber als Alleintäter. Bei E ist jedoch die obligatorische Strafmilderung nach § 28 Abs. 1 StGB zu berücksichtigen. **340**

IV. Strafbarkeit des A
§ 400 Abs. 1 Nr. 1 AktG
A gab als Mitglied des Vorstandes in einem Vortrag in der Hauptversammlung die Verhältnisse der Gesellschaft unrichtig wieder, indem er die Tatsache des Auftrags des Betreibers der Prager S-Bahnen verschwieg und die Auftragslage als schwierig bezeichnete. Die Tat ist nicht in § 331 Abs. 1 Nr. 1 HGB mit Strafe bedroht, sodass die Subsidiaritätsanordnung (§ 400 Abs. 1 Nr. 1, letzter HS AktG) nicht greift. A ist deshalb wegen unrichtiger Darstellung strafbar. **341**

Gesamtergebnis und Konkurrenzen
A hat sich wegen mittäterschaftlichen Betruges und unrichtiger Darstellung strafbar gemacht. Die Taten stehen untereinander in Tatmehrheit (§ 53 StGB). **342**

E ist wegen eines verbotenen Insidergeschäfts, Betruges, mittäterschaftlichen Betruges und Anstiftung zur Verletzung der Berichtspflicht in Tatmehrheit (§ 53 StGB) strafbar, weil alle Delikte durch unterschiedliche Handlungen begangen wurden.

C ist wegen mittäterschaftlich begangenen Betruges in Tateinheit (§ 52 StGB) mit Verletzung der Berichtspflicht strafbar.

Fall 8
Fast fettfrei

Inverkehrbringen nicht zugelassener Arzneimittel – irreführende Werbung – Inverkehrbringen von Lebensmitteln mit irreführenden Angaben – Vertikalabsprache – Verbandsgeldbuße – Gewinnabschöpfung durch Verbandsgeldbuße

Sabine Groß (G) ist Geschäftsführerin der Good-Health-GmbH (GH-GmbH), die u.a. Vitaminpräparate und sog. functional food, also mit Vitaminen und Mineralstoffen angereicherte Lebensmittel, herstellt und vertreibt. Das meistverkaufte Produkt ist ein Multivitaminpräparat in Tablettenform, das in Drogerien und Supermärkten angeboten wird. Aus der auf dem Präparat aufgedruckten Verzehrempfehlung ergibt sich, dass eine Tablette die dreifache Menge der von der Deutschen Gesellschaft empfohlenen Tagesdosis der Vitamine C und E enthält. Eine arzneimittelrechtliche Zulassung für dieses Präparat hatte die GH-GmbH nicht.

343

Der Absatz der ebenfalls mit Vitaminen versetzten Frucht-Kaubonbons ließ dagegen zu wünschen übrig. Um auch die schlankheitsbewussten Käufer anzusprechen, ließ G auf den Tüten den Aufdruck „Ohne Fett" anbringen. Tatsächlich bestanden die Bonbons zum größten Teil aus Zucker, allerdings enthielten sie einen geringen Fettanteil von 0,4 %. Nachdem die Bonbons mit diesem Aufdruck in den Handel kamen, stieg der Verkauf nachhaltig an.

Einen Grund für den Verkaufserfolg sah G darin, dass die Marke im „höherpreisigen" Marktsegment etabliert war. Sie verbot deshalb den Einzelhändlern, die Bonbons unter einem Preis von 5,89 € zu verkaufen. Auf diese Weise konnte G die Bonbons zu einem höheren – als unter Wettbewerbsbedingungen erzielbaren – Preis an die Einzelhändler veräußern. Die Geschäftsführerin der Sparviel Lebensmittelkette Susanne Wegner (W) hielt es für eine unverschämte Einmischung in ihre Geschäftsführung, wenn die Hersteller den Preis bestimmten. Sie erteilte deshalb die Anweisung, die Bonbons während einer Sonderaktion für 4,19 € zu verkaufen. Als G davon erfuhr, forderte sie W auf, diese Aktion sofort zu beenden und nicht zu wiederholen, weil die Sparviel-Lebensmittelkette ansonsten keine Ware mehr geliefert bekäme. W gab nach und ließ das Produkt in der Folge für 5,89 € verkaufen.

1. Welche Straftaten und Ordnungswidrigkeiten haben die Beteiligten begangen?

2. Prüfen Sie bitte die formellen und materiellen Voraussetzungen der Verhängung von Geldbußen gegen die GH-GmbH.

Unterstellen Sie, dass die GH-GmbH durch das Verhalten der G gegenüber W einen „Mehrerlös" in Höhe von 30.000 € erzielt hatte und nehmen Sie zu der Möglichkeit der „Gewinnabschöpfung" Stellung.

Lösung

Frage 1: Straftaten und Ordnungswidrigkeiten

I. Straf- und Ahndbarkeit der G
1. § 96 Nr. 5 i.V.m. § 21 Abs. 1 AMG

344 G könnte sich durch den Vertrieb des Vitaminpräparates wegen Inverkehrbringens eines nicht zugelassenen Arzneimittels strafbar gemacht haben.

345 a) Nach der Legaldefinition des § 2 Abs. 1 AMG, nach der zu den Arzneimitteln unter anderem Stoffe und Zubereitungen von Stoffen gehören, die zur Anwendung im oder am menschlichen Körper bestimmt sind und als Mittel mit Eigenschaften zur Heilung oder Linderung oder zur Verhütung menschlicher Krankheiten oder krankhafter Beschwerden bestimmt sind, scheint es sich bei dem Vitaminpräparat um ein Arzneimittel zu handeln. § 2 Abs. 3 Nr. 2 AMG enthält jedoch eine Negativabgrenzung, nach der Lebensmittel keine Arzneimittel sind[1]. Was unter einem Lebensmittel zu verstehen ist, bestimmt Art. 2 der Verordnung (EG) Nr. 178/2002 (BasisVO)[2]. Lebensmittel sind nach Art. 2 S. 1 dieser VO Stoffe oder Erzeugnisse, die dazu bestimmt sind oder von denen nach vernünftigem Ermessen erwartet werden kann, dass sie vom Menschen aufgenommen werden. Nach dieser Definition wäre das Vitaminpräparat also ein Lebensmittel. Art. 2 S. 3 lit. d dieser VO nimmt allerdings wiederum Arzneimittel aus dem Lebensmittelbegriff aus. Die gesetzlichen Regelungen geben somit in unserem Fall nicht unmittelbar Aufschluss darüber, ob das Vitaminpräparat ein Arznei- oder ein Lebensmittel darstellt. Da den genannten Vorschriften aber jedenfalls zu entnehmen ist, dass ein Erzeugnis nicht zugleich Arznei- und Lebensmittel sein kann[3], ist ein Abgrenzungskriterium erforderlich.

346 b) Maßgeblich ist die Zweckbestimmung[4]. Lässt sich die arzneiliche Zweckbestimmung nicht feststellen, ist das Produkt als Lebensmittel zu qualifizieren[5]. Welchem Zweck ein Stoff dient, bestimmt nicht nur der Wille des Herstellers, sondern in erster Linie die Verkehrsauffassung, hinter die im Regelfall die Vorstellungen des Herstellers sogar zurücktreten[6]. Maßgeblich ist grundsätzlich das Verständnis eines durchschnittlich informierten Verbrauchers[7], subjektive Merkmale können relevant sein,

---

[1] Zur Abgrenzung von Arznei- und Lebensmitteln BSG, NJW 2009, 874 („Lorenzos Öl").
[2] ABl. L 31 vom 01.02.2002, 1.
[3] BGHSt 46, 380, 383; BGH, ZLR 2000, 375, 378; NJW 1995, 1615; *Beckemper*, NZWiSt 2013, 121, 122.
[4] Vgl. zu der oftmals schwierigen Abgrenzung *Büttner*, ZLR 2005, 549 ff.; *Freund*, in: MüKo⁴, § 2 AMG Rn. 29 ff.
[5] BGH, NJW 1976, 1154; VGH München, NJW 1998, 845; kritisch *Freund*, in: MüKo⁴, § 2 AMG Rn. 29: „Konzeption, die unter Schutzaspekten mehr als fragwürdig" ist.
[6] BVerfG, NJW 2006, 2684, 2685; BGHSt 46, 380, 382 ff.; BGH, NStZ 2008, 530; *Müller*, in: K/M/H, § 2 AMG Rn. 112 f.
[7] EuGH, LMuR 2008, 28, Rn. 46; *Oğlakcıoğlu*, in: HdS 6, § 55 Rn. 18.

wenn die innere Zweckbestimmung unzweifelhaft erkennbar ist[8]. Indizien sind u.a. die Darreichungsform, die dem Mittel beigefügten Indikationshinweise und die Aufmachung des Mittels[9]. Hier sprechen die Darreichung als Tabletten und die hohe Dosierung einzelner Vitamine für die Einordnung des Multivitaminpräparats als Arzneimittel. Diese Indikatoren sind jedoch für sich gesehen noch nicht ausreichend[10]. Es ist nämlich durchaus üblich, Mittel ohne arzneiliche Zweckbestimmung in Tablettenform anzubieten[11], und auch die hohe Dosierung besagt lediglich, dass eine Mehreinnahme des Präparats keinen weitergehenden Nutzen bringt. Das Mittel muss in der konkreten Anwendung deshalb eine pharmakologische Wirkung besitzen. Dafür könnte sprechen, dass Vitamine eingenommen werden, um Mangelerscheinungen entgegenzuwirken, die aus einer Mangelernährung oder einem erhöhten Bedarf resultieren. Vitamine haben also die Wirkung, die Gesundheit des Körpers zu erhalten oder wiederherzustellen. Dieser Gesichtspunkt spricht jedoch ebenfalls nicht zwingend dafür, dass es sich bei dem Präparat um ein Arzneimittel handelt[12]. Vitaminhaltige Lebensmittel, die eindeutig dem Ernährungszweck dienen, beugen bekanntlich ebenfalls Mangelerscheinungen vor. Diese Wirkung macht ein Produkt deshalb nicht zu einem Arzneimittel. Der durchschnittliche Verbraucher weiß, dass Vitamine ein notwendiger Teil seiner Ernährung sind. Ein Vitaminpräparat wird folglich in gleicher Weise eingesetzt wie ein vitaminhaltiges Lebensmittel, nämlich als Teil einer gesundheitsbewussten Ernährung. Das Multivitaminpräparat ist deshalb kein Arznei-, sondern ein Lebensmittel.

c) G hat sich somit nicht wegen Inverkehrbringens eines nicht zugelassenen Arzneimittels strafbar gemacht. 347

2. § 16 Abs. 1 UWG

Die Anbringung des Aufklebers „Ohne Fett" auf den Fruchtbonbontüten könnte aber die Strafbarkeit der G wegen irreführender Werbung begründen. 348

a) G müsste in öffentlichen Bekanntmachungen durch unwahre Angaben irreführend geworben haben. Eine öffentliche Bekanntmachung ist eine schriftliche oder mündliche Mitteilung, die sich an einen unbegrenzten und unbestimmten Personenkreis und damit an die Allgemeinheit richtet und auch von dieser wahrgenommen werden kann[13]. Aufschriften auf der Ware oder deren Verpackung richten sich an einen unbestimmten Adressatenkreis und sind deshalb eine öffentliche Bekanntmachung. Unter Angaben sind nachprüfbare Aussagen des Werbenden über konkrete äußere oder innere Geschehnisse oder Zustände der Vergangenheit oder Gegenwart zu ver- 349

---

[8] *Dannecker/Bülte*, in: HWSt, 2. Teil 2. Kap. Rn. 11.
[9] BGHSt 43, 336, 339; BGH, NJW 1995, 1615, 1616 f.
[10] VGH Mannheim, PharmR 2010, 307, der darauf abstellt, ob nach objektiven Maßstäben von dem Mittel eine therapeutische Wirkung zu erwarten ist.
[11] BGHSt 46, 380, 383; BGH, ZLR 2000, 375, 380.
[12] Vgl. BGHSt 46, 380, 383; BGH, ZLR 2000, 375, 380.
[13] *Ebert-Weidenfeller*, in: HWSt, 3. Teil 3. Kap. Rn. 23; *Reinbacher*, in: HdS 6, § 57 Rn. 21 Ohly/ Sosnitza, § 16 UWG, Rn. 12.

stehen[14]. Der Fettgehalt der Bonbons ist eine nachprüfbare Tatsache, folglich eine Angabe.

350 **b)** Fraglich ist, ob es sich um eine unwahre Angabe handelt. Das wäre der Fall, wenn der Inhalt der Mitteilung mit der objektiven Wahrheit nicht übereinstimmt[15]. Dafür scheint zu sprechen, dass die Bonbons tatsächlich Fett enthalten, wenn auch in einer geringen Menge. Maßgeblich ist somit, ob es hier auf die objektive, chemisch nachprüfbare Wahrheit ankommt. Denkbar wäre es jedoch, auf einen davon möglicherweise zu unterscheidenden Erklärungsinhalt der Aussage und deren Übereinstimmung mit der Wirklichkeit abzustellen. Würde der angesprochene Verbraucherkreis[16] der Angabe „Ohne Fett" lediglich den Erklärungsinhalt, das Produkt enthalte kaum Fett, entnehmen, wäre sie wahr. Einen solchen Gehalt besitzt die Aussage aber bei näherer Betrachtung nicht. Gerade bei Lebensmitteln ist es heute üblich, die Inhaltsstoffe und Nährwerte sehr genau anzugeben. So werden selbst kalorienarme Getränke nicht etwa damit beworben, sie enthielten keine Kalorien, sondern nur wenige. Der Verbraucher versteht deshalb die Aussage „ohne Fett" so, als enthalte das Produkt gar kein Fett.

Die Angabe wäre darüber hinaus unwahr, wenn der Aufdruck die Aussage enthielte, die Bonbons seien kalorienarm und führten zu keiner relevanten Gewichtszunahme, denn die Bonbons sind auf Grund des hohen Zuckergehalts tatsächlich nicht für eine kalorienreduzierte Ernährung geeignet. Lange Zeit wurde in erster Linie das Fett für Übergewicht verantwortlich gemacht und auch die aktuellen Diättrends „verteufeln" jedenfalls die Kombination von Zucker und Fett. Die Erklärung, dass ein Produkt kein Fett als dick machenden Nährstoff enthalte, ist deshalb gleichzeitig als Hinweis auf die – zumindest vergleichsweise – höhere Eignung, die Süßigkeit im Rahmen einer Diät zu verzehren, zu verstehen. Die Angabe „Ohne Fett" ist somit auch aus diesem Grund unwahr[17].

351 **c)** Die Angabe müsste zudem irreführend sein. Die h.M. bejaht die Irreführung bereits, wenn die Angabe zur Täuschung des Umworbenen und zur Beeinflussung seiner Entschließung geeignet ist[18]. Andere verlangen zusätzlich, dass die Angaben geeignet sein müssen, den Verbraucher dazu zu bewegen, dem beworbenen vor anderen Produkten den Vorzug zu geben[19]. Die Anforderungen der h.M. an dieses Merkmal sind sehr niedrig, weil beinahe jede unwahre Angabe geeignet ist, einen Teil des angesprochenen Personenkreises zu täuschen. So ist es auch in diesem Fall. Der festgestellte Erklärungsinhalt, das Produkt passe zu einer kalorienreduzierten Ernährung, ist nicht so abwegig, dass nicht mindestens ein nennenswerter Teil der bewor-

---

[14] *Diemer*, in: E/K, U 43, § 16 UWG, Rn. 10; *Hohmann*, in: MüKo³, § 16 UWG Rn. 15; *Krell*, in: G/J/W, § 16 UWG, Rn. 12.
[15] *Ohly/Sosnitza*, § 16 UWG Rn. 9; *Wittig*, § 33 Rn. 10.
[16] Für dessen Maßgeblichkeit *Diemer*, in: E/K, U 43, § 16 UWG Rn. 18; *Hellmann*, Rn. 461. **A.A.** *Wittig*, § 33 Rn. 9.
[17] Siehe aber die differenzierende Betrachtungsweise für die Negativaussage „Ohne Zucker" bei *Vergho/Meyer*, ZLR 2007, 537; dazu auch *Bergmann/Hartwig*, ZLR 2007, 201.
[18] *Krell*, in: G/J/W, § 16 UWG Rn. 29; *Ohly/Sosnitza*, § 16 UWG Rn. 8.
[19] *Hellmann*, Rn. 467.

benen Verbraucher sie für wahr halten wird. Die Gegenmeinung würde hier im Übrigen ebenfalls zu diesem Ergebnis gelangen, weil die konkludente Angabe, es handele sich um ein nicht dick machendes Produkt, den Verbraucher dazu bewegen wird, dieser Süßigkeit vor ähnlichen den Vorzug zu geben.

d) G verwirklichte die Merkmale des objektiven Tatbestandes vorsätzlich. Sie müsste zudem in der Absicht gehandelt haben, den Anschein eines besonders günstigen Angebots zu erwecken. Das wäre der Fall, wenn auf Grund der Angaben der Erwerb der Ware durch Vorspiegelung eines guten Preis-Leistungsverhältnisses vorteilhaft erscheint[20]. Es entstand zwar nicht der Eindruck, dass der Preis der Bonbons besonders niedrig sei. Durch die Erklärung, es handele sich um ein vergleichsweise kalorienarmes Erzeugnis, wurde aber eine besonders hohe Qualität vorgespiegelt, sodass auch dieses subjektive Tatbestandsmerkmal vorliegt. Da G rechtswidrig und schuldhaft handelte, hat sie sich wegen irreführender Werbung strafbar gemacht. **352**

3. § 59 Abs. 1 Nr. 7 i.V.m. § 11 Abs. 1 Nr. 1 LFGB

Mit dem Hinweis auf den fehlenden Fettgehalt könnte G sich außerdem nach § 59 Abs. 1 Nr. 7 i.V.m. § 11 Abs. 1 Nr. 1 LFGB strafbar gemacht haben. **353**

a) § 11 Abs. 1 Nr. 1 LFGB verbietet dem nach Art. 8 Abs. 1 VO (EU) Nr. 1169/2011[21] verantwortlichen Lebensmittelunternehmer oder Importeur, ein Lebensmittel unter Verstoß gegen das Lauterkeitsgebot des Art. 7 Abs. 1, auch in Verbindung mit Abs. 4, dieser Verordnung, in Verkehr zu bringen oder allgemein oder im Einzelfall dafür zu werben. Art. 7 Abs. 1 der VO verbietet u.a. irreführende Informationen über ein Lebensmittel durch Zuschreibung von Wirkungen oder Eigenschaften, die es nicht besitzt (lit b), sowie die Angabe, insbesondere durch besondere Hervorhebung des Vorhandenseins oder Nicht-Vorhandenseins bestimmter Zutaten und/oder Nährstoffe, das Lebensmittel zeichne sich durch besondere Merkmale aus, obwohl alle vergleichbaren Lebensmittel dieselben Merkmale aufweisen. Nach Art. 7 Abs. 4 VO (EU) Nr. 1169/2011 gilt dies auch für die Werbung und die Aufmachung von Lebensmitteln, insbesondere für ihre Form, ihr Aussehen oder ihre Verpackung, die verwendeten Verpackungsmaterialien, die Art ihrer Anordnung und den Rahmen ihrer Darbietung. **354**

Die Angabe „Ohne Fett" vermittelte – wie dargelegt – eine irreführende Information und suggerierte das Nichtvorhandensein eines Stoffes, obwohl sich die Fruchtbonbons dadurch nicht von vergleichbaren Produkten unterschieden. G warb mit diesen Angaben und brachte die Lebensmittel mit diesen irreführenden Informationen in Verkehr. Im Lebensmittelrecht bezeichnet Inverkehrbringen nach Art. 3 Nr. 8 BasisVO (Rn. 345) das Bereithalten von Lebensmitteln für Verkaufszwecke, das Anbieten zum Verkauf, den Verkauf, den Vertrieb sowie jede andere Form der Weitergabe. Da die Süßigkeiten verkauft wurden, hatte G sie in den Verkehr gebracht. **355**

---

[20] *Hellmann*, Rn. 473.
[21] ABl. L 304 vom 22.11.2011, 18.

356 **b)** Vorsatz, Rechtswidrigkeit und Schuld liegen vor, sodass G wegen Werbens mit irreführenden Informationen und Inverkehrbringens eines Lebensmittels mit irreführenden Informationen strafbar ist. Es handelt sich um eine einheitliche Tat nach § 59 Abs. 1 Nr. 7 i.V.m. § 11 Abs. 1 Nr. 1 LFGB.

4. § 81 Abs. 2 Nr. 1 i.V.m. § 1 GWB

357 G könnte durch die Anweisung, die Bonbons nicht unter einem bestimmten Preis zu verkaufen, eine Ordnungswidrigkeit nach § 81 Abs. 2 Nr. 1 GWB begangen haben.

358 **a)** § 1 GWB enthält das allgemeine Verbot von Vereinbarungen zwischen Unternehmen, die eine Verhinderung, Einschränkung oder Verfälschung des Wettbewerbs bezwecken oder bewirken. Dieses Verbot erfasst auch sog. Vertikalvereinbarungen[22], durch die ein Unternehmen in seiner Handlungsfreiheit eingeschränkt wird, indem ihm die Konditionen für die Zweitvereinbarung diktiert werden[23]. Das hat G hier getan, indem sie W vorschrieb, zu welchem Mindestpreis die Bonbons an den Verbraucher zu verkaufen seien.

359 **b)** G handelte vorsätzlich, rechtswidrig und vorwerfbar und hat damit gegen § 81 Abs. 2 Nr. 1 i.V.m. § 1 GWB verstoßen.

II. Ahndbarkeit der W
§ 81 Abs. 2 Nr. 1 i.V.m. § 1 GWB

360 W hat eine Ordnungswidrigkeit nach § 81 Abs. 2 Nr. 1 i.V.m. § 1 GWB begangen, weil nicht nur der Bindende, sondern auch der Gebundene die Vereinbarung schließt.

Gesamtergebnis und Konkurrenzen:

361 G hat sich nach § 16 Abs. 1 UWG in Tateinheit (§ 52 StGB) mit § 59 Abs. 1 Nr. 7 i.V.m. § 11 Abs. 1 Nr. 1 LFGB strafbar gemacht. Außerdem hat sie eine Ordnungswidrigkeit nach dem Kartellrecht begangen.

W hat eine ebenfalls eine Kartell-Ordnungswidrigkeit verwirklicht.

Frage 2: Sanktionen gegen die GH-GmbH

A. Verbandsgeldbuße wegen der irreführenden Werbung

362 In Betracht kommt die Verhängung einer Verbandsgeldbuße nach Maßgabe des § 30 OWiG.

---

[22] *Böse*, in: G/J/W, § 81 GWB Rn. 13; *Wittig*, § 32 Rn. 22.
[23] *Grave/Nyberg*, in: Loewenheim/Meessen/Riesenkampff/Kersting/Meyer-Lindemann, Kartellrecht, 4. Aufl. 2020, Vorb. §§ 1 bis 3 GWB Rn. 3.

I. Formelle Voraussetzungen

a) Der gesetzliche Regelfall ist nach § 30 Abs. 1 OWiG die kumulative Verbandsgeldbuße, die im verbundenen Verfahren gegen den Täter der Bezugstat festgesetzt wird. Die Geldbuße gegen die GH-GmbH würde dann also im Strafverfahren gegen G verhängt. Wird wegen der Straftat kein Strafverfahren eingeleitet, wird es eingestellt oder von Strafe abgesehen, kann jedoch nach § 30 Abs. 4 S. 1 OWiG die Geldbuße im selbstständigen Verfahren festgesetzt werden[24].

363

b) Zuständig für die Festsetzung der Geldbuße gegen eine juristische Person ist im verbundenen Verfahren nach § 444 Abs. 1 S. 1 StPO das Gericht, vor dem das Strafverfahren stattfindet. Für die Anordnung im selbstständigen Verfahren gilt nicht § 88 Abs. 2 OWiG, der die Verwaltungsbehörde für zuständig erklärt, die auch für die Verfolgung der natürlichen Person zuständig wäre. Die Verwaltungsbehörde darf im selbstständigen Verfahren nämlich nur dann eine Geldbuße gegen den Verband festsetzen, wenn es sich bei der Bezugstat um eine Ordnungswidrigkeit handelt[25]. Für die Verhängung einer Verbandsgeldbuße, die an eine Straftat anknüpft, ist im selbstständigen Verfahren gemäß §§ 444 Abs. 3 S. 1, 436 Abs. 1 S. 1 StPO das Gericht des ersten Rechtszuges, das im Falle der Strafverfolgung des Täters der Anknüpfungstat zuständig wäre, sowie nach § 444 Abs. 3 S. 2 StPO auch das Gericht, in dessen Bezirk die juristische Person ihren Sitz hat, zuständig.

364

II. Materielle Voraussetzungen

Die materiellen Voraussetzungen der Verbandsgeldbuße sind § 30 Abs. 1 OWiG zu entnehmen.

365

a) Die Regelung setzt voraus, dass eine der dort genannten Leitungspersonen eine Straftat oder Ordnungswidrigkeit begangen hat. G war als Geschäftsführerin der GH-GmbH deren vertretungsberechtigtes Organ im Sinne des § 30 Abs. 1 Nr. 1 OWiG und sie hat die strafbare Werbung verwirklicht.

366

b) Durch die Anknüpfungstat muss die Leitungsperson Pflichten, welche die juristische Person treffen, verletzt oder eine Bereicherung der juristischen Person bewirkt oder bezweckt haben. Für § 30 Abs. 1 OWiG genügt jede Verletzung einer unternehmensbezogenen Pflicht, die sich aus dem spezifischen Wirkungsbereich des Verbandes ergibt[26]. Eine solche liegt vor, wenn sich das Ge- oder Verbot an bestimmte Adressaten wendet, z.B. den Hersteller oder Verkäufer eines Produkts[27]. Das Verbot der irreführenden Werbung richtete sich deshalb an die GH-GmbH als Hersteller und Vertreiber der Fruchtbonbons, sodass G eine betriebsbezogene Pflicht des Unternehmens verletzte. Darüber hinaus wurde das Unternehmen durch die irreführende Werbung bereichert, zumindest sollte es bereichert werden. Die materiellen Voraussetzungen der Verbandsgeldbuße sind somit erfüllt.

367

---

[24] *Mitsch*, JA 2008, 409, 410.
[25] *Mitsch*, in: KK-OWiG, § 88 Rn. 20.
[26] *Hellmann*, Rn. 1146; *Wittig*, § 12 Rn. 18 f.
[27] *Gürtler/Thoma*, in: Göhler, OWiG, § 30 Rn. 19.

368 c) Gegen die GH-GmbH kann damit nach § 30 OWiG eine Verbandsgeldbuße festgesetzt werden.

B. Verbandsgeldbuße wegen des GWB-Verstoßes

369 Möglicherweise könnte eine Verbandsgeldbuße gegen die GH-GmbH auch wegen der Kartellordnungswidrigkeit angeordnet werden.

I. Formelle Voraussetzungen

370 a) Die Verbandsgeldbuße kann wiederum im selbstständigen oder verbundenen Verfahren verhängt werden.

371 b) Im verbundenen Verfahren ist die Behörde zuständig, die das Bußgeldverfahren führt, hier also die Kartellbehörde (§ 48 GWB). Deren Zuständigkeit ist nach § 88 Abs. 2 S. 2 OWiG auch im selbstständigen Verfahren gegeben, da die Anknüpfungstat eine Ordnungswidrigkeit darstellt.

II. Materielle Voraussetzungen

372 G hat als Geschäftsführerin der GH-GmbH eine Ordnungswidrigkeit nach § 81 Abs. 2 Nr. 1 GWB begangen. Adressaten des Verbots nach § 1 GWB sind Unternehmen und Unternehmensvereinigungen, deshalb trifft die Pflicht, Absprachen zu unterlassen, die GH-GmbH[28]. Außerdem hat die GH-GmbH einen Mehrerlös in Höhe von 30.000 € erlangt, die juristische Person wurde somit bereichert.

373 Gegen die GH-GmbH kann somit nach § 30 OWiG eine Verbandsgeldbuße auch wegen der Kartellordnungswidrigkeit verhängt werden.

C. Gewinnabschöpfung

374 Die Abschöpfung des Gewinns aus der Kartellordnungswidrigkeit kann nach § 29a Abs. 2 OWiG oder im Rahmen der Verbandsgeldbuße erfolgen.

I. Anordnung der Einziehung nach § 29a OWiG

375 a) Wird eine Geldbuße nicht festgesetzt, so lässt § 29a Abs. 2 Nr. 1 OWiG die Anordnung der Einziehung eines Geldbetrages bis zu einem Betrag, der dem Wert des Erlangten entspricht, bei einem anderen als dem Täter der Ordnungswidrigkeit zu, wenn der Dritte durch eine mit Geldbuße bedrohte Handlung etwas erlangt und der Täter für den Dritten gehandelt hat.
Fraglich ist, worin das durch die Kartellordnungswidrigkeit von der GH-GmbH Erlangte besteht. Es gilt zwar grundsätzlich das Bruttoprinzip[29], sodass „die Gesamtheit der wirtschaftlich messbaren Vorteile, die dem Täter oder Teilnehmer durch

---

[28] Vgl. KG, wistra 1999, 357, 359.
[29] Näher dazu *Hellmann*, Rn. 1112 ff.

oder für die Tat zugeflossen sind", der Einziehung unterliegen"[30]. Die von den Abnehmern insgesamt gezahlten Kaufpreise für die Bonbons erlangte die Gesellschaft aber nicht – unmittelbar – aus der Vertikalabsprache. Diese führte allerdings zu „überhöhten" Verkaufspreisen der GH-GmbH in Höhe von insgesamt 30.000 €, sodass die Einziehung eines Geldbetrages bis zu dieser Höhe angeordnet werden darf.

b) Zuständig wäre nach § 87 Abs. 6 i.V.m. Abs. 3 S. 3 Halbs. 1 OWiG die Bußgeldbehörde, die auch die Ordnungswidrigkeit verfolgen würde, hier also die Kartellbehörde. 376

c) Die Einziehungsanordnung ist nach § 30 Abs. 5 OWiG allerdings ausgeschlossen, wenn eine Verbandsgeldbuße gegen die GH-GmbH festgesetzt wird, da die Gewinnabschöpfung dann durch das Bußgeld zu erfolgen hätte. 377

II. Gewinnabschöpfung durch die Verbandsgeldbuße

a) Im Falle der Verhängung einer Verbandsgeldbuße kann der Gewinn nämlich bei der Bußgeldbemessung berücksichtigt werden. Ist die Bezugstat eine Ordnungswidrigkeit, so gilt gemäß § 30 Abs. 2 S. 2 OWiG das für die Anknüpfungstat angedrohte Höchstmaß der Geldbuße auch für die Verbandsgeldbuße. Der Bußgeldrahmen bei einer verbotenen Absprache beträgt nach § 81c Abs. 1 S. 1 GWB bis zu eine Million Euro. Wird eine Geldbuße gegen ein Unternehmen oder eine Unternehmensvereinigung verhängt, so erweitert § 81c Abs. 2 S. 2 GWB den Bußgeldrahmen über diesen Betrag hinaus für jedes beteiligte Unternehmen – oder jede beteiligte Unternehmensvereinigung – auf bis zu 10 Prozent des im vorausgegangenen Geschäftsjahr erzielten Umsatzes[31]. 378

b) § 30 Abs. 3 OWiG erklärt § 17 Abs. 4 OWiG für anwendbar, sodass die Geldbuße diesen Betrag sogar noch übersteigen dürfte, was in casu aber nicht erforderlich ist. Der wettbewerbswidrig erzielte Gewinn in Höhe von 30.000 € könnte also mit der Geldbuße abgeschöpft werden. Die Verbandsgeldbuße gegen die GH-GmbH würde sich dann aus einem Betrag, der als Sanktion wegen der von G begangenen Kartellordnungswidrigkeit festgesetzt würde, und dem Gewinn zusammensetzen. 379

c) Da im Ordnungswidrigkeitenrecht das Opportunitätsprinzip gilt und weder die Einziehung des Wertes von Taterträgen in § 29a OWiG noch die Verhängung einer Verbandsgeldbuße in § 30 OWiG zwingend vorgeschrieben ist, kann die Kartellbehörde entscheiden, ob sie das Erlangte durch die Einziehung oder den wirtschaftlichen Vorteil durch die Verbandsgeldbuße abschöpfen will. Die Einziehung darf sie jedoch nur anordnen, wenn sie keine Verbandsgeldbuße verhängt. Dann würde die Ordnungswidrigkeit allerdings nicht geahndet, sodass sich hier die Verhängung einer Verbandsgeldbuße, deren Höhe sich aus einem Ahndungsanteil und der Gewinnabschöpfung zusammensetzt, anbietet. 380

---

[30] BT-Drs. 18/9525, 61.
[31] Zur Kappungsgrenze des § 81 Abs. 4 GWB *Buntscheck*, WuW 2008, 941.

Fall 9
Schmutzige saubere Energie

Amtsträgereigenschaft kommunaler Mandatsträger – Abgeordnetenbestechung – Sozialadäquanz bei der Vorteilsannahme – Betrug durch schlüssiges Verhalten – Unrechtmäßigkeit der Diensthandlung – Bestechung und Bestechlichkeit – Bodenverunreinigung

Die New Engergy GmbH (NE-GmbH) plante, in Angermünde, Landkreis Uckermark, eine Biogasanlage zu errichten. Sie hatte bereits ein Grundstück gefunden, das für die Errichtung ideal war. Dieses Grundstück war im Bebauungsplan als Ackerland ausgewiesen und gehörte dem Landwirt Lothar Lappe (L). Der Alleingesellschafter und Geschäftsführer der NE-GmbH, Michael Nolte (N), nahm Kontakt zu dem Gemeinderat auf, um das geplante Objekt zu besprechen und bat um eine wohlwollende Untersuchung, ob der Bebauungsplan entsprechend geändert werden könnte. Die Mehrheit im Gemeinderat war erfreut über die Aussicht auf einige Arbeitsplätze und signalisierte Zustimmung. Die Gemeinderatsmitglieder Barbara Gebauer (G) und Gunther Rat (R) gaben aber in einer geheimen Unterredung zu verstehen, dass sie der notwendigen Änderung des Bebauungsplans nur zustimmen würden, wenn ihnen ein gewisser Anreiz geboten würde. N zahlte deshalb an G und R jeweils 10.000 €, woraufhin beide ihre Zustimmung zusagten.

In der Gewissheit, dass der Bebauungsplan geändert werden würde, kaufte N für die NE-GmbH das Grundstück von L zum Preis von 15.000 €, ohne dass er auf die zu erwartende Änderung des Bebauungsplans hinwies. Ihm war bewusst, dass ein Grundstück in dieser Lage und von der Größe in einem beplanten Bereich mindestens 45.000 € wert wäre. L ahnte zwar, dass das Grundstück nicht als Ackerland genutzt werden sollte, der Bebauungsplan also geändert werden müsste. Er war aber froh, dass er das Grundstück überhaupt verkaufen konnte. Vor der Wende hatte nämlich die inzwischen liquidierte Ang-Chemie dort den Boden derartig kontaminiert, dass ein Ackerbau seit Jahren nicht mehr möglich war. Dies verschwieg L dem N allerdings.

Für die Baugenehmigung war es notwendig, dass die NE-GmbH eine Genehmigung der Umweltbehörde zum Betrieb der Anlage vorweisen konnte. Der Leiter dieser Behörde, der Beamte Franz Uhlen (U), hatte wenig Erfahrung mit Biogasanlagen und es war deshalb abzusehen, dass die Genehmigung erst nach langwieriger Prüfung ergehen würde. Nach einer Besprechung im Umweltamt lud N den U zu einem „Drink" in eine Hotelbar ein. U trank zwei Gläser Bier, die N zahlte. Es gesellte sich eine Dame zu den beiden Herren und machte U eindeutige Angebote, wobei U klar war, dass N diese Dame „bestellt" hatte. U begleitete die Frau dennoch auf ein Zimmer und verlebte mit ihr eine schöne Stunde. Danach händigte er der Dame 100 € aus, obwohl diese darauf hinwies, der „andere Herr" habe die Kosten übernommen.

Nachdem die Genehmigung der Umweltbehörde ergangen war, wartete N noch einige Zeit auf die Baugenehmigung. Der zuständige Sachbearbeiter wies ihn darauf hin, dass die Baubehörde unterbesetzt sei und Genehmigungsverfahren derzeit einige Monate dauern könnten. N zahlte deshalb im Namen der NE-GmbH 5.000 € an die Leiterin des Bauamtes, die Beamtin Elisa Bungert (B), um eine schnellere Bearbeitung zu erreichen. Die Baugenehmigung wurde daraufhin innerhalb von drei Wochen erteilt, weil B von der vorgesehenen Bearbeitungsreihenfolge abwich und den Antrag der NE-GmbH vorzog.

Von der Kontaminierung erfuhr die NE-GmbH, als sie mit dem Bau der Biogasanlage begann. Ein Sachverständiger stellte fest, dass der Boden mit Stoffen verseucht war, die im Verdacht stehen, krebsauslösend zu sein. Es sei bisher zwar nicht zu einer Kontaminierung des Grundwassers gekommen, dies könne aber jederzeit geschehen. Die Kosten der Entsorgung schätzte der Sachverständige auf 250.000 €. N entschied sich, die Auskofferung des Erdreichs nicht zu veranlassen, sondern Fakten zu schaffen, indem er die Biogasanlage errichten ließ. Ein Jahr nach Fertigstellung der Anlage kam die Sache ans Licht. Eine Kontaminierung des Grundwassers war zwar noch immer nicht eingetreten, die Schadstoffe hatten sich innerhalb des letzten Jahres aber im Boden ausgebreitet.

Wie haben sich die Beteiligten strafbar gemacht?

Lösung

1. Handlungsabschnitt: Die Beeinflussung der Entscheidung des Gemeinderats
I. Strafbarkeit des N
1. § 334 Abs. 1 StGB
N könnte wegen Amtsträgerbestechung strafbar sein, weil er G 10.000 € zahlte. 382
a) Dann müsste G Amtsträger sein. § 11 Abs. 1 Nr. 2a-c StGB enthält Legaldefinitionen des – deutschen – Amtsträgerbegriffs. Gemeinderatsmitglieder sind jedenfalls weder Beamte noch Richter (Nr. 2a), sodass lediglich § 11 Abs. 1 Nr. 2b oder Nr. 2c StGB in Betracht kommt. Nach der überwiegenden Meinung in der Literatur[1] sind Gemeinderatsmitglieder grundsätzlich keine Amtsträger, weil sie – wie Abgeordnete – keine Aufgaben der öffentlichen Verwaltung wahrnehmen, sondern ihr Mandat zum Zwecke der demokratischen Willensbildung ausüben. Mehrere Tatgerichte[2] vertraten dagegen den Standpunkt, der Gemeinderat sei eine Stelle, die Aufgaben der öffentlichen Verwaltung wahrnehme, und die Gemeinderatsmitglieder seien deshalb Amtsträger im Sinne des § 11 Nr. 2c StGB. Der BGH ist dem jedoch nicht gefolgt. Kommunale Mandatsträger stünden nicht in einem „sonstigen öffentlich-rechtlichen Amtsverhältnis" im Sinne des § 11 Abs. 1 Nr. 2b StGB, weil Amtsausübung etwas anderes sei als Mandatsausübung[3]. Der Mandatsträger sei in seiner Entscheidung grundsätzlich frei und – anders als ein Amtsträger – nicht substituierbar. Kommunale Mandatsträger seien zudem grundsätzlich auch nicht „sonst dazu bestellt, bei einer Behörde oder sonstigen Stelle oder in deren Auftrag Aufgaben der öffentlichen Verwaltung wahrzunehmen"[4]. Zwar seien kommunale Volksvertretungen eher der Exekutive als der Legislative zuzuordnen, dennoch würden kommunale Mandatsträger aber nicht im Auftrag einer Behörde handeln, weil sie ihr Amt personengebunden mit freiem Mandat wahrnehmen. Für dieses Ergebnis sprächen auch der Wille des Gesetzgebers und die Gesetzessystematik, denn schon die Existenz des § 108e StGB deute darauf hin, dass Abgeordnete – jedes Entscheidungsorgans – keine Amtsträger seien; im Übrigen sei die Einfügung dieses Straftatbestandes so begründet worden[5]. Kommunale Mandatsträger seien deshalb nur dann Amtsträger, wenn sie mit konkreten Verwaltungsaufgaben betraut würden, die über ihre Mandatstätigkeit hinausgehen[6].
Dieser Ansicht ist zuzustimmen. Die Stellung eines weisungsgebundenen Amtsträgers unterscheidet sich strukturell maßgeblich von der eines Mandatsträgers, der

383

---

[1] *Dahs/Müssig*, NStZ 2006, 191; *Deiters*, NStZ 2003, 453 ff.; *Marel*, StraFo 2003, 259; diff. *Eser/Hecker*, in: Sch/Sch, § 11 Rn. 22. **A.A.** *Heinrich*, NStZ 2005, 197, 202; *Niehaus*, ZIS 2008, 49, 54.
[2] LG Krefeld, NJW 1994, 2036; LG Wuppertal, BeckRS 2006, 05617.
[3] BGHSt 51, 44, 49 ff.; BGH NStZ 2015, 451 f.
[4] BGHSt 51, 44, 52 ff.
[5] BT-Drs. 12/1630, S. 3 ff. und 12/5927, S. 3 ff.
[6] BGHSt 51, 44, 57 ff.; zust. *Wittig*, § 27 Rn. 25.

seine Entscheidungen nach seinem Gewissen fällt und nur den Wählern gegenüber verantwortlich ist[7]. G ist deshalb keine Amtsträgerin.

384 b) Die Strafbarkeit wegen Amtsträgerbestechung scheidet somit aus.

2. § 299 Abs. 2 StGB

385 Die Bestechung im geschäftlichen Verkehr scheitert bereits daran, dass G nicht Angestellte eines geschäftlichen Betriebes ist.

3. § 108e Abs. 2, 3 Nr. 1 StGB

386 a) N gewährte G und R durch die Zahlung der 10.000 € einen ungerechtfertigten, d.h. einen mit „anerkannten parlamentarischen Gepflogenheiten" nicht zu vereinbarenden Vorteil[8]. G und R waren als Gemeinderatsmitglieder gemäß § 108e Abs. 3 Nr. 1 StGB Mandatsträger im Sinne des § 108e Abs. 2 StGB.
Die Unrechtsvereinbarung muss darauf gerichtet sein, dass der Mandatsträger bei Wahrnehmung des Mandats eine Handlung „im Auftrag" oder „auf Weisung" des Bestechenden vornimmt. Das ist der Fall, wenn der Mandatsträger die Handlung nicht aus innerer Überzeugung vornimmt, sondern sich gewissermaßen dem Ansinnen des Bestechenden unterordnet[9]. Eine solche qualifizierte Unrechtsvereinbarung lag hier vor, da G und R ihre Zustimmung zur Änderung des Bebauungsplans von der Geldzahlung abhängig machten.

387 b) Da N vorsätzlich, rechtswidrig und schuldhaft handelte, hat er sich wegen Mandatsträgerbestechung in zwei Fällen, die in Tatmehrheit stehen, strafbar gemacht.

4. § 266 Abs. 1, 2. Alt StGB

388 Durch den Stimmenkauf könnte N darüber hinaus eine Untreue zum Nachteil der NE-GmbH begangen haben.

389 N war als Geschäftsführer der NE-GmbH kraft Rechtsgeschäfts verpflichtet, die Vermögensinteressen der Gesellschaft wahrzunehmen, er ist also tauglicher Täter der Untreue. Durch Zahlungen an G und R hätte er seine Vermögensbetreuungspflicht verletzt, wenn die Mandatsträgerbestechung als nicht ordnungsgemäße Ausführung der ihm übertragenen Geschäftsbesorgung anzusehen wäre. Die Schmiergeldzahlung war – wie gezeigt – strafbar, sodass der Pflichtverstoß unproblematisch gegeben zu sein scheint. Eine Gesetzesverletzung begründet allerdings nicht per se die Pflichtwidrigkeit der Handlung[10]. Das gilt auch für die Zahlung von „Schmiergeldern", die dann nicht pflichtwidrig ist, wenn der Inhaber des betreuten Vermögens sie dem Vermögensverwalter gestattet hat[11]. Vermögensinhaber ist hier aller-

---

[7] **A.A.** *Niehaus*, ZIS 2008, 49.
[8] Vgl. BT-Drs. 18/476, 7.
[9] *Rosenau*, in: S/S/W, § 108e StGB Rn. 10. Krit. *Sinn*, in: SK[9], § 108e StGB Rn. 12.
[10] *Dierlamm/Becker*, in: MüKo[4], § 266 StGB Rn. 219 m.w.N.
[11] *Kindhäuser/Hoven*, in: NK, § 266 StGB Rn. 113.

dings die NE-GmbH. Deren oberstes Willensbildungsorgan ist nach §§ 45 ff. GmbHG die Gesellschafterversammlung. Da N Alleingesellschafter der NE-GmbH war, konnte er – für die Gesellschaft – in dieser Eigenschaft sich als Geschäftsführer die Schmiergeldzahlung gestatten. Die Pflichtwidrigkeit wäre allenfalls anzunehmen, wenn N nicht im Interesse der GmbH gehandelt hätte. Dies ist aber nicht der Fall, weil die NE-GmbH von der – durch die Mandatsträgerbestechung – veranlasste Verabschiedung des Bebauungsplanes profitierte. Dem lässt sich nicht entgegenhalten, dass N wider besseres Wissen einen nach § 134 BGB nichtigen Vertrag erfüllte, denn dies war ihm im Interesse der NE-GmbH gerade gestattet.

N hat sich deshalb nicht wegen Untreue strafbar gemacht.

II. Strafbarkeit von G und R
§ 108e Abs. 1 StGB

G und R haben § 108e Abs. 1 StGB verwirklicht, indem sie einen ungerechtfertigten Vorteil als Gegenleistung für ihr Abstimmungsverhalten annahmen. 390

2. Handlungsabschnitt: Der Kauf des Grundstücks

I. Strafbarkeit des N
§ 263 Abs. 1 StGB

N könnte sich wegen Betruges strafbar gemacht haben, indem er L nicht mitteilte, dass der Bebauungsplan geändert werden würde. 391

a) Da N den L nicht ausdrücklich täuschte, kommt nur eine konkludente Täuschung oder eine Täuschung durch Unterlassen in Betracht. Eine Täuschung durch schlüssiges Verhalten setzt voraus, dass N durch den Kauf des Grundstücks konkludent miterklärt hatte, er plane, das Grundstück als Acker zu nutzen. Der Kaufvertrag müsste also nach der Verkehrsanschauung einen Erklärungswert über die geplante Nutzung enthalten[12]. Das ist abzulehnen. Der Käufer, der keine Angaben zu seiner Motivation für den Abschluss des Rechtsgeschäfts macht, erklärt nicht schlüssig, dass er nach Vertragsabwicklung mit der Kaufsache in einer bestimmten Weise verfahren werde. Der Käufer bestätigt durch den Kauf auch nicht die Vorstellung des Verkäufers von dem Wert der Sache. Eine konkludente Täuschung liegt somit nicht vor, wenn der Kaufgegenstand einen sehr viel höheren Wert besitzt, als der Verkäufer meint[13]. 392

b) Eine Täuschung durch Unterlassen scheidet mangels Garantenstellung des N ebenfalls aus, weil N keine Pflicht zur Aufklärung des L über die bevorstehende Verabschiedung des Bebauungsplanes hatte. 393

---

[12] Zur Informationsherrschaft bei konkludenter Täuschung *Kasiske*, GA 2009, 360.
[13] *Dannecker*, in: G/J/W, § 263 StGB, Rn. 38; *Kindhäuser/Hoven*, in: NK, § 263 StGB Rn. 129.

II. Strafbarkeit des L
§ 263 Abs. 1 StGB

394 Durch den Abschluss des Kaufvertrages, ohne die Altlasten zu offenbaren, könnte sich L wegen Betruges zum Nachteil der NE-GmbH strafbar gemacht haben.

395 a) Da L sich nicht ausdrücklich zu möglichen Schadstoffbelastungen des Grundstücks geäußert hatte, kommt wiederum nur eine konkludente Täuschung in Betracht. Dann müsste dem Verkauf eines Grundstücks die schlüssige Erklärung innewohnen, es sei nicht verseucht. Grundsätzlich erklärt der Verkäufer nicht, dass die Sache bestimmte Eigenschaften aufweise[14]. Allerdings impliziert der Verkauf eines Grundstücks eine Erklärung über dessen Verkehrsfähigkeit, also dass es zumindest in irgendeiner Weise zu gebrauchen sei[15]. Einem solcherart mit Schadstoffen belasteten Grundstück fehlt jedoch die Verkehrsfähigkeit, sodass L den N über das Vorliegen dieser Eigenschaft durch schlüssiges Verhalten täuschte.

396 b) N irrte daraufhin über die Verkehrsfähigkeit des Grundstücks und verfügte über das Vermögen der NE-GmbH, indem er den Kaufvertrag über das Grundstück abschloss. Die Voraussetzungen der – auch – beim Forderungsbetrug erforderlichen „Zurechnung" des Verhaltens des Verfügenden zum Opfervermögen beim Dreiecksbetrug[16] liegen vor, da N als Geschäftsführer sowohl „im Lager" der Gesellschaft stand als auch zum Abschluss des Kaufvertrages rechtlich befugt war[17]. Die Verfügung schädigte das Vermögen der NE-GmbH, weil der Anspruch auf Übereignung des Grundstücks sehr viel weniger wert war als der Anspruch des L auf die Kaufsumme.

397 c) L handelte vorsätzlich und in der Absicht, sich rechtswidrig zu bereichern. Da keine Rechtfertigungs- oder Entschuldigungsgründe ersichtlich sind, hat er sich wegen Betruges strafbar gemacht.

3. Handlungsabschnitt: Das Geschehen im Hotel
I. Strafbarkeit des U
1. § 331 Abs. 1 StGB

398 U könnte durch den Verzehr des Bieres eine Vorteilsannahme begangen haben.

399 a) Er ist als Beamter nach § 11 Nr. 2a StGB Amtsträger und nahm als solcher einen Vorteil an, auf den er keinen Anspruch hatte. Den Vorteil müsste er für die Dienstausübung angenommen haben. Durch die Verwendung des Begriffs Dienstausübung stellt das Gesetz klar, dass die Vorteilsgewährung zwar in Beziehung zum dienstlichen Verhalten stehen muss, nicht aber zu einer konkreten Diensthandlung[18]. Es reicht also, dass der Vorteil dem Amtsträger gewährt wird, um sich sein Wohlwollen

---

[14] *Kindhäuser/Hoven*, in: NK, § 263 StGB Rn. 129; *Perron*, in: Sch/Sch, § 263 StGB Rn. 16d, 17b.
[15] Vgl. zum „Miterklären" bei konkludenter Täuschung *Schneider*, StV 2004, 537, 538.
[16] BGH, NStZ 2008, 339 f.; Krey/*Hellmann*/Heinrich, BT 2, Rn. 654.
[17] Näher dazu Joecks/*Jäger*, StK, § 263 StGB Rn. 94 ff.
[18] BT-Drs. 13/8079, 15.

für die Zukunft zu sichern[19]. Hier stand die Einladung in die Hotelbar in einer Beziehung zu dem von U ausgeübten Amt, sodass er den Vorteil für die Dienstausübung annahm.

b) Wegen dieser „Lockerung" der Unrechtsvereinbarung würde selbst die Gewährung oder Annahme eines geringwertigen Vorteils, z.B. einer Tasse Kaffee oder eines Werbekalenders, von §§ 331 Abs. 1, 333 Abs. 1 StGB erfasst werden, wenn die Zuwendung in einem Zusammenhang mit der Dienstausübung erfolgt. Zu beachten ist jedoch, dass eine Unrechtsvereinbarung nur vorliegt, wenn die Gewährung oder Annahme eines Vorteils als Gegenleistung für die Dienstausübung gegen einschlägige Regeln verstößt[20]. Ein solcher Regelverstoß fehlt nach zutreffender Auffassung bei sozialadäquaten Zuwendungen, also solchen, die sozial üblich und von der Allgemeinheit gebilligt sind[21]. Das ist jedenfalls bei geringfügigen Vorteilen im Wert weniger Euro der Fall[22], ohne dass sich allerdings ein generell gültiger Betrag beziffern lässt. Entscheidend ist immer die Betrachtung der konkreten Umstände[23]. U nahm hier eine übliche Bewirtung an, die sich im Rahmen des Üblichen und damit Sozialadäquaten bewegte.

Er hat deshalb den objektiven Tatbestand der Vorteilsannahme durch den Verzehr des Bieres nicht erfüllt.

400

2. § 331 Abs. 1 StGB

Eine Vorteilsannahme könnte aber darin liegen, dass U die „Dienste" der Dame in Anspruch nahm.

401

a) Einen Vorteil stellt auch die Gewährung des Geschlechtsverkehrs dar[24]. U scheint diesen Vorteil aber nicht angenommen zu haben, da er die „Dienstleistung" letztlich selbst bezahlte. Es ist allerdings üblich, dass diese Art Dienstleistung im Voraus bezahlt wird. Deshalb hatte U den Vorteil bereits angenommen. Die Bezahlung durch U erfolgte somit erst zu einem Zeitpunkt, zu dem das Rechtsgut – das Vertrauen in die Unbestechlichkeit der Verwaltung – bereits verletzt war. Die Bezahlung ändert also nichts daran, dass U einen Vorteil angenommen hatte, auf den er keinen Anspruch hatte. Den Vorteil nahm er für die Dienstausübung an, weil das abendliche Zusammentreffen den Abschluss eines Dienstgesprächs bildete und folglich einen Bezug zur dienstlichen Tätigkeit des U hatte.

402

b) Fraglich ist jedoch, ob U vorsätzlich handelte. Dolus eventualis genügt. U müsste es also zumindest für möglich gehalten haben, dass er den Vorteil auch dann an-

403

---

[19] *Rosenau*, in: S/S/W, § 331 StGB Rn. 28 f.
[20] BGHSt 47, 295, 307 („unrechtes" Beziehungsverhältnis); *Heine/Eisele*, in: Sch/Sch, § 331 StGB Rn. 39; *Kuhlen*, in: NK, § 331 StGB Rn. 70; *Rosenau*, in: S/S/W, § 331 StGB Rn. 35.
[21] Näher dazu *von Heintschel-Heinegg*, in: BeckOK-StGB, § 331 Rn. 35 ff.; *Korte*, in: MüKo⁴, § 331 StGB Rn. 134 ff.
[22] Zum Teil, z.B. *Rosenau*, in: S/S/W, § 331 StGB Rn. 16, wird bereits das Vorliegen eines Vorteils verneint.
[23] *Kudlich/Oğlakcıoğlu*, Rn. 388 ff.
[24] BGH, NJW 1989, 914; OLG Hamm NStZ 2002, 38, 39.

nimmt, wenn er die Dame im Nachhinein selbst bezahlt. Bei lebensnaher Auslegung ist davon auszugehen, dass U wusste, diese Art Leistung werde im Regelfall im Voraus bezahlt und deshalb stelle bereits deren Inanspruchnahme die Annahme eines Vorteils dar. Er handelte also vorsätzlich und zudem rechtswidrig und schuldhaft, sodass er sich wegen Vorteilsannahme strafbar gemacht hat.

3. § 332 Abs. 1 StGB

404 Es ergibt sich aus dem Sachverhalt nicht, dass N etwas Unrechtmäßiges von U verlangt hatte. Es handelte sich um einen typischen Fall des „Anfütterns", der nur von § 331 Abs. 1 StGB erfasst ist[25]. § 332 Abs. 1 StGB scheidet somit aus.

II. Strafbarkeit des N
§ 333 StGB

405 N hat sich spiegelbildlich zu U strafbar gemacht, indem er den Vorteil gewährte.

4. Handlungsabschnitt: Die Zahlung an B
I. Strafbarkeit der B
1. § 331 Abs. 1 StGB

406 B hat als Amtsträgerin einen Vorteil für die Dienstausübung angenommen und sich damit nach § 331 strafbar gemacht.

2. § 332 Abs. 1 StGB

407 Fraglich ist, ob sie den Vorteil für eine unrechtmäßige Dienstausübung annahm und sich damit auch wegen Bestechlichkeit strafbar gemacht hat. Das ist deshalb problematisch, weil sie die Baugenehmigung an sich korrekt erteilte. Sie bearbeitete den Antrag lediglich schneller, als es nach dem normalen Verlauf der Dinge üblich gewesen wäre. Nach der Rechtsprechung[26] ist die bevorzugte, schnellere Bearbeitung eines Vorgangs pflichtwidrig, wenn dadurch die Bearbeitung anderer Sachen beeinträchtigt wird. Das soll vor allem dann gegeben sein, wenn gerade gegen die Pflicht zur Bearbeitung in einer bestimmten Reihenfolge verstoßen wird[27]. Da dies hier geschehen ist, nahm B eine Diensthandlung vor, die gegen die Dienstpflichten verstieß. Da sie vorsätzlich, rechtswidrig und schuldhaft handelte, hat sie sich wegen Bestechlichkeit strafbar gemacht.

II. Strafbarkeit des N
§§ 333, 334 StGB

408 N ist spiegelbildlich dazu nach §§ 333, 334 StGB strafbar.

---

[25] Vgl. Joecks/*Jäger,* StK, § 331 StGB Rn. 13; *Wolters,* JuS 1998, 1105.
[26] BGHSt 15, 350, 351 f.; 16, 37, 39 f.
[27] *Fischer,* § 332 StGB Rn. 8.

5. Handlungsabschnitt: Die unterbliebene Auskofferung
Strafbarkeit des N
§§ 324a Abs. 1 Nr. 1, 13 StGB

N könnte wegen Bodenverunreinigung durch Unterlassen strafbar sein, weil er den versuchten Boden nicht auskoffern ließ. **409**

a) In Betracht kommt die Tatalternative des Eindringenlassens von Stoffen in den Boden. Die bloße pflichtwidrige Nichtbeseitigung einer bereits eingetretenen Bodenverunreinigung ist allerdings nicht strafbar, weil die zweite Alternative des § 324a Abs. 1 StGB die Strafbarkeit der Bodenverunreinigung durch Unterlassen abschließend regelt. Die pflichtwidrige Nichtsanierung einer Altlast ist somit grundsätzlich nicht tatbestandsmäßig, weil sich die Stoffe bereits im Boden befinden und das Unterlassen der Entfernung kein Eindringenlassen darstellt. **410**

Umstritten ist jedoch, ob dies auch gilt, wenn sich wegen des Unterbleibens der Sanierung die bereits im Boden vorhandenen Stoffe ausbreiten. Die h.M.[28] bejaht dies mit der Begründung, die Ausbreitung der Altlast durch Nichthandeln stelle ein Eindringenlassen dar. Dagegen wird zwar eingewandt, dass die Gefahr schon durch das erstmalige Eindringen in den Boden entstanden sei und eine weitere Ausbreitung deshalb kein Eindringenlassen von Stoffen sei[29]. Dem ist aber zu widersprechen. Wenn durch das Nichthandeln weiterer Boden kontaminiert wird, lässt der Täter in dieses Erdreich – rings um den bereits kontaminierten Bereich – Stoffe eindringen. N hat daher Stoffe in den Boden eindringen lassen und dadurch die Bodenqualität verschlechtert, also verunreinigt. **411**

b) Da der Stoff in casu im Verdacht steht, krebserregend zu sein, ist die Verunreinigung auch im Sinne des § 324a Abs. 1 Nr. 1 StGB geeignet, die Gesundheit eines anderen zu schädigen. **412**

c) Der Streit, ob die Alternative des Eindringenlassens ein echtes[30] oder ein unechtes[31] Unterlassungsdelikt darstellt mit der Folge, dass bei Annahme der letztgenannten Auffassung eine Garantenstellung erforderlich wäre, ist letztlich irrelevant, da der Tatbestand die Verletzung verwaltungsrechtlicher Pflichten voraussetzt und eine verwaltungsrechtliche Pflicht zur Verhinderung der Verunreinigung eine Garantenstellung begründet[32]. **413**

Fraglich ist in casu allerdings, ob N eine solche Pflicht trifft. Nach § 4 Abs. 3 S. 1 BBodSchG ist nämlich der Grundstückseigentümer verpflichtet, Altlasten zu entsorgen. Eigentümer ist die NE-GmbH. N hat aber als Geschäftsführer deren Pflichten zu erfüllen, sodass er Täter der Bodenverunreinigung ist, ohne dass es der „Überwälzung" der Eigentümerstellung auf ihn nach § 14 Abs. 1 Nr. 1 StGB bedarf. Das **414**

---

[28] *Fischer*, § 324a StGB Rn. 4a; *Heger*, in: L/K/H, § 324a StGB Rn. 6.
[29] *Ransiek*, in: NK, § 324a StGB Rn. 13 f.
[30] *Steindorf*, in: LK[11], § 324a StGB Rn. 33.
[31] *Heger*, in: L/K/H, § 324a StGB Rn. 6; *Heine/Hecker*, in: Sch/Sch, § 324a StGB Rn. 7; *Saliger*, in: S/S/W, § 324a StGB Rn. 9; *Schall*, in: SK[9], 324a StGB Rn. 26.
[32] *Michalke*, AbfallR 2003, 71; *Ransiek*, in: NK, § 324a StGB Rn. 12.

gilt auch dann, wenn man eine Garantenstellung fordert. An sich ergibt sich eine Garantenstellung der GmbH aus ihrer Eigentümerposition und aus § 4 Abs. 3 S. 1 BBodSchG. Die „Garantenpflicht" hat N zu erfüllen.

415 **d)** Da Vorsatz, Rechtswidrigkeit und Schuld vorliegen, hat N sich wegen Bodenverunreinigung durch Unterlassen strafbar gemacht.

Gesamtergebnis und Konkurrenzen:

416 N ist wegen zweifacher Mandatsträgerbestechung in Tatmehrheit strafbar. Dazu treten – ebenfalls jeweils in Tatmehrheit – die Bestechung der B, die als Qualifikationstatbestand die Vorteilsgewährung verdrängt, die Vorteilsgewährung an U und die Bodenverunreinigung.

G und **R** haben sich jeweils wegen Mandatsträgerbestechlichkeit strafbar gemacht.

L hat einen Betrug begangen.

U hat sich wegen Vorteilsannahme strafbar gemacht.

B ist wegen Bestechlichkeit strafbar. Die Vorteilsannahme tritt dahinter zurück.

Fall 10
Der irische Uhrmacher

Betrug bei Zweifeln des Opfers – Kennzeichenverletzung – Steuerhinterziehung durch Schmuggel – Bannbruch – Geschäftsführeruntreue und Bankrott durch den Director einer Limited by shares – Anwendbarkeit der Insolvenzverschleppung auf die irische Limited

Der Uhrmacher Martin Ullstein (U) betrieb in Eberswalde das Uhren- und Schmuckfachgeschäft „Ullstein" in der Rechtsform des eingetragenen Kaufmanns. Da die Geschäfte seit geraumer Zeit schlecht liefen, konnte er die Miete für das Geschäftslokal im April und Mai 2022 nicht bezahlen. Als sein Vermieter Wilhelm Vogt (V) daraufhin ankündigte, den Mietvertrag zu kündigen und die Räumung zu veranlassen, wenn U nicht zahle, wendete sich U an Bernhard Müller (M), der in einer Anzeige dafür geworben hatte, bei der Gründung einer Private Company Limited by Shares (Ltd.) in Irland behilflich zu sein. Eine „Limited" ist eine Gesellschaft mit beschränkter Haftung, die eine eigene Rechtspersönlichkeit besitzt, zu deren Gründung aber – anders als bei einer GmbH nach deutschem Recht – kein wesentliches Stammkapital aufgebracht werden muss. M erläuterte U die Möglichkeit, eine Limited zu gründen, die das Fachgeschäft in Eberswalde betreiben könne, ohne dass U mit seinem Privatvermögen für die Forderungen gegen die Firma hafte. U lieh sich von seinem Freund Konstantin Fritsche (F) 1.000 €, die M für seine Dienste verlangte. M meldete für U beim Companies Registration Office Ireland (CRO) die Ullstein Ltd. (U Ltd.) an. Das Stammkapital betrug einen Euro. Als Director wurde U in das Register des CRO eingetragen. Die Zweigniederlassung wurde zum Handelsregister Frankfurt/Oder angemeldet. U überführte das Vermögen seines bisherigen Geschäfts – darunter zwei teure Chronographen der Marke „Kurze und Töchter" – in das Gesellschaftsvermögen der U Ltd.

U ging im Juni 2022 für die U Ltd. mit V einen neuen Mietvertrag über die Geschäftsräume ein. U wies V darauf hin, dass die U Ltd. eine juristische Person mit Stammkapital sei. V kannte jedoch – entgegen den Erwartungen des U – die geringen Anforderungen an die Gründung einer Ltd. und glaubte deshalb nicht recht, dass die U Ltd. über ein nennenswertes Stammkapital verfügte. V war dieser Umstand aber gleichgültig. Er schloss den Mietvertrag ab, weil er keinen anderen Mieter in Aussicht hatte und er so wenigstens das Leerstehen der Geschäftsräume vermeiden konnte.

U wollte den Neuanfang nutzen, das Geschäft „gewinnorientierter" zu führen. Er kaufte deshalb Michael Schuster (S) drei billige Uhren ab, die dem Modell einer Schweizer Uhrenmanufaktur nachempfunden und mit deren Firmenzeichen versehen waren. S hatte diese Uhren aus Taiwan nach Deutschland eingeführt. Den Zollbeamten hatte S erklärt, nichts zu verzollen zu haben. Die Höhe der hinterzogenen Einfuhrabgaben – Zoll und Einfuhrumsatzsteuer – betrug 126,08 €. Diese Umstände kannte U nicht. Er bot die Uhren in seinem Laden zum Preis von 5.775 €, dem

417

Marktpreis echter Uhren dieses Herstellers, an. Es fand sich jedoch kein einziger Kaufinteressent, weil die Kunden des U Uhren dieser Preisklasse nicht nachfragten.

Da U keine Bücher für die U Ltd. führte, verlor er den Überblick über deren Vermögensstand. Er schaffte es jedoch, drei Monate die Miete für die Geschäftsräume der U Ltd. an V zu zahlen, indem er sich noch einmal Geld bei F lieh. Im September 2022 konnte U jedoch keine weiteren Mittel mehr auftreiben und deshalb keine Zahlungen mehr leisten. Er übereignete F eine der beiden „Kurze und Töchter"-Chronographen im Wert von 1.300 € als „Teilrückzahlung" der diversen Darlehen. Die andere Uhr nahm er mit nach Hause, um sie als Privatmann im Internet zu versteigern.

V ließ die U Ltd. noch zwei Monate in den Geschäftsräumen und einigte sich im Dezember 2022 mit U über die Räumung des Geschäftslokals. Auf eine Klage wegen der ausstehenden Mietzahlungen gegen die U Ltd. verzichtete V, weil er sie für fruchtlos hielt. Im Februar 2023 beantragte ein anderer Gläubiger die Einleitung des Insolvenzverfahrens. Das Amtsgericht lehnte die Eröffnung jedoch mangels Masse ab.

Wie haben sich die Beteiligten strafbar gemacht?

Lösung

1. Handlungsabschnitt: Abschluss des Mietvertrages für die U Ltd.

Strafbarkeit des U

1. § 263 Abs. 1 StGB

U könnte einen Betrug begangen haben, indem er V bei dem Vertragsschluss erklärte, bei der U Ltd. handele es sich um eine Gesellschaft mit Stammkapital.

a) Bei wörtlichem Verständnis traf die Aussage zwar zu, weil die Gesellschaft ein Stammkapital von einem Euro hatte. Die Erklärung, es handele sich um eine Gesellschaft mit Stammkapital ist aber so zu verstehen, dass der U Ltd. ein nennenswertes Mindestkapital zur Verfügung stand. Die Einlage von einem Euro kann aber die Funktion eines Stammkapitals, nämlich die einer gewissen Sicherung der Gläubigerforderungen, nicht erfüllen. U täuschte V deshalb konkludent über den Umstand, dass die U Ltd. über ein Stammkapital verfügte.

b) Fraglich ist jedoch, ob die Täuschung zu einem Irrtum des V führte, weil V die Ausstattung der U Ltd. mit einem nennenswerten Stammkapital bezweifelte. Ein Teil der Literatur[1] lehnt unter Berücksichtigung viktimo-dogmatischer Gesichtspunkte einen Irrtum bei Zweifeln des Adressaten einer unwahren Erklärung mit unterschiedlichen Anforderungen an das Ausmaß und das Gewicht der Zweifel ab. Eine Auffassung verneint den Irrtum bereits, wenn der Zweifel auf einem konkreten Anhaltspunkt beruht, weil der Getäuschte sich dann selbst schützen könne, sodass er des Strafrechtsschutzes nicht bedürfe[2]. Andere nehmen einen Irrtum nur an, wenn das Opfer die vorgespiegelten Tatsachen irrig für so nahe liegend ansieht, dass es darauf seinen Entschluss stützen zu können glaubt[3], bzw. wenn es die Wahrheit der behaupteten Tatsache für wahrscheinlicher hält als ihre Unwahrheit[4]. Nach diesen Auffassungen würde ein Irrtum des V hier ausscheiden. Nach h.M.[5] liegt ein Irrtum dagegen ebenfalls dann vor, wenn der Getäuschte die vorgespiegelte Tatsache nur möglicherweise für wahr hält. V wäre danach einem Irrtum erlegen, weil er die Möglichkeit der Ausstattung der U Ltd. mit einem nennenswerten Stammkapital jedenfalls nicht ausschloss. Der h.M. ist zuzustimmen. Auf die mangelnde Strafwürdigkeit kann der Ausschluss der Strafbarkeit jedenfalls nicht gestützt werden, weil der Täter auch bei Zweifeln des Opfers für den eingetretenen Vermögensschaden zumindest mitverantwortlich bleibt[6]. Zudem widerspricht die restriktive Auslegung dem Gesetzeswortlaut. Irrtum ist jede unrichtige Vorstellung über Tatsachen. Hält der Adressat der Erklärung die in Wirklichkeit nicht gegebene Tatsache wenigstens für möglich,

---

[1] *Amelung*, GA 1977, 1 ff.; *Schünemann*, NStZ 1986, 439 ff.
[2] *Amelung*, GA 1977,6 ff.; *ders.*, in: Festschrift für Eser, 2005, S. 3, 19 ff.
[3] *Schmidhäuser*, BT, 2. Aufl. 1983, 11. Kap. Rn. 11.
[4] *Giehring*, GA 1973, 1, 21 f.
[5] BGHSt 47, 83, 88; BGH, NJW 2003, 1198, 1199 f., m. Anm. *Beckemper/Wegner*, NStZ 2003, 315 ff. und *Krüger*, wistra 2003, 297 f.; *Heger/Petzsche*, in NK-WSS, § 263 StGB Rn. 68; *Krack*, JR 2003, 384 ff; *Saliger*, in: E/R/S/T, § 263 StGB Rn 93.
[6] Krey/*Hellmann*/Heinrich, Rn. 604 ff.

so erliegt er schon dadurch einem Irrtum, denn seine Vorstellung stimmt mit der Realität eben nicht überein.

421 Ein Irrtum soll allerdings ausscheiden, wenn es dem Verfügenden gleichgültig ist, ob die behauptete Tatsache wahr ist oder nicht[7]. Das kann aber nur gelten, wenn sich der Getäuschte wegen seiner indifferenten Haltung keine Gedanken über das Vorliegen der Tatsache macht. V mochte die Wahrheit der Erklärung, die U Ldt. besitze ein Stammkapital, gleichgültig gewesen sein, er setzte sich aber mit der Möglichkeit des Vorhandenseins eines Stammkapitals auseinander, sodass ein Irrtum aus diesem Grund nicht ausscheidet.

422 c) Die Mitverantwortung des Opfers schließt jedoch die Betrugsstrafbarkeit aus, wenn die Kausalität des Irrtums für die Vermögensverfügung fehlt, weil der Getäuschte die Verfügung auch ohne die Täuschung vorgenommen hätte[8], bzw. wenn die objektive Zurechenbarkeit scheitert, weil von dem Opfer aufgrund seiner Zweifel erwartet werden kann, dass es sich gegen den Anreiz zur Vermögensverfügung selbst schützt[9]. Ein – vollendeter – Betrug scheidet hier deshalb aus, weil für die Vermögensverfügung des V, nämlich das Eingehen des Mietvertrages mit der U Ltd., nicht die Vorstellung, die Gesellschaft verfüge möglicherweise über eine nennenswerte Kapitalausstattung, maßgeblich war, bzw. V nichts unternahm, um die Wahrheit der Behauptung des U zu verifizieren.

423 d) U ist somit nicht wegen vollendeten Betruges strafbar.

2. §§ 263 Abs. 1, 2, 22, 23 Abs. 1 StGB

424 U könnte sich aber wegen versuchten Betruges strafbar gemacht haben.

425 a) Der Betrug war mangels Kausalität des Irrtums für die Verfügung bzw. mangels objektiver Zurechenbarkeit des Tatererfolges nicht vollendet; der Betrugsversuch ist nach § 263 Abs. 2 StGB strafbar.

426 b) U hatte zwar den Tatentschluss, V zu täuschen, dadurch einen Irrtum über das vorhandene Stammkapital hervorzurufen und V zu einer Vermögensverfügung in Form des Eingehens des Mietvertrages zu bewegen. Zweifelhaft ist aber, ob der Tatentschluss auch auf die Herbeiführung eines Vermögensschadens gerichtet war. Das wäre anzunehmen, wenn U den Anspruch des V auf Zahlung des Mietzinses gegen die U Ltd. als weniger werthaltig betrachtet hätte, als dies bei der vorgespiegelten Stammkapitalausstattung der Fall gewesen wäre. Bei lebensnaher Auslegung des Sachverhalts ist jedoch davon auszugehen, dass U darauf vertraute, dass die Geschäfte besser laufen und die Mietzahlungen erfolgen würden.

427 c) Er ist deshalb nicht wegen versuchten Betruges strafbar.

---

[7] *Mitsch*, BT, S. 291; *Tiedemann*, in: LK[12], § 263 StGB Rn. 86.
[8] BGH, StV 2002, 132, 133.
[9] *Beckemper/Wegner*, NStZ 2003, 315, 316.

2. Handlungsabschnitt: Die nachgemachten Markenuhren
I. **Strafbarkeit des S**
1. **§ 143 Abs. 1 Nr. 1 i.V.m. § 14 Abs. 2 S. Nr. 1 MarkenG**

S könnte sich durch den Umgang mit den Uhren, die mit dem Firmenzeichen der Schweizer Uhrenmanufaktur versehen waren, wegen Kennzeichenverletzung strafbar gemacht haben. 428

a) Eine widerrechtliche Benutzung eines mit der Marke identischen Zeichens für eine Ware entgegen § 14 Abs. 2 S. 1 Nr. 1 MarkenG im geschäftlichen Verkehr in Bezug auf Waren oder Dienstleistungen könnte schon in der Einfuhr der Uhren aus Taiwan zu sehen sein. Das Firmenzeichen der Schweizer Uhrenmanufaktur gehört unabhängig von seiner Eintragung zu den geschützten Marken, weil die Firma es benutzt und es Verkehrsgeltung erlangt hat (§ 4 Nr. 2 MarkenG). Die Einfuhr einer Ware unter dem geschützten Zeichen gehört zu den typischen untersagten Benutzungshandlungen (vgl. § 14 Abs. 3 Nr. 4 MarkenG). Hier ist jedoch zu berücksichtigen, dass S die Uhren heimlich einführte. Ob der Benutzungsbegriff eine heimliche Einfuhr umfasst, ist strittig[10]. Die Antwort auf diese Frage kann in casu offenbleiben, weil sich aus dem Sachverhalt nicht ergibt, dass S „im geschäftlichen Verkehr in Bezug auf Waren oder Dienstleistungen" handelte. Zwar sind an dieses Merkmal keine hohen Anforderungen zu stellen, die Benutzung im privaten Bereich ist aber nicht erfasst[11]. Bei der Einfuhr von „nur" drei Uhren ist eine private Benutzung nicht auszuschließen. Der spätere Verkauf stellt lediglich ein schwaches Indiz für ein Handeln im geschäftlichen Verkehr dar, das dieses Merkmal jedoch nicht belegt. 429

b) Ein Markenzeichen wird allerdings auch benutzt, wenn die Ware, die mit einem der Marke identischen Zeichen versehen ist, in den Verkehr gebracht wird. Dies tat S, indem er U die Uhren zum Kauf anbot. Da S nicht über die Zustimmung des Inhabers verfügte, benutzte er das Zeichen widerrechtlich. Das Verkaufsangebot erfolgte zudem im geschäftlichen Verkehr. 430

c) S handelte vorsätzlich, rechtswidrig und schuldhaft, sodass er sich wegen Kennzeichenverletzung strafbar gemacht hat. 431

2. **§ 370 Abs. 1 Nr. 1 AO**

Das Einschmuggeln der Uhren könnte als Steuerhinterziehung strafbar sein. 432

a) Die Einfuhrumsatzsteuer gem. § 21 Abs. 1 UStG und die Einfuhrabgaben nach Art. 5 Nr. 20 des Zollkodex der Union[12] sind gem. § 3 Abs. 3 AO Steuern im Sinne der AO. Im Falle der Nichtanmeldung wird nicht nur der Zoll, sondern es werden vielmehr sämtliche in Zusammenhang mit der Einfuhr anfallenden Abgaben hinter- 433

---

[10] Nach Auffassung des OLG Stuttgart, NStZ-RR 2000, 25, wird die Marke in einem solchen Fall nicht benutzt, um die Ware zu kennzeichnen. **A.A.** BGH, GRUR 2018, 520, Rn. 14 ff. (zu § 143a MarkenG).
[11] *Kaiser*, in: E/K, M 40, § 14 MarkenG Rn. 13.
[12] Verordnung (EU) Nr. 952/2013 des Europäischen Parlaments und des Rates vom 09.10.2013 zur Festlegung des Zollkodex der Union, Abl. L 269 vom 10.10.2013, 1.

zogen[13]. Durch die Angabe bei der Einreise gegenüber den Zollbeamten, nichts zu verzollen zu haben, machte S dem Hauptzollamt, einer Finanzbehörde nach § 6 Abs. 2 Nr. 5 AO, deshalb unrichtige Angaben über steuerlich erhebliche Tatsachen. Aufgrund der unrichtigen Angaben wurde die Steuer nicht festgesetzt, sodass ein Steuerverkürzungserfolg nach § 370 Abs. 4 S. 1 AO eintrat. Die Tat ist bereits vollendet, wenn der Täter gegenüber dem kontrollierenden Zollbeamten unrichtige Angaben über die mitgeführten Waren macht[14]. Dass die Einfuhr der nachgeahmten Uhren verboten war, steht der Anwendbarkeit des Steuerhinterziehungstatbestandes im Übrigen nicht entgegen, wie § 370 Abs. 5 AO ausdrücklich klarstellt.

434 b) S handelte vorsätzlich, rechtswidrig und schuldhaft, sodass er sich wegen Steuerhinterziehung strafbar gemacht hat.

435 c) Nach § 32 Abs. 1 Zollverwaltungsgesetz (ZollVG) „sollen" Steuerstraftaten und Steuerordnungswidrigkeiten nicht verfolgt werden, wenn durch die Tat Einfuhrabgaben oder Verbrauchsteuern von insgesamt nicht mehr als 250 € verkürzt wurden. Es handelt sich um ein – strafprozessuales – Verfolgungshindernis für geringfügige, im grenzüberschreitenden Reiseverkehr begangene Steuerstraftaten und Steuerordnungswidrigkeiten (sog. Schmuggelprivileg), das die – grundsätzliche – Straf- bzw. Ahndbarkeit solcher Taten nicht beseitigt.

3. § 372 AO

436 Die Einfuhr der Uhren könnte darüber hinaus als Bannbruch strafbar sein.

437 Dann müsste S die Uhren entgegen einem Verbot eingeführt haben. Erforderlich ist ein Verbringungsverbot, das durch Gesetz, Rechtsverordnung oder EU-Rechtsakt angeordnet wird[15]. Aus § 14 Abs. 2 S. 1 Nr. 1, Abs. 3 Nr. 4 MarkenG ergibt sich in unserem Fall ein solches Verbot jedenfalls nicht unmittelbar, da die Vorschriften – wie dargelegt – die private Benutzung (durch die heimliche Einfuhr) nicht erfassen (Rn. 429). Ein Verbot der Überführung nachgeahmter Waren in den zollrechtlich freien Verkehr enthielt Art. 2 der VO (EG) 3295/94 des Rates vom 22.12.1994[16]. Die geltende Verordnung (EU) Nr. 608/2013[17] verbietet die Einfuhr dagegen nicht ausdrücklich. Die VO soll zwar nach Erwägungsgrund 2 „so weit wie möglich" verhindern, dass solche Waren auf den Unionsmarkt gelangen, sie gilt gem. Art. 1 Abs. 4 aber nicht für Waren ohne gewerblichen Charakter, die im persönlichen Gepäck von Reisenden mitgeführt werden. Auch dem EU-Recht ist deshalb kein Verbringungsverbot zu entnehmen, sodass die Strafbarkeit wegen Bannbruchs ausscheidet.

---

[13] *Janovsky*, NStZ 1998, 117, 118.
[14] *Janovsky*, NStZ 1998, 117, 118.
[15] *Ebner*, in: J/J/R, § 372 AO Rn. 40.
[16] Abl. L 341 vom 30.12.1994, 8.
[17] Verordnung (EU) Nr. 608/2013 des Europäischen Parlaments und des Rates vom 12. Juni 2013 zur Durchsetzung der Rechte geistigen Eigentums durch die Zollbehörden und zur Aufhebung der Verordnung (EG) Nr. 1383/2003 des Rates vom 12.06.2013, Abl. L 181 vom 29.06.2013, 15.

II. Strafbarkeit des U
1. § 143 Abs. 1 Nr. 1 i.V.m. § 14 Abs. 2 Nr. 1 MarkenG
U benutzte durch das Anbieten der Uhren ein mit der geschützten Marke identisches Zeichen für gleichartige Waren ohne Zustimmung des Inhabers im geschäftlichen Verkehr. Er hat sich folglich ebenfalls wegen Kennzeichenverletzung strafbar gemacht. **438**

2. § 374 Abs. 1 AO
Die Strafbarkeit wegen Steuerhehlerei scheitert, weil U keine Kenntnis von der Hinterziehung der Eingangsabgaben durch S hatte. **439**

3. §§ 263 Abs. 1, 2, 22, 23 Abs. 1 StGB
U könnte sich jedoch wegen versuchten Betruges strafbar gemacht haben, indem er die nachgemachten Uhren im Schaufenster auslegte. **440**

a) Die Tat wurde nicht vollendet, weil U keine der Uhren verkaufte. Der Betrugsversuch ist nach § 263 Abs. 2 StGB strafbar. **441**

b) Der Tatentschluss des U war darauf gerichtet, Kunden über die Echtheit der Uhren zu täuschen, einen Irrtum der Kaufinteressenten hervorzurufen und sie so zum Kauf der Uhren, also einer Vermögensverfügung, zu bewegen, die wegen des geringeren Marktwertes der nachgeahmten Uhren die Kunden geschädigt hätte. U hatte zudem die Absicht, sich rechtswidrig zu bereichern. **442**

c) Fraglich ist allerdings, ob U schon unmittelbar zum Versuch angesetzt hatte. Das Versuchsstadium beginnt mit Handlungen, die nach dem Tatplan im ungestörten Fortgang unmittelbar zur Tatbestandserfüllung führen sollen; das ist der Fall, wenn der Täter subjektiv die Schwelle zum „jetzt geht es los" überschreitet und objektiv zur tatbestandsmäßigen Angriffshandlung ansetzt, sodass sein Tun ohne Zwischenakte in die Tatbestandsverwirklichung übergeht[18]. U scheint hier den Betrugtatbestand sogar bereits zum Teil verwirklicht zu haben, indem er mit der Täuschungshandlung begonnen hatte. Zivilrechtlich ist das Auslegen der Uhren allerdings lediglich als invitatio ad offerendum zu werten, sodass es zur Herbeiführung der schädigenden Vermögensverfügung noch eines Verkaufsgesprächs bedurfte, in dem U die unrichtige Behauptung, es handele sich um „echte" Markenuhren, hätte wiederholen müssen. Das unmittelbare Ansetzen zum Betrugsversuch liegt bei einem täuschenden Gesamtverhalten zwar nicht immer schon bei der Verwirklichung des „ersten Aktes" vor, sondern erforderlich ist, dass die Handlung in einem unmittelbaren zeitlichen und räumlichen Zusammenhang mit der eigentlich relevanten Täuschung steht[19]. Nach der Vorstellung des U von der Tat war dieser Zusammenhang aber gegeben, da die Kaufinteressenten nach Wahrnehmung der ausgelegten Uhren in das **443**

---

[18] St. Rspr.: BGHSt 26, 201 f.; 28, 162 f.; 31, 178, 182; 35, 6 f.
[19] OLG Karlsruhe, NJW 1982, 59 f.; siehe auch *Mitsch*, BT, S. 332 f.; *Perron*, in: Sch/Sch, § 263 StGB Rn. 179.

Verkaufsgespräch mit U treten sollten, in dem U die Täuschung – zumindest konkludent – wiederholen und dadurch den irrtumsbedingten, schädigenden Abschluss des Kaufvertrages herbeiführen würde. U setzte deshalb bereits durch Auslegen der Uhren unmittelbar zum Betrugsversuch an.

444 d) Da er rechtswidrig und schuldhaft handelte, ist er wegen versuchten Betruges strafbar.

<u>3. Handlungsabschnitt: Die Insolvenz der U Ltd.</u>
Strafbarkeit des U
1. § 283 Abs. 1 Nr. 1 StGB

445 U könnte sich wegen Bankrotts strafbar gemacht haben, indem er die „Kurze und Töchter"-Uhr in seinen Privatbesitz nahm.

446 a) Dann müsste U tauglicher Täter des § 283 Abs. 1 StGB sein. Wie sich aus § 283 Abs. 6 StGB ergibt, ist der Bankrott ein Sonderdelikt, dessen Adressat der Schuldner ist. Schuldner war aber nicht U, sondern die U Ltd. Fraglich ist, ob § 14 StGB die „Überwälzung" des besonderen persönlichen Merkmals, Schuldner zu sein, auf U ermöglicht. § 14 Abs. 1 Nr. 1 StGB wäre einschlägig, wenn der Director einer Ltd. vertretungsberechtigtes Organ einer juristischen Person wäre. Nach irischem Recht ist der Director jedoch nicht Organ, sondern Beauftragter der Gesellschaft. Dennoch wird die Anwendung des § 14 Abs. 1 Nr. 1 StGB mit der Begründung befürwortet, in seiner Funktion stehe der Director dem Geschäftsführer einer GmbH nach deutschem Recht gleich[20]. Ob diese Sicht mit dem aus dem Bestimmtheitsgebot des Art. 103 Abs. 2 GG folgenden Analogieverbot vereinbar ist, ist zwar zweifelhaft. Die Antwort kann aber offenbleiben, da § 14 Abs. 2 S. 1 Nr. 1 StGB grundsätzlich die Überwälzung der Schuldnereigenschaft auf U ermöglichen würde.

447 Die Anwendung des § 14 Abs. 1 Nr. 1 bzw. § 14 Abs. 2 S. 1 Nr. 1 StGB ist davon abhängig, ob U „als" Vertreter bzw. „auf Grund" des Auftrags handelte. Nach dem vorzugswürdigen „Zurechnungsmodell" (Rn. 103) resultiert bei tatsächlichen Verhaltensweisen der Vertretungsbezug aus der Zustimmung des Vertretenen. Das Überführen der Uhren in den Privatbesitz des U stellte eine tatsächliches Verhalten dar, das im Einverständnis der Gesellschafter erfolgte, weil U sich als Alleingesellschafter die Überführung genehmigte. Folglich findet eine Merkmalsüberwälzung statt, U ist Schuldner und somit tauglicher Täter.

448 b) Durch das Überführen der Uhr aus dem Geschäftsvermögen der U Ltd. in das Privatvermögen des U entzog dieser den Gläubigern den Zugriff auf die Uhr. U schaffte somit gemäß § 283 Abs. 1 Nr. 1 StGB Bestandteile des Vermögens der U Ltd. beiseite. Im Zeitpunkt des Überführens war die U Ltd. bereits zahlungsunfähig, somit liegt ein Handeln in der Krise vor.

449 c) Vorsatz, Rechtswidrigkeit und Schuld sind gegeben.

---

[20] *Rönnau*, ZGR 2005, 832, 842 f.; ohne nähere Begründung auch AG Stuttgart, wistra 2008, 226, 229, mit Anm. *Schumann* (zur englischen Ltd.).

d) Das Amtsgericht lehnte die Eröffnung des Insolvenzverfahrens mangels Masse ab, sodass die objektive Strafbarkeitsbedingung des § 283 Abs. 6 StGB erfüllt ist. U ist folglich wegen Bankrotts strafbar. **450**

2. § 266 Abs. 1, 2. Alt. StGB

Indem U die Uhr dem Vermögen der U Ltd. entzog, könnte er sich wegen Untreue strafbar gemacht haben. **451**

a) Die Missbrauchsalternative (§ 266 Abs. 1, 1. Alt. StGB) scheidet aus, weil die Entfernung der Uhr aus den Geschäftsräumen der Ltd. keinen rechtsgeschäftlichen (Verpflichtungs- bzw. Verfügungs-)Charakter hatte. **452**

b) Fraglich ist, ob U durch die Entfernung der Uhr aus dem Vermögen der Ltd. die Treubruchsalternative (§ 266 Abs. 1, 2. Alt. StGB) verwirklichte. Die Pflicht des U als Director zur Wahrnehmung der Vermögensinteressen der U Ltd. war von einigem Gewicht und einiger Dauer und ließ ihm einen erheblichen Spielraum für eigene Entscheidungen über das betreute Vermögen, sodass er jedenfalls die erforderliche Vermögensbetreuungspflicht hatte. **453**

Zweifel an der Verletzung dieser Vermögensbetreuungspflicht bestehen, weil U mit Einverständnis der Gesellschafter handelte, denn er genehmigte sich in seiner Eigenschaft als Alleingesellschafter die Überführung der Uhr in sein Privatvermögen. Die Pflichtverletzung könnte aber – entsprechend den zur „Geschäftsführeruntreue" entwickelten Grundsätzen (Rn. 107) – vorliegen, wenn U durch das Beiseiteschaffen der Uhr eigene Vermögensinteressen der Gesellschaft beeinträchtigte, indem er unter Verletzung der Kapitalerhaltungsvorschriften in deren Stammkapital eingriff. § 30 Abs. 1 GmbHG ist nicht einschlägig[21], da nach der Rechtsprechung des EuGH[22] für Gesellschaften, die in einem EU-Mitgliedstaat gegründet wurden und in einem anderen ihren Sitz haben, das „Heimatrecht", also das Recht des Gründungsstaates gilt[23]. Das irische Recht sieht ein § 30 Abs. 1 GmbHG entsprechendes Stammkapitalerhaltungsgebot zwar nicht vor, es enthält aber durchaus Kapitalerhaltungsvorschriften. So dürfen Auszahlungen an die Gesellschafter nur vorgenommen werden, wenn es sich um tatsächlich realisierte Gewinne handelt (sec. 117 [1] Companies Act 2014). Die Dispositionsbefugnis der Gesellschafter einer Ltd. über das Vermögen der Gesellschaft ist folglich in vergleichbarer Weise beschränkt wie bei der GmbH nach deutschem Recht. Das scheint dafür zu sprechen, den Verstoß gegen diese Vorschrift durch den Director als Verletzung der Vermögensbetreuungspflicht anzusehen. **454**

Dieses Ergebnis wird in der Literatur allerdings zum Teil mit der Begründung bestritten, die Ausfüllung des Untreuetatbestandes durch ausländisches Gesellschaftsrecht missachte den Bestimmtheitsgrundsatz und den Parlamentsvorbehalt, weil **455**

---

[21] *Rönnau*, ZGR 2005, 832, 854.
[22] EuGH Slg. 1999 I-1459 „Centros"; EuGH Slg. 2002 I-9919 „Überseering"; EuGH Slg. 2003, I-10155 „Inspire Art".
[23] BGH, wistra 2010, 268, 270; *Schramm/Hinderer*, ZIS 2010, 494, 497.

nicht der deutsche Gesetzgeber über die Pönalisierung entschieden habe[24]. Wegen des blankettartigen Charakters des § 266 StGB[25] müssten die Vorschriften des Zivil- und Gesellschaftsrechts in den Tatbestand hineingelesen werden. Dies setze aber voraus, dass diese Regeln vom deutschen Gesetzgeber erlassen werden müssten. Diese Argumentation ist jedoch sogar zweifelhaft, wenn man den Ausgangspunkt, § 266 StGB sei ein Blankettstraftatbestand, teilt, denn nach der Rechtsprechung des EuGH gilt in dem Mitgliedstaat, in dem die Ltd. ihren Sitz hat, das Gesellschaftsrecht des Gründungsstaates. Da das irische Gesellschaftsrecht aufgrund europäischen Rechts in Deutschland anwendbar ist, spräche an sich nichts dagegen, es zur Ausfüllung des Blanketttatbestandes heranzuziehen. Bei zutreffender Betrachtung stellt § 266 StGB aber ohnehin einen vollständigen Straftatbestand dar, bei dem das normative Tatbestandsmerkmal der Pflichtwidrigkeit lediglich unter Berücksichtigung der einschlägigen gesellschaftsrechtlichen Vorschriften erfolgt[26]. Die Pflichtwidrigkeit kann dann auch aus – in Deutschland geltenden – Regelungen des irischen Rechts resultieren. Ein Verstoß gegen die Niederlassungsfreiheit, der zu einer anderen Auslegung zwingen würde, liegt im Übrigen nicht vor[27].

456 U hat somit seine Vermögensbetreuungspflicht durch die Entfernung der Uhr verletzt. Das würde im Übrigen auch nach der Rechtsprechung des BGH[28] gelten, der eine „Geschäftsführeruntreue" annimmt, wenn der Eingriff in das Vermögen der Gesellschaft deren Existenz oder Liquidität gefährdet.

457 c) Das Vermögen der Ltd. wurde durch die Entnahme der Uhr zudem geschädigt, sodass der objektive Tatbestand des § 266 Abs. 1, 2. Alt. StGB erfüllt ist.

458 d) Da U vorsätzlich, rechtswidrig und schuldhaft handelte, hat er sich wegen Untreue strafbar gemacht.

3. § 283c Abs. 1 StGB

459 Die Übereignung der zweiten Uhr an F könnte als Gläubigerbegünstigung strafbar sein.

460 a) § 283c StGB ist ein Sonderdelikt, das nur der Schuldner verwirklichen kann, wie sich aus § 283c Abs. 3 i.V.m. § 283 Abs. 6 StGB ergibt. Schuldner ist die U Ltd., deren Schuldnereigenschaft jedoch – wie dargelegt (Rn. 446 f.) – auf U als Organ bzw. Beauftragter der Gesellschaft überwälzt wird.

461 Zum Zeitpunkt der Übereignung der Uhr war die U Ltd. zahlungsunfähig. Durch die Übereignung der Uhr könnte U dem F eine Befriedigung gewährt haben, die dieser nicht in dieser Art zu beanspruchen hatte. F besaß zwar einen fälligen Anspruch gegen die U Ltd., dieser war jedoch auf die Zahlung von Geld gerichtet. Eine inkon-

---

[24] *Rönnau*, ZGR 2005, 832, 854 ff. (zur englischen Ltd.).
[25] *Rönnau/Hohn*, NStZ 2004, 113 f.
[26] BGH, wistra 2010, 268, 270, mit zust. Anm. *Beckemper*, ZJS 2010, 672, 675; *Schramm/Hinderer*, ZIS 2010, 494, 497 f.; *Tiedemann*, Rn. 262.
[27] Dazu *Schramm/Hinderer*, ZIS 2010, 494, 499 ff.
[28] BGHSt 35, 333, 337; 54, 52, 57 f.; BGH, NStZ-RR 2012, 80 ff.; NStZ 2012, 630 ff.

gruente Deckung liegt schon dann vor, wenn der Schuldner einer Geldschuld eine Ware an Erfüllung statt übereignet, ohne dass eine wirksame Abrede bezüglich der Möglichkeit des Schuldners, auf diese Art zu leisten, getroffen wurde[29]. U begünstigte F somit vor den übrigen Gläubigern, denen die Uhr sonst zur Verfügung gestanden hätte.

b) U handelte in Kenntnis der Zahlungsunfähigkeit der U Ltd., wissentlich im Hinblick auf die Begünstigung des F sowie mindestens mit dolus eventualis hinsichtlich der Inkongruenz der Deckung, sodass der subjektive Tatbestand gegeben ist. **462**

c) Rechtswidrigkeit und Schuld liegen ebenfalls vor. **463**

d) Die objektive Strafbarkeitsbedingung des Zusammenbruchs gem. § 283 Abs. 6 StGB, die nach § 283c Abs. 3 StGB auch für die Gläubigerbegünstigung erforderlich ist, trat im September 2022 ein, weil U die Zahlungen für die U Ltd. einstellte. **464**

4. § 283 Abs. 1 Nr. 5 StGB

Durch das Nichtführen von Handelsbüchern für die U Ltd. könnte sich U zudem wegen Bankrotts strafbar gemacht haben. **465**

a) U ist nach § 14 Abs. 1 Nr. 1 bzw. Abs. 2 Nr. 1 StGB tauglicher Täter des Bankrotts. Fraglich ist, ob U gesetzlich zur Führung von Handelsbüchern verpflichtet war. Die Buchführungspflichten des HGB scheinen hier nicht einschlägig zu sein, da – wie dargelegt (Rn. 454) – für eine in Irland gegründete Ltd. irisches Gesellschaftsrecht gilt. Sec. 282 Companies Act 2014 schreibt zwar ebenfalls eine laufende Buchführung (accounting records) vor, § 283 Abs. 1 Nr. 5 StGB soll aber nach einer Auffassung in der Literatur auf Verletzungen der Buchführungspflicht im Falle der Ltd. nicht anwendbar sein, da ein Hineinlesen ausländischen Rechts in das deutsche Strafrecht gegen den Parlamentsvorbehalt verstoße[30]. Die Gegenmeinung befürwortet die Berücksichtigung der ausländischen Buchführungsvorschriften mit der Begründung, § 283 Abs. 1 Nr. 5 StGB verweise nicht ausdrücklich auf das deutsche Handelsrecht[31]. Auf die Verletzung der irischen Buchführungsvorschriften kommt es jedoch gar nicht an, da die Buchführungsvorschriften der §§ 243 ff. HGB auch für inländische Zweigniederlassungen ausländischer Kaufleute gelten[32]. Durch die Verletzung der Buchführungspflicht führte U die Zahlungsunfähigkeit der U Ltd. herbei. **466**

b) Da U vorsätzlich, rechtswidrig sowie schuldhaft handelte und die objektive Strafbarkeitsbedingung des § 283 Abs. 6 StGB (Zahlungseinstellung sowie Abweisung des Insolvenzeröffnungsantrags mangels Masse) eintrat, hat sich U wegen Bankrotts strafbar gemacht. **467**

---

[29] *Petermann/Hofmann*, in: MüKo[4], § 283c StGB Rn. 25.
[30] *Rönnau*, ZGR 2005, 832, 849 (zur englischen Ltd.).
[31] Vgl. dazu *Golovnenkov*, Das transnationale Insolvenzstrafrecht im Verhältnis zu Russland, 2012, S. 160; *Tiedemann*, in: LK[12], § 283 StGB Rn. 244; offen gelassen von AG Stuttgart, wistra 2008, 226, 227 mit Anm. *Schumann*.
[32] *Just/Krämer*, BC 2006, 29, 32.

5. § 15a Abs. 4, Abs. 1 S. 1 InsO

468 Indem U keinen Antrag auf Eröffnung des Insolvenzverfahrens stellte, könnte er sich wegen Insolvenzverschleppung strafbar gemacht haben.

a) U müsste tauglicher Täter des § 15a Abs. 4 InsO sein. § 15a Abs. 1 S. 1 InsO gilt auch für Auslandsgesellschaften mit Verwaltungssitz und Betrieb in Deutschland, wenn sie mit deutschen Gesellschaften vergleichbar sind[33]. Da die irische Ltd. der deutschen GmbH entspricht, scheint U Adressat der Vorschrift zu sein.

469 Das setzt allerdings voraus, dass § 15a Abs. 1 S. 1 InsO dem Insolvenzrecht zugehört. Würde es sich bei der die Insolvenzantragspflicht um eine gesellschaftsrechtliche Regelung handeln, würde sie für die Ltd. nicht gelten, da sie dem irischen Gesellschaftsrecht unterliegt und dieses keine solche Pflicht enthält. Wäre § 15a Abs. 1 S. 1 InsO dagegen eine insolvenzrechtliche Vorschrift, so wäre sie nach Art. 3 Abs. 1 S. 1, Art. 4 Abs. 1 VO (EG) Nr. 1346/2000 des Rates (EGInsVO)[34] auf eine irische Ltd., die den Mittelpunkt ihrer hauptsächlichen Interessen in Deutschland hat, anwendbar. Die Zugehörigkeit der Insolvenzantragspflicht zum Gesellschaftsrecht[35] oder Insolvenzrecht[36] ist strittig. Zum Teil wird die Regelung sogar als deliktsrechtliche Vorschrift verstanden[37]. Die Gesetzessystematik, also die Einordnung der Regelung in die InsO spricht dafür, dass es sich um eine insolvenzrechtliche Vorschrift handelt. Aber auch sachlich ist sie dem Insolvenzrecht zuzurechnen, da sie zu den Voraussetzungen gehört, unter denen das Insolvenzverfahren eröffnet wird[38].

470 b) Die U Ltd. war zudem gem. § 17 Abs. 2 S. 1 InsO zahlungsunfähig. Der Antrag auf Eröffnung des Insolvenzverfahrens wurde nicht innerhalb der Frist von drei Wochen gem. § 15a Abs. 1 S. 2 InsO gestellt.

471 c) U handelte vorsätzlich, rechtswidrig und schuldhaft und hat sich somit wegen Insolvenzverschleppung strafbar gemacht.

Gesamtergebnis und Konkurrenzen:

472 U hat sich wegen Kennzeichenverletzung, versuchten Betruges, Untreue, Gläubigerbegünstigung, Bankrotts in zwei Fällen und Insolvenzverschleppung strafbar gemacht. Durch dieselbe Handlung – die Überführung der Uhr in den Privatbesitz – verwirklichte er den Bankrott- und den Untreuetatbestand. Da die Tatbestände un-

---

[33] BT-Drs. 16/6140, 55; *Hohmann*, in: MüKo³, § 15a InsO Rn. 22 f.
[34] Abl. L 160 vom 30.06.2000, S. 1-18.
[35] Zu § 64 Abs. 1 GmbHG *a.F.*: *Mock/Schild*, in: Hirte/Bücker, Grenzüberschreitende Gesellschaften, 2. Aufl. 2006, § 17 Rn. 84.
[36] BT-Drs. 16/6140, 133; *Hellmann*, Rn. 361; *Ogiermann/Weber*, wistra 2011, 206, 209; *Wilk/Stewen*, wistra 2011, 161, 163 f. Zu § 64 Abs. 1 GmbHG *a.F.*: *Eidenmüller*, Ausländische Kapitalgesellschaften, 2004, § 9 Rn. 32; *Weiß*, Strafbare Insolvenzverschleppung durch den director einer Ltd., 2009, S. 67 ff.
[37] Zu § 64 Abs. 1 GmbHG *a.F.*: LG Kiel, DB 2006, 1314, 1315 f.
[38] Eingehend dazu *Weiß*, Strafbare Insolvenzverschleppung durch den Director einer Ltd., 2009, S. 67 ff.

terschiedliche Rechtsgüter schützen, § 283 StGB dient dem Schutz der Interessen der Gläubiger, § 266 StGB dem des Vermögens der GmbH, stehen sie in Tateinheit (§ 52 StGB)[39]. Die anderen Delikte treten in Tatmehrheit (§ 53 StGB) hinzu.

S hat eine Steuerhinterziehung und eine Kennzeichenverletzung begangen. Die Delikte stehen in Tatmehrheit. Hinsichtlich der Steuerhinterziehung ist das Verfolgungshindernis des § 32 Abs. 1 ZollVG zu beachten.

---

[39] BGH, NStZ 2012, 89, 91; wistra 2012, 346, Rn. 28 ff. (nicht abgedruckt in BGHSt 57, 229); zust. *Pohl*, wistra 2013, 334.

Fall 11
Fehler im Gesundheitswesen

Betrug und Untreue bei unwirtschaftlicher Verordnung durch Vertragsarzt – Mitwirkung des Patienten – Amtsträger- und Wirtschaftsbestechung

Carsten Paul (P) war bei der Elberfelder Ersatzkasse (EEK) gesetzlich krankenversichert. Er befand sich wegen einer schweren Erkrankung in der Behandlung der niedergelassenen Vertragsärztin Dr. Sabine Arndt (A). Als A ein Rezept über 20 Tabletten eines teuren verschreibungspflichtigen Schmerzmittels ausstellen wollte, bat P darum, eine Großpackung mit 100 Tabletten aufzuschreiben. A wusste, dass dieses Mittel häufig von Drogenabhängigen als Ersatz für Betäubungsmittel verwendet wird und deshalb einen erheblichen „Schwarzmarktpreis" hat. Auf der Liste der Betäubungsmittel steht das Mittel jedoch nicht. A hielt es für möglich, dass sich P einen „Nebenverdienst" verschaffen wollte, verschrieb ihm aber dennoch die Großpackung, obwohl 20 Tabletten zur Behandlung der Erkrankung ausgereicht hätten, weil sie P nicht als Patienten verlieren wollte und „es schließlich nicht ihr Geld sei". P begab sich mit dem Rezept in die Bahnhofsapotheke, wo ihm der Inhaber, Dr. Harro Becker (B), eine Großpackung des Schmerzmittels zum Preis von 567,40 € aushändigte. Der Preis für eine Zwanzigerpackung hätte 135,10 € betragen. Zehn Tabletten nahm P ein, der Verbleib der übrigen ist nicht bekannt.

473

Einige Zeit später besuchte der Pharmareferent Philipp Richter (R) die A in ihrer Praxis. R war für das Pharmaunternehmen SanaMeier (SM) tätig. Er stellte A in Aussicht, dass SM sie zu einem Wochenendtrip in ein Fünf-Sterne-Hotel nach München einladen werde, wenn A ihren Migränepatienten zukünftig im Regelfall das von SM hergestellte Medikament Zoligran verschreibe. Zoligran hat die gleiche Wirkung wie Konkurrenzprodukte, die aber zum Teil preiswerter sind. A stimmte erfreut zu. Später bekam sie jedoch Bedenken und richtete deshalb ihre Verordnungspraxis nicht an der Vereinbarung aus.

R hatte auch für die Inhaberin der Anker-Apotheke Claudia Schmidt (S) ein Angebot. Bei der Verschreibung von Migränemitteln verzichten Ärzte bisweilen darauf, das Medikament eines bestimmten Herstellers zu verordnen, sondern stellen ein so genanntes Wirkstoffrezept, das nur die vom Apotheker auszugebende Substanz benennt, aus. R erklärte, S werde für jede Weitergabe von Zoligran bei der Vorlage eines Rezeptes, das nur die Angabe des Wirkstoffes Triptan enthält, eine „Gutschrift" in Höhe von sechs Prozent des Einkaufspreises des Medikamentes zu ihrer persönlichen Verfügung überwiesen. S ging auf das Angebot ein und gab in der Folge mindestens in einem Fall auf ein Wirkstoffrezept Zoligran an den Versicherten aus, rechnete gegenüber der Krankenkasse aber den Preis ohne Abzug des „Sonderrabattes" ab.

Wie haben sich die Beteiligten strafbar gemacht?

Lösung

1. Handlungsabschnitt: Das Schmerzmittelrezept
I. Strafbarkeit der A
1. § 263 Abs. 1 StGB

474 A könnte einen Betrug zum Nachteil des B begangen haben, indem sie B durch die Ausstellung des Rezeptes zur Aushändigung des Schmerzmittels veranlasste.

475 Dann müsste A den B getäuscht haben. Das scheint jedoch nicht der Fall zu sein, weil P das Rezept in der Apotheke vorlegte, sodass anscheinend allenfalls eine Tatbegehung von A und P in Mittäterschaft gegeben sein könnte. Bei näherer Betrachtung der (sozial-)rechtlichen Konsequenzen einer Verordnung durch einen Vertragsarzt handelt es sich bei dem Rezept aber um eine Erklärung der A. Nach zutreffender Auffassung[1] kommt nämlich ein Vertrag über die verordneten Arzneimittel, die als Sachleistung der Versicherung an den Versicherten abgegeben werden, zwischen der Krankenkasse und dem Apotheker zustande, indem der Vertragsarzt als Vertreter der Krankenkasse deren Kaufvertragsangebot dem Apotheker anträgt; der Versicherte fungiert lediglich als Bote[2]. Die Verordnung der Schmerzmittel war also eine Erklärung – nur – der A. Eine Täuschung über Tatsachen würde vorliegen, wenn das Rezept die unrichtige Behauptung enthielte, die Verordnung sei medizinisch indiziert. Ausdrücklich erklärte A lediglich, dass die EEK einen Kaufvertrag mit B über die Großpackung der Schmerzmittel zu schließen wünsche. Welche möglichen weiteren – konkludenten – Erklärungen sich aus der Verordnung ergeben könnten, ist wiederum unter Berücksichtigung des Sozialrechts zu beurteilen. Würde die Entstehung des Zahlungsanspruchs des Apothekers von der Wirtschaftlichkeit der Verordnung abhängen, so würde der Vertragsarzt konsequenterweise schlüssig erklären, Art und Menge des verschriebenen Arzneimittels seien medizinisch indiziert, da dieser Umstand dann für das Zustandekommen eines wirksamen Kaufvertrages relevant wäre. Der Apotheker würde sich Gedanken über die Richtigkeit der Verordnung machen, also einen Irrtum erleiden, wenn er an deren Wirtschaftlichkeit glaubt, aufgrund dieses Irrtums eine Vermögensverfügung durch Herausgabe der Arznei vornehmen und einen Schaden erleiden, weil er keinen Anspruch gegen die Krankenkasse auf Bezahlung des Kaufpreises hätte. Dem ist aber nicht so: Der Apotheker hat zwar gewisse Prüfpflichten, diese beschränken sich aber auf Formalien (Name, Berufsbezeichnung und Anschrift des anordnenden Arztes, Name der Person, für die das Arzneimittel bestimmt ist, Menge des verschriebenen Arzneimittels) und pharmazeutische und pharmakologische Umstände[3]. § 129 Abs. 1 S. 1 Nr. 1 SGB V schreibt dem Apotheker die Abgabe des preisgünstigsten Arzneimittels lediglich vor, wenn der Arzt ein Arzneimittel nur unter seiner Wirkstoffbezeichnung verordnet oder die Ersetzung des Arzneimittels durch ein wirkstoffgleiches Arzneimittel

---

[1] BSGE 77, 194, 200; Hellmann/*Herffs*, Rn. 336. **A.A.** z.B. *Wigge*, NZS 1999, 584, 586: Vertrag zwischen Versichertem und Apotheke.
[2] BGHSt 49, 17, 19.
[3] BGHSt 49, 17, 20.

nicht ausgeschlossen hat. Die Beschränkung auf die Abgabe von wirtschaftlichen Einzelmengen gem. § 129 Abs. 1 S. 1 Nr. 3 SGB V verpflichtet den Apotheker zur Abgabe der Packung mit der jeweils kleinsten Stückzahl, soweit der Arzt nichts anderes bestimmt hat[4]. Darüber hinaus gehende Pflichten, insbesondere zur Prüfung der medizinischen Richtigkeit des Rezepts, treffen den Apotheker – im Gegensatz zur Krankenkasse bzw. kassenärztlichen Vereinigung, die auch die Wirtschaftlichkeit der Verordnung prüft – nicht, sodass die Krankenkasse auch den Kaufpreis unwirtschaftlicher Verordnungen zu bezahlen hat. Deshalb gibt der Arzt dazu gegenüber dem Apotheker keine – konkludente – Erklärung ab.

Mangels Täuschung scheidet ein Betrug der A zum Nachteil des B somit aus. **476**

2. § 266 Abs. 1, 1. Alt. StGB

Durch die Verordnung einer nicht medizinisch indizierten Dosis des Schmerzmittels **477** könnte sich A wegen Untreue zum Nachteil der EEK strafbar gemacht haben.

a) Fraglich ist, ob A die von der zutreffenden h.M. auch für den Missbrauchstatbe- **478** stand geforderte Vermögensbetreuungspflicht hatte. Die Rechtsprechung[5] und Teile der Literatur[6] folgern die Pflicht des Vertragsarztes zur Wahrnehmung der Vermögensinteressen der Krankenkasse aus seiner besonderen durch das Sozialrecht (vgl. §§ 72 Abs. 1, 73 Abs. 2 Nr. 7 SGB V) begründeten Stellung als Vertreter der Krankenkasse. Die These des Großen Senats des BGH, der Vertragsarzt handele bei der Verordnung von Arzneimitteln nicht als Beauftragter der Krankenkassen[7] (dazu Rn. 505), steht der Annahme einer Vermögensbetreuungspflicht nicht entgegen[8]. Der Vertragsarzt hat eine Doppelstellung inne. Zum einen erfüllt er seine zivilrechtlichen Pflichten[9] aus dem Behandlungsvertrag gegenüber seinem Patienten, zum anderen erbringt er nach Maßgabe der §§ 69 ff. SGB V für die Krankenkasse Leistungen an den Versicherten, auf die dieser gegen die Kasse einen Anspruch hat[10]. Die aus der Zulassung als Vertragsarzt resultierenden Rechte und Pflichten sind auf Dauer angelegt und für das Vermögen der Krankenkasse von erheblichem Gewicht, da der Vertragsarzt – wie dargelegt – als Vertreter der Kasse handelt und für diese Zahlungsverpflichtungen begründen kann. Da der Vertragsarzt zu prüfen und zu entscheiden hat, ob seine Behandlung und Verordnungen notwendig und wirtschaftlich sind (§ 12 Abs. 1 SGB V), wird ihm auch der erforderliche Spielraum für eigene Entscheidungen über das betreute Vermögen eingeräumt, sodass die Voraussetzungen einer Vermögensbetreuungspflicht gegeben sind[11].

---

[4] *Hess*, in: beck-online.GROSSKOMMENTAR, Stand 01.05.2021, § 129 SGB V Rn. 10.
[5] BGHSt 49, 17, 19, 24; BGH, NStZ 2004, 568, 569; NJW 2016, 3253, Rn. 8 ff.; OLG Braunschweig, NStZ 2010, 392, 393.
[6] *Heger*, in: L/K/H, § 266 StGB Rn. 12.
[7] BGHSt (GS) 57, 202, Rn. 25 ff.
[8] **A.A.** *Matt*, in: M/R, § 266 StGB Rn. 22, der diese Sicht als „überholt" betrachtet.
[9] BGHZ 100, 363, 367 f.; BSGE 59, 172.
[10] Hellmann/*Herffs*, Rn. 4.
[11] BGH, NJW 2016, 3253, Rn. 8 ff.; NStZ-RR 2017, 313, 314. **A.A.** *Geis*, GesR 2006, 345, 347f.

479 Die Missbrauchsalternative des § 266 Abs. 1 StGB hätte A erfüllt, wenn sie die EEK rechtswirksam zur Zahlung des Kaufpreises für das Schmerzmittel an B verpflichtet und dadurch die ihr im Innenverhältnis zur EEK auferlegten Grenzen der Verpflichtungsbefugnis überschritten hätte. Wie dargelegt, wird der Vertragsarzt als Vertreter der Krankenkasse bei der Erfüllung der Beitragsansprüche des Versicherten tätig. Verschreibt der Arzt eine Arznei, so gibt er mit Wirkung für und gegen die Krankenkasse die Willenserklärung zum Abschluss eines Kaufvertrages über das verordnete Medikament ab[12]. A hatte somit die Befugnis, die EEK zu verpflichten. Da B keine Pflicht zur Prüfung der Wirtschaftlichkeit, die er hätte verletzen können, traf und auch kein anderer Grund das Zustandekommen eines wirksamen Kaufvertrages zwischen B und der EEK hinderte, verpflichtete A die EEK im Außenverhältnis wirksam zur Zahlung des Kaufpreises in Höhe von 567,40 €. A durfte nach § 12 Abs. 1 S. 2 SGB V jedoch nur eine notwendige und wirtschaftliche Leistung bewirken. Die Verordnung von 20 Tabletten wäre ausreichend gewesen wäre. Durch die Verschreibung nicht benötigter Mittel überschreitet der Vertragsarzt seine Befugnis[13]. A hat somit im Innenverhältnis zur EEK ihre Verpflichtungsbefugnis im Sinne des § 266 Abs. 1, 1. Alt. StGB missbraucht.

480 b) Dadurch wurde die EEK geschädigt. P hatte gegen seine Krankenkasse zwar einen Anspruch auf ärztliche Krankenbehandlung und Versorgung mit Arzneimitteln (§§ 11, 27, 28, 31 SGB V), dieser richtete sich aber nur auf die notwendigen und wirtschaftlichen Leistungen. Die EEK wurde durch die Überlassung des Schmerzmittels von diesem Anspruch nur im Umfang der erforderlichen und wirtschaftlichen Versorgung frei. Ausreichend wäre eine Packung mit 20 Schmerztabletten zum Preis von 135,10 € gewesen, sodass der EEK ein Schaden in Höhe von 432,30 € entstand.

481 c) Da A vorsätzlich, rechtswidrig und schuldhaft handelte, hat sie sich wegen Untreue strafbar gemacht.

3. § 263 Abs. 1 StGB

482 Die Verordnung der Großpackung könnte zudem die Voraussetzungen eines Betruges zum Nachteil der EEK erfüllen.

483 a) Ein Betrug zum Nachteil der Krankenkasse kommt in Betracht[14], weil sie – im Gegensatz zu dem Apotheker, für den die Wirtschaftlichkeit der Verordnung ohne Belang ist – diese prüft. Zwar hängt die Bezahlung der Arznei nicht von der Notwendigkeit und Wirtschaftlichkeit der Verordnung durch den Arzt ab, die Kasse hat aber einen Schadensersatzanspruch nach § 823 Abs. 2 BGB i.V.m. § 266 StGB. Gegenüber der Krankenkasse enthält das Rezept deshalb auch die konkludente Erklärung, die Verordnung sei medizinisch indiziert. Rechtsprechung[15] und Literatur[16]

---

[12] BGHSt 49, 17, 19; BGH, NStZ 2004, 568, 569.
[13] *Herffs*, wistra 2006, 63 ff.
[14] *Dannecker*, in: G/J/W, § 263 StGB Rn. 179; Hellmann/*Herffs*, Rn. 340 ff.; offen gelassen in BGH, NStZ 2004, 568, 570.
[15] BGH, NStZ 2004, 568, 570.
[16] *Gaßner/Strömer*, NStZ 2013, 621, 625; Hellmann/*Herffs*, Rn. 340.

nehmen eine vom Vertragsarzt in mittelbarer Täterschaft verwirklichte Täuschung an, wenn der gutgläubige Apotheker das Rezept der Krankenkasse bzw. der Apothekerverrechnungsstelle vorlegt. Der Anwendung des § 25 Abs. 1, 2. Alt. StGB bedarf es jedoch nicht, da der Apotheker nicht für den Arzt die Erklärung über die Wirtschaftlichkeit abgibt, sondern der Arzt die Täuschungshandlung selbst durch Ausschreiben des Rezeptes gegenüber der Kasse vornimmt.

Die mit der Prüfung befassten Mitarbeiter der Kasse gehen von der Notwendigkeit und Wirtschaftlichkeit der Verordnung aus, sodass sie einen Irrtum erleiden. **484**

Fraglich ist, worin die Vermögensverfügung der Mitarbeiter der Krankenkasse besteht. Zum Teil wird das vermögensmindernde Verhalten in der Zahlung des Kaufpreises an den Apotheker gesehen[17]. Dabei wird jedoch nicht bedacht, dass die Täuschung des Vertragsarztes dafür nicht kausal wird, weil der Apotheker einen Anspruch gegen die Krankenkasse auch besitzt, wenn die Verordnung des Vertragsarztes unwirtschaftlich ist, die Kasse also leisten würde, wenn dessen Täuschung erkannt wird. Eine – auf der Täuschung und dem Irrtum beruhende – Vermögensverfügung der Mitarbeiter der Kasse besteht aber in dem Verzicht auf die Geltendmachung des Schadensersatzanspruches gegen den Arzt, da bei einem Forderungsbetrug kein Verfügungsbewusstsein erforderlich ist[18]. **485**

Die Krankenkasse erlitt einen Schaden in Höhe des nicht geltend gemachten Schadensersatzanspruchs. **486**

b) A erkannte, dass die Verordnung von 20 Tabletten zur Behandlung der Erkrankung des P ausgereicht hätte, und sie hielt es für möglich, dass P die übrigen Tabletten anderweitig verwenden würde. A hatte somit zumindest dolus eventualis hinsichtlich des objektiven Betrugstatbestandes. **487**

Sie müsste zudem mit Bereicherungsabsicht gehandelt haben. Ob A die Bereicherung des P anstrebte, es ihr also gerade darauf ankam, dass er Medikamente in einem Umfang erhalten sollte, in dem er sie nicht benötigte und nicht beanspruchen konnte, kann offenbleiben. Die erstrebte Bereicherung des P würde nämlich nicht die Kehrseite des Schadens der Krankenkasse in Gestalt des Ausbleibens des Schadensersatzes darstellen, sodass eine Drittbereicherungsabsicht jedenfalls mangels „Stoffgleichheit" ausscheidet. A wollte sich aber selbst bereichern, nämlich die Geltendmachung des Schadensersatzanspruchs gegen sich vereiteln. Die Eigenbereicherung strebte A – neben dem Ziel, P nicht als Patienten zu verlieren – auch an, da ein Beweggrund für die Verordnung darin bestand, nicht selbst für die Kosten der unwirtschaftlichen Verordnung aufkommen zu müssen. Die erstrebte Eigenbereicherung war zudem rechtswidrig. **488**

c) Rechtswidrigkeit und Schuld liegen ebenfalls vor, sodass A einen Betrug zum Nachteil der Krankenkasse begangen hat. **489**

---

[17] Hellmann/*Herffs*, Rn. 340.
[18] Krey/*Hellmann*/Heinrich, Rn. 619.

II. Strafbarkeit des P
1. § 263 StGB

490 a) Ein Betrug des P zum Nachteil des B durch Vorlage des Rezeptes und Entgegennahme des Schmerzmittels scheidet aus. Der BGH scheint eine Täuschungshandlung des Versicherten durch Vorlage des ärztlichen Rezeptes für möglich zu halten, lehnt aber einen Irrtum des Apothekers ab, weil dieser die Notwendigkeit und Wirtschaftlichkeit der Verordnung nicht zu prüfen habe[19]. Es fehlt jedoch bereits eine Täuschungshandlung. Bei dem Rezept handelt es sich ohnehin – wie dargelegt – nur um eine Erklärung des Arztes, nicht um eine solche des Patienten. Wenn aber das Rezept des Arztes gegenüber dem Apotheker nicht die konkludente Erklärung aufweist, die Verordnung sei notwendig und wirtschaftlich, dann kann die bloße Überbringung des Rezeptes erst recht keinen solchen Inhalt haben. Auch in der Entgegennahme der Leistung liegt nicht die Erklärung, dass dem ein Anspruch zu Grunde liegt[20].

491 b) Eine Täuschung der EEK durch P scheidet ebenfalls aus. Da der Vertragsarzt als Vertreter der Krankenkasse tätig wird, käme eine Täuschung durch den Versicherten in Betracht, wenn er dem Arzt Umstände vorspiegelt, die diesen veranlassen, eine nicht notwendige Verordnung vorzunehmen. P täuschte A jedoch nicht darüber, eine größere Zahl der Schmerztabletten für seine Behandlung zu benötigen.

492 P täuschte die Krankenkasse auch nicht dadurch, dass er B zur Vorlage des Rezeptes bei der EEK veranlasste, da die Verordnung der Arzneimittel lediglich eine Erklärung des Arztes enthält. Im Übrigen würde ein Betrug des Versicherten am Fehlen der „Stoffgleichheit" zwischen dem Schaden, nämlich dem Unterlassen von Regressansprüchen gegen den Vertragsarzt und der von dem Versicherten erstrebten Bereicherung, der Erlangung nicht geschuldeter Leistungen, scheitern[21].

2. §§ 266 Abs. 1, 1. Alt., 26 StGB

493 Eine mittäterschaftliche Untreue des P kommt nicht in Betracht, da ihm die von § 266 StGB vorausgesetzte Pflichtenstellung fehlte. Er stiftete A aber zu der von ihr verwirklichten Untreue an, indem er deren Tatentschluss zur unwirtschaftlichen Verordnung hervorrief.

494 Da die Pflichtenstellung bei § 266 StGB ein strafbarkeitsbegründendes besonderes persönliches Merkmal darstellt, ist die Strafe des P nach Maßgabe des § 28 Abs. 1 StGB zu mildern[22].

3. §§ 263 Abs. 1, 26 StGB

495 P stiftete A zudem zu dem von ihr begangenen Betrug zum Nachteil der EEK an.

---

[19] BGHSt 49, 17, 21 f.
[20] BGHSt 46, 196.
[21] BGHSt 49, 17, 23.
[22] Siehe dazu im Einzelnen Rn. 210.

2. Handlungsabschnitt: Die Vereinbarung zwischen A und R
I. Strafbarkeit der A
1. § 299a Nr. 1 StGB

A könnte sich wegen Bestechlichkeit im Gesundheitswesen strafbar gemacht haben, indem sie auf das Angebot des R, als Gegenleistung für die Verschreibung des Migränemittels einen Wochenendtrip auf Kosten der SM zu unternehmen, einging.

a) § 299a StGB ist als Sonderdelikt ausgestaltet und erfasst als taugliche Täter nur Angehörige eines Heilberufs. Da Ärzte eine staatlich geprüfte Ausbildung durchlaufen müssen[23], ist A taugliche Täterin.

b) Als Tathandlung kommt hier ein Sichversprechenlassen eines Vorteils in Betracht. Darunter ist die ausdrückliche oder konkludente Annahme des Angebots eines zukünftig zu erbringenden Vorteils zu verstehen[24]. A stimmte dem Vorschlag des R zu, als Gegenleistung für die Verschreibung von Zoligran die Bezahlung eines Wochenendaufenthalts in einem Luxushotel zu erhalten. Vorteil ist jede Zuwendung, die die Lage des Empfängers wirtschaftlich, rechtlich oder persönlich in messbarer Weise verbessert, ohne dass ein Anspruch darauf besteht[25]. Auf die Übernahme der Kosten für das Hotelzimmer hätte A keinen Anspruch gehabt und die Ersparnis eigener Aufwendungen hätte sie wirtschaftlich entlastet. Die Kosten für einen Aufenthalt in einem Luxushotel sind erheblich, sodass es sich nicht um eine sozialadäquate Zuwendung unterhalb der strafwürdigen Bagatellgrenze handelt.

c) Die von § 299a Nr. 1 StGB vorausgesetzte Unrechtsvereinbarung besteht in einer unlauteren Bevorzugung eines anderen im – in- oder ausländischen – Wettbewerb bei der Verordnung von Arznei-, Heil- oder Hilfsmitteln oder Medizinprodukten im Zusammenhang mit der Berufsausübung als Gegenleistung für den Vorteil. Durch die Zusicherung der A, zukünftig Zoligran zu verschreiben, sollte das Pharmaunternehmen SM gegenüber anderen Herstellern von Migränemedikamenten bevorzugt werden. Da andere vergleichbar wirksame Migränemedikamente auf dem Markt waren, hatte SM keine Monopolstellung inne, sondern es bestand eine Wettbewerbssituation. Fraglich ist, ob für das Merkmal der Unlauterkeit noch ein Anwendungsbereich bleibt, weil die Bevorzugung auf der zugesagten Gewährung eines Vorteils beruhen sollte. Die zwischen A und R getroffene Vereinbarung war auf eine Bevorzugung des Herstellers des Zoligran aus eigennützigen und sachfremden Erwägungen gerichtet, sodass die Unrechtsvereinbarung jedenfalls auf eine unlautere Bevorzugung gerichtet war. Dass A innerlich später von der Vereinbarung mit R Abstand nahm, ihre Verordnungspraxis nicht daran ausrichtete und ihr deshalb kein Vorteil zufloss, ist unerheblich. § 299a StGB ist zwar nach zutreffender Auffassung ein Verletzungs-, also kein abstraktes Gefährdungsdelikt[26]. Dass der Tatbestand neben dem Wettbewerb, den Vermögensinteressen der Mitbewerber und der Krankenkassen

---

[23] Vgl. *Heger*, in: L/K/H, § 299a StGB Rn. 2; *Wittig*, § 26 Rn. 69.
[24] *Dannecker/Schröder*, in: NK, § 299a StGB Rn. 127; *Hohmann*, in: MüKo⁴, § 299a StGB Rn. 20.
[25] BGH, NJW 2003, 2996, 2997; *Rosenau*, in: S/S/W, § 299a StGB Rn. 11; *Sinner*, in: M/R, § 299a StGB Rn. 7.
[26] *Hellmann*, Rn. 817. **A.A.** BT-Drs. 18/6446, 21; *Rosenau*, in: S/S/W, § 299a StGB Rn. 1.

auch das Vertrauen der Patienten in die Integrität der heilberuflichen Entscheidungen schütze[27], findet im Gesetzeswortlaut aber keine Grundlage[28]. Wegen der Beeinträchtigung des lauteren Wettbewerbs durch die Unrechtsvereinbarung wird jedenfalls dieses Schutzgut bereits durch die Unrechtsvereinbarung verletzt.

500 d) Im Zeitpunkt des Abschlusses der unlauteren Vereinbarung mit R handelte A vorsätzlich. Rechtswidrigkeit und Schuld liegen vor, sodass sich A wegen Bestechlichkeit im Gesundheitswesen strafbar gemacht hat.

2. § 299 Abs. 1 Nr. 1 StGB

501 A könnte sich zudem wegen Bestechlichkeit im geschäftlichen Verkehr strafbar gemacht haben, indem sie auf das Angebot des R, als Gegenleistung für die Verschreibung des Migränemittels einen Wochenendtrip auf Kosten der SM zu unternehmen, einging.

502 a) Dann müsste A Angestellte oder Beauftragte eines geschäftlichen Betriebes gewesen sein. Dem scheint entgegenzustehen, dass A als niedergelassene Ärztin in eigener Praxis tätig war. Zu berücksichtigen ist aber die Doppelstellung des Vertragsarztes. Er nimmt einerseits – für seine eigene Praxis – die aus dem Behandlungsvertrag mit dem Patienten resultierenden Pflichten wahr. Insoweit scheidet § 299 Abs. 1 StGB mangels Angestellten- oder Beauftragtenstatus aus. Andererseits wirkt er als Vertreter der Krankenkasse bei der Erfüllung der Ansprüche des Versicherten gegen die Kasse mit. In dieser Funktion scheidet die Sonderbeziehung des Vertragsarztes zu einem geschäftlichen Betrieb nicht von vorneherein aus.

503 b) Ein Unternehmen ist jede auf gewisse Dauer betriebene Tätigkeit im Wirtschaftsleben, die sich durch Austausch von Leistungen und Gegenleistungen vollzieht[29]. Auf eine Gewinnerzielungsabsicht kommt es dabei nicht an. Krankenkassen nehmen Prämien der Versicherten ein und gewähren die Behandlung, nehmen also einen Austausch von Leistungen und Gegenleistungen vor. Der öffentlich-rechtliche Charakter der gesetzlichen Krankenkassen steht dem nicht entgegen. Auch öffentliche Unternehmen sind Unternehmen i.S.d. § 299 StGB, wenn sie sich am Wirtschaftsverkehr beteiligen[30], was insbesondere der Fall ist, sobald und soweit sie im Wettbewerb mit anderen Interessenten für Aufträge stehen. Die Krankenkassen sind dem Wettbewerb unterworfen und deshalb auf Dauer angelegte geschäftliche Betriebe.

504 c) Angestellte der Krankenkassen war A jedenfalls nicht, weil dem Vertragsarzt die dafür erforderliche Weisungsunterworfenheit[31] fehlt. A könnte aber Beauftragte der jeweiligen Krankenkasse, für die sie tätig wurde, sein. Beauftragter des Unternehmens ist, wer aufgrund seiner Stellung berechtigt und verpflichtet ist, für das Unternehmen zu handeln und auf die unternehmerischen Entscheidungen Einfluss nehmen

---

[27] BT-Drs. 18/6446, 12, 13, 16; 18/8106, 17. Dem folgend z.B. *Sahan*, in: G/J/W, § 299a StGB Rn. 3.
[28] *Gaede*, in: NK-WSS, § 299a StGB Rn. 13; *Rosenau*, in: S/S/W, § 299a StGB Rn. 2; *Sinner*, in: M/R, § 299a StGB Rn. 3 f.; *Tsambikakis*, medstra 2016, 131, 133; *Wittig*, § 26 Rn. 65.
[29] BGHSt 2, 396, 403; *Dannecker*, in: NK, § 299 StGB Rn. 51; *Heger*, in: L/K/H, § 299 StGB Rn. 2.
[30] *Fischer*, § 299 StGB Rn. 7.
[31] *Hellmann*, Rn. 815.

kann³². Ein Teil der Literatur³³ sieht bei dem Vertragsarzt diese Voraussetzungen als erfüllt an, weil er als Vertreter der Krankenkassen handle und den Anspruch des Versicherten auf Krankenbehandlung konkretisiere. Auch spreche die von der Rechtsprechung angenommene Vermögensbetreuungspflicht (Rn. 478) dafür, dass der Arzt Beauftragter der Krankenkassen sei. Dem wurde jedoch entgegengehalten, dass § 299 Abs. 1 StGB eine rechtsgeschäftlich eingeräumte Befugnis zum Tätigwerden für den Betrieb erfordere, also im Gegensatz zur Untreue eine durch Gesetz begründete Pflichtenstellung nicht genüge³⁴.

In der Rechtsprechung war die Beauftragtenstellung des Vertragsarztes ebenfalls umstritten³⁵. Auf Vorlage des 3.³⁶ und des 5. Strafsenats³⁷ kam es zu einer Entscheidung des Großen Senats³⁸, der die Strafbarkeit des Vertragsarztes ablehnte. Er stellt dabei vor allem auf das Vertrauensverhältnis zwischen dem Arzt und dem Patienten ab. Auch sprächen das Selbstbestimmungsrecht des Patienten und sein Recht auf freie Arztwahl gegen die Beauftragtenstellung des Vertragsarztes. Für diese Sicht streiten außerdem der Wortlaut des § 299 Abs. 1 StGB und der Zusammenhang der beiden Täteralternativen der Vorschrift. Der Tatbestand setzt voraus, dass der Täter „Beauftragter eines Unternehmens" ist. Das spricht dafür, dass das Unternehmen bzw. dessen Inhaber den Täter beauftragt haben muss, eine Begründung der Pflichtenstellung durch Gesetz somit nicht ausreicht. So liegt es im Übrigen auch bei dem Angestellten, der in einem zumindest faktischen Dienst-, Werk- oder Auftragsverhältnis zum Inhaber des Geschäftsbetriebs stehen muss³⁹. Der Vertragsarzt erlangt seine Stellung durch Beschluss des Zulassungsausschusses. Dieser Beschluss ist ein begünstigender Verwaltungsakt, der den Arzt zur Teilnahme an der vertragsärztlichen Versorgung berechtigt und verpflichtet⁴⁰. Darüberhinausgehende vertragliche oder sonst unmittelbare Beziehungen zwischen der Krankenkasse und dem Vertragsarzt bestehen nicht. **505**

d) A war also keine Beauftragte der Krankenkassen und hat sich deshalb nicht wegen Bestechlichkeit im geschäftlichen Verkehr strafbar gemacht. **506**

3. § 332 Abs. 1, 3 StGB

A könnte sich aber wegen Amtsträgerbestechlichkeit strafbar gemacht haben. **507**

---

[32] BGHSt 2, 396, 401; *Dannecker*, in: NK, § 299 StGB Rn. 44; *Wittig*, wistra 1998, 7, 9.
[33] *Böse/Mölders*, MedR 2008, 585; *Pragal*, NStZ 2005, 133 ff.; *Pragal/Apfel*, A&R, 2007, 10 ff.; *Tiedemann*, in: LK¹², § 299 StGB Rn. 18; offengelassen von *Dannecker*, in: NK, § 299 StGB Rn. 49.
[34] *Dieners*, PharmR 2010, 230; *Geis*, wistra 2005, 369 ff.; *Klötzer*, NStZ 2008, 12; *Sahan/Urban*, ZIS 2011, 23 ff.; *Schneider*, StV 2010, 366; *ders.*, HRRS 2010, 241; *Taschke*, StV 2005, 406, 410.
[35] Erstmals bejahte das OLG Braunschweig, NStZ 2010, 392, die Beauftragtenstellung. Gegen eine Strafbarkeit LG Stade, ZMGR 2011, 148.
[36] BGH, MedR 2011, 651.
[37] BGH, NStZ-RR 2011, 303.
[38] BGHSt 57, 202 ff.
[39] *Fischer*, § 299 StGB Rn. 15 f.
[40] Hellmann/*Herffs*, Rn. 9 f.

Fall 11

508 a) Voraussetzung ist, dass sie Amtsträgerin im Sinne des § 11 Abs. 1 Nr. 2 StGB ist. Niedergelassene Ärzte sind keine Beamten im staatsrechtlichen Sinne und sie stehen auch in keinem sonstigen öffentlich rechtlichen Amtsverhältnis, da dieser einschränkend auszulegende Terminus die Übertragung eines Geschäftskreises im Bereich der vollziehenden Gewalt voraussetzt, durch die ein beamtenähnliches Dienst- und Treueverhältnisses begründet wird, wie dies z.B. bei Ministern, parlamentarischen Staatssekretären, Wehrbeauftragten oder Notaren der Fall ist[41]. Es kommt somit nur eine Amtsträgereigenschaft nach § 11 Abs. 1 Nr. 2c StGB in Betracht. A müsste also dazu bestellt sein, bei einer Behörde oder sonstigen Stelle oder in deren Auftrag Aufgaben der öffentlichen Verwaltung wahrzunehmen.

509 b) Der Große Strafsenat des BGH[42] lehnte die Amtsträgereigenschaft des Vertragsarztes auf Vorlagebeschlüsse des 3. und 5. Strafsenats, die wegen grundsätzlicher Bedeutung (§ 132 Abs. 4 GVG) ergangen waren, ab. Der Große Strafsenat folgert aus der zivilrechtlichen Natur des Behandlungsvertrages die fehlende Amtsträgerstellung des Vertragsarztes. Da sich die Haftung in Fällen von Behandlungsfehlern nach dem Zivilrecht richte, handele der Arzt nicht hoheitlich. Einer solchen Interpretation widerspräche auch das Vertrauensverhältnis zwischen Arzt und Patienten. Zudem sei der Arzt nicht in die Organisationsstruktur der Krankenkassen eingegliedert, sodass er nicht als deren „verlängerter Arm" mit hoheitlicher Gewalt tätig werde. Zwingend ist diese Argumentation nicht. Zum einen erfordert es die vom Großen Strafsenat beschworene Einheit der Rechtsordnung keineswegs, dass ein zivilrechtlicher Behandlungsvertrag dem hoheitlichen Handeln entgegenstehe. Zum anderen spricht die Organisationsstruktur nicht gegen die Amtsträgerstellung. Die Möglichkeit zur Verschreibung von Arzneimitteln hat der Vertragsarzt nur aufgrund einer öffentlich-rechtlichen Kompetenz, die er mit der Zulassung als Vertragsarzt erlangt. In seinen medizinischen Entscheidungen ist der Arzt dabei frei, ansonsten befindet er sich aber in einem öffentlichen Rechtsverhältnis.

510 Ein Teil der Literatur[43] betrachtet den Vertragsarzt deshalb zu Recht als Amtsträger. Die gesetzlichen Krankenkassen sind zwar keine Behörden im strafrechtlichen Sinne, weil sie in keinem Über- oder Unterordnungsverhältnis zu einem anderen Organ stehen. Sie sind aber „sonstige Stellen" im Sinne des § 11 Abs. 1 Nr. 2c StGB. Dieser Begriff ist nicht eindeutig, nach Auffassung des BGH[44] ist für die Auslegung wegen der Gleichstellung mit Behörden entscheidend, dass die sonstige Stelle Merkmale aufweisen muss, die diese Gleichstellung rechtfertigen. Der BGH zieht daraus Schlüsse in zwei Richtungen: Zum einen können privat-rechtlich organisierte, aber staatlich gesteuerte Unternehmen „sonstige Stellen" sein, wenn sie derart staatlicher Steuerung unterliegen, dass sie bei einer Gesamtbewertung der sie kennzeichnenden Merkmale als „verlängerter Arm" des Staates erscheinen[45]. Zum anderen reicht der

---

[41] *Fischer*, § 11 StGB Rn. 16; *Heger*, in: L/K/H, § 11 StGB Rn. 5; *Radtke*, in: MüKo⁴, § 11 StGB Rn. 35 ff.
[42] BGHSt 57, 202 ff.
[43] *Neupert*, NJW 2006, 2811, 2812 ff.; *Pragal/Apfel*, A&R 2007, 10, 16 ff.
[44] BGHSt 43, 370, 376 f.
[45] BGHSt 43, 370, 377; 45, 16, 19; 46, 310, 312 f.; BGH, NJW 2004, 693 ff.

rechtliche Status, z.B. der einer Körperschaft des öffentlichen Rechts, allein nicht aus, sondern es ist eine rechtliche und tatsächliche Eingliederung in die Staatsverwaltung erforderlich[46]. Dass es auf die Organisationsform nicht ankommt, stellt im Übrigen die durch das Korruptionsbekämpfungsgesetz vom 13. August 1997 vorgenommene Ergänzung des § 11 Abs. 1 Nr. 2c StGB klar.

Der Vertragsarzt nimmt als Vertreter der Krankenkasse deren Aufgaben wahr, indem 511 er den Anspruch des Versicherten auf Heilbehandlung konkretisiert. Dass der Arzt im Verhältnis zu seinem Patienten aufgrund des Behandlungsvertrages zivilrechtlich tätig wird, ändert daran nichts[47].

c) Die Verordnung von Arzneimitteln fällt in den Bereich der amtlichen Funktion 512 des Vertragsarztes und er kann die Handlung nur vermöge seines Amtes vornehmen, sodass darin eine Diensthandlung liegt[48]. A ließ sich somit einen Vorteil für die Vornahme einer Diensthandlung versprechen. Die Verordnung unter Missachtung des Wirtschaftlichkeitsgebotes verletzt die „Dienstpflichten" des Vertragsarztes. Nach § 332 Abs. 3 StGB liegt Bestechlichkeit bei einer Unrechtsvereinbarung über eine zukünftige Handlung schon vor, wenn sich der Amtsträger bereit erklärt hat, bei der Handlung seine Pflichten zu verletzen oder die Ermessensausübung durch den Vorteil beeinflussen zu lassen. Auch diese Voraussetzung ist hier erfüllt.

d) A handelte vorsätzlich, rechtswidrig und schuldhaft, sodass sie sich – nach zu- 513 treffender Auffassung – wegen Bestechlichkeit strafbar gemacht hat.

II. Strafbarkeit des R
1. § 299b Nr. 1 StGB

Indem R mit A vereinbarte, dass sie als Gegenleistung für die Verschreibung des 514 Medikamentes einen kostenlosen Aufenthalt erhalten sollte, könnte er sich wegen Bestechung im Gesundheitswesen nach § 299b Nr. 1 StGB strafbar gemacht haben.

a) R versprach A als Angehörige eines Heilberufs im Zusammenhang mit ihrer Be- 515 rufsausübung einen Vorteil für eine zukünftige unlautere Bevorzugung im Wettbewerb bei der Verordnung von Arznei-, Heil- oder Hilfsmitteln oder von Medizinprodukten.

b) R handelte vorsätzlich, rechtswidrig und schuldhaft und hat den zu § 299a Nr. 1 516 StGB spiegelbildlichen Straftatbestand der Bestechung im Gesundheitswesen, § 299b Nr. 1 StGB verwirklicht.

2. § 334 Abs. 1, 3 StGB

R hat – bei Zugrundelegung der zutreffenden Auffassung (Rn. 510) – den Tatbestand 517 der Amtsträgerbestechung verwirklicht.

---

[46] So BGHSt 46, 310, 313 f., für das Bayerische Rote Kreuz.
[47] A.A. z.B. *Eisele*, in: Sch/Sch, § 299 StGB Rn. 13; *Geis*, wistra 2007, 361, 363ff.; *Hecker*, in: Sch/Sch, § 11 StGB Rn. 25; *Hohmann*, wistra 2012, 388, 389; *Satzger*, in: S/S/W, § 11 StGB Rn. 27.
[48] Vgl. BGH, NJW 1983, 462.

Fall 11

3. Handlungsabschnitt: Die Zuwendung an S
I. **Strafbarkeit der S**
1. **§ 299a Abs. 1 Nr. 2 StGB**

518 a) Apotheker sind zwar Angehörige eines Heilberufs[49], S ist also taugliche Täterin des § 299a StGB.

519 b) Die Unrechtsvereinbarung muss nach § 299a Nr. 2 StGB aber auf eine Bevorzugung bei dem Bezug von Arznei- oder Hilfsmitteln oder von Medizinprodukten, die zur *unmittelbaren* Anwendung durch den Heilberufsangehörigen oder einen seiner Berufshelfer bestimmt sind, gerichtet sein. S sollte Zoligran nur an die Versicherten abgeben, sie also nicht selbst anwenden.

520 c) S ist also nicht wegen Bestechlichkeit im Gesundheitswesen strafbar.

2. **§ 299 Abs. 1 Nr. 1 StGB**

521 Die Strafbarkeit der S wegen Bestechlichkeit im geschäftlichen Verkehr scheidet – entgegen einer in der Literatur vertretenen Auffassung[50] – aus ähnlichen Gründen aus, wie die des Vertragsarztes (vgl. Rn. 505). § 129 Abs. 1 Nr. 1 SGB V verpflichten den Apotheker zwar dazu, bei Wirkstoffrezepten das preisgünstigste Medikament an den Versicherten weiterzugeben. Die Krankenkassen haben den Apotheken aber diese Stellung nicht rechtsgeschäftlich übertragen. Deshalb handelt der Apotheker ebenfalls nicht als Beauftragter eines geschäftlichen Betriebes[51].

3. **§ 332 Abs. 1, 3 StGB**

522 Um sich wegen Bestechlichkeit strafbar gemacht zu haben, müsste S Amtsträgerin sein. In der Literatur wird die Amtsträgereigenschaft des Apothekers zum Teil bejaht[52]. Der Apotheker nimmt jedoch nicht im Auftrag einer sonstigen Stelle Aufgaben der öffentlichen Verwaltung wahr, denn er ist nicht Vertreter der Krankenkassen. Die Apotheken unterliegen zwar nach Maßgabe des § 129 SGB V einem Kontrahierungszwang und bestimmten Pflichten. Durch den Verkauf von Arzneimitteln an die Krankenkasse nehmen sie aber keine Aufgaben der öffentlichen Verwaltung wahr.

523 Die Strafbarkeit der S wegen Bestechlichkeit scheidet deshalb aus.

4. **§ 263 Abs. 1 StGB**

524 S beging aber einen Betrug zum Nachteil der Krankenversicherung, indem sie konkludent vorspiegelte, das preisgünstigste Medikament herausgegeben zu haben.

---

[49] *Momsen/Laudin*, in: BeckOK-StGB, § 299a Rn. 14; *Rosenau*, in: S/S/W, § 299a StGB Rn. 5.
[50] *Pragal/Apfel*, A&R 2007, 10, 14 ff.; *Schmitz-Elvenich*, Die Krankenversicherung 2007, 240, 241 ff.
[51] *Eggerts/Klümper*, APR 2009, 88.
[52] *Pragal/Apfel*, A&R 2007, 10, 16 ff.

II. Strafbarkeit des R
§§ 263 Abs. 1, 26 StGB
R ist wegen Anstiftung zum Betrug strafbar.

525

Konkurrenzen und Ergebnis

A hat eine Untreue und einen Betrug zum Nachteil der EEK sowie eine Bestechlichkeit im Gesundheitswesen und – nach zutreffender Auffassung – eine Amtsträgerbestechlichkeit begangen. Fraglich ist, in welchem Konkurrenzverhältnis Betrug und Untreue stehen. Rechtsprechung[53] und Literatur[54] gehen davon aus, § 263 StGB trete als mitbestrafte Nachtat hinter § 266 StGB im Wege der Gesetzeskonkurrenz zurück. Diese Sicht überzeugt jedoch nicht. Die in Bezug genommene frühere Entscheidung des BGH[55] betrifft eine andere Konstellation. Dort hatte der Täter einen Vermögensvorteil durch Täuschung erlangt und durch eine spätere Untreuehandlung dem Geschädigten endgültig entzogen. Dass in einem solchen Fall die Untreue hinter den früheren Betrug zurücktritt, trifft zu, da es sich quasi um eine „Sicherungsuntreue" handelt, und beide Taten sich auf denselben Vermögensvorteil beziehen. In casu liegt es aber anders. Der durch die Untreue hervorgerufene Nachteil besteht darin, dass die Krankenkasse dem Versicherten in einem Umfang Medikamente zukommen lässt, in dem er darauf keinen Anspruch hat. Bereichert wird also der Versicherte. Der Betrugsschaden ist dagegen in Form des entgangenen Schadensersatzes eingetreten, bereichert wird der Arzt. Nach zutreffender Auffassung stehen Untreue und Betrug in Tatmehrheit, wenn der Täter durch die Untreue – wie hier – keinen Vorteil erstrebt und erlangt hat und der Betrug der Vereitelung des aus der Untreue resultierenden Schadensersatzanspruchs dient[56]. Es liegt nicht etwa Tateinheit vor, weil beide Straftatbestände durch dieselbe Handlung, nämlich das Ausschreiben des Rezeptes begangen worden wären. Die Untreue beging A nämlich durch die Unterbreitung des Kaufangebotes gegenüber B, den Betrug durch die Täuschung der Mitarbeiter der Krankenkasse. § 266 StGB und § 263 StGB stehen deshalb in Tatmehrheit (§ 53 StGB). §§ 299a, 332 StGB wurden in Tateinheit (§ 52 StGB) verwirklicht, da beide Tatbestände unterschiedliche Rechtsgüter schützen; sie stehen zu den übrigen Delikten in Tatmehrheit.

526

P ist wegen Anstiftung zur Untreue und zum Betrug strafbar.

R hat sich wegen tateinheitlich begangener Bestechung im Gesundheitswesen, Amtsträgerbestechung und Anstiftung zum Betrug strafbar gemacht.

S ist wegen Betruges strafbar.

---

[53] BGH, NStZ 2004, 568, 570.
[54] Hellmann/*Herffs*, Rn. 344.
[55] BGHSt 6, 67.
[56] BGH, NJW 1955, 508, 509; *Perron*, in: Sch/Sch, § 266 StGB Rn. 54.

Fall 12
Das gescheiterte Compliance-System

Geheimnisverrat – Whistleblowing – Garantenstellung des Compliance-Officer – Selbstanzeige bei der Steuerhinterziehung

Arndt Gebauer (G) ist Geschäftsführer der Gebauer-GmbH (G-GmbH), die ein mittelständisches Bauunternehmen betreibt. Bei der Ermittlung des Gewinns der Gesellschaft im Jahresabschluss 2020 behandelte G die Lohnzahlungen an seine private Haushälterin in Höhe von 14.676 € als Aufwendungen für einen Arbeitnehmer der G-GmbH. Den auf diese Weise ermittelten Gewinn gab G in der Körperschaftsteuererklärung der Gesellschaft an. Das Finanzamt setzte im Juli 2021 die Körperschaftsteuer der G-GmbH auf der Grundlage der Erklärung des G fest.

Im Oktober 2021 stellte G die Buchhalterin Sabine Buchholz (B) ein. Um die Körperschaftsteuer der Gesellschaft für das Jahr 2021 zu verringern, wies G die B an, eine außerplanmäßige Abschreibung für einen vorgetäuschten Totalschaden eines firmeneigenen Pkw in Höhe von 15.000 € vorzunehmen. B war mit diesem Vorgehen zwar nicht einverstanden, folgte aber der Anweisung des G. Die von B verfasste Gewinn- und Verlustrechnung für 2021 wies deshalb einen um die Abschreibungssumme verringerten Gewinn der G-GmbH aus. Auf der Grundlage dieser Gewinnermittlung erstellte G am 25. Januar 2022 den Jahresabschluss und die Körperschaftsteuererklärung für die Gesellschaft. Der Körperschaftsteuerbescheid 2021 des Finanzamts erging im Juni 2022 nach den Angaben des G.

Anfang Juli 2022 kam es zu einem Zerwürfnis zwischen B und G, weil B bemerkte, dass G in der Umsatzsteuervoranmeldung der G-GmbH für den Monat Juni 2022 Umsätze in Höhe von 20.000 € verschweigen wollte. Um weiteren Straftaten des G vorzubeugen, wandte sich B an Werner Clement (C), der in der G-GmbH als sogenannter Compliance-Officer angestellt war. C war damit betraut, für das regelkonforme Verhalten der Mitarbeiter des Unternehmens zu sorgen, indem er sie schulte und überwachte. G hatte C z.B. explizit aufgegeben, dafür Sorge zu tragen, dass keine Bestechungsgelder gezahlt oder angenommen werden. Eine Klausel, wie C zu verfahren habe, wenn der Geschäftsführer selbst eine Straftat begeht, enthielt der Arbeitsvertrag nicht. Als B dem C die Unregelmäßigkeiten in den Steuererklärungen mitteilte, wies C sie darauf hin, dass es nur zu seinen Aufgaben gehöre, die Mitarbeiter zu überwachen. Eine Überwachungspflicht gegenüber der Geschäftsleitung habe er hingegen nicht. C blieb deshalb untätig. G gab die unrichtige Umsatzsteuervoranmeldung am 5. Juli 2022 ab.

B sah sich daher gezwungen, dem Verhalten des G auf andere Weise Einhalt zu gebieten. Sie wandte sich an die örtliche Tageszeitung und schilderte dem Lokalreporter Ernst Rudolph (R) das Verhalten des G. B war davon überzeugt, dass die Finanzbehörde nach Veröffentlichung des Artikels in der Zeitung ein Steuerstrafverfahren eröffnen würde. Dies beabsichtigte B auch. R verfasste einen Artikel, der am 16. Juli 2022 erscheinen sollte und in dem das Verhalten des G angeprangert wurde.

527

Am Abend vor der Veröffentlichung sah Claudia Zanetti (Z), eine Kollegin des R, den Beitrag. Z war zwar aufgrund ihres Arbeitsvertrages zur Geheimhaltung der ihr dienstlich bekannt gewordenen Informationen verpflichtet. Da sie mit G gut befreundet war, rief sie ihn aber sogleich an und warnte ihn. G verfasste umgehend eine E-Mail an das Finanzamt, in der er sein Verhalten offenlegte und die Angaben in der Körperschaftsteuererklärung 2021 und in der Umsatzsteueranmeldung für Juni 2022 berichtigte. Er verschwieg dabei jedoch, dass er auch im Jahr 2020 die Körperschaftsteuer durch unrichtige Angaben verkürzt hatte, weil er – zu Recht – davon ausging, dass B davon keine Kenntnis hatte. Die unrichtigen Angaben in der Körperschaftsteuererklärung 2020 kamen ans Licht, als die Steuerfahndung nach Erscheinen des Artikels bei der G-GmbH eine Durchsuchung durchführte.

Wie haben sich die Beteiligten strafbar gemacht?

Abwandlung:

Im Arbeitsvertrag des C war ausdrücklich geregelt, dass sich seine Überwachungsmaßnahmen auch auf das Verhalten der Geschäftsleitung beziehen. Einen Aufsichtsrat hatte die G-GmbH nicht. C nahm die Mitteilung der B zum Anlass, G zur Rede zu stellen und auf die bestehende Ethikrichtlinie hinzuweisen, nach der sich alle Mitarbeiter regelkonform verhalten sollen. G reagierte aber mit Unverständnis und erklärte, dass er nicht glaube, als Geschäftsführer dieser Richtlinie zu unterliegen. C unternahm daraufhin nichts.

Wie hat C sich strafbar gemacht?

Lösung

1. Handlungsabschnitt: Der Jahresabschluss 2020

Strafbarkeit des G

1. § 331 Abs. 1 Nr. 1 HGB

G könnte sich wegen unrichtiger Darstellung strafbar gemacht haben, indem er die Aufwendungen für seine Haushälterin im Jahresabschluss der G-GmbH berücksichtigte. **528**

a) G ist als Geschäftsführer der G-GmbH vertretungsberechtigtes Organ (§ 35 Abs. 1 S. 1 GmbHG) einer Kapitalgesellschaft und folglich tauglicher Täter des § 331 Abs. 1 Nr. 1 HGB. Der Jahresabschluss ist der rechnerische Abschluss eines Geschäftsjahres einer Gesellschaft, der sich aus der Bilanz und der Gewinn- und Verlustrechnung zusammensetzt (§ 242 Abs. 3 HGB). Da die Berücksichtigung der Lohnkosten der Haushälterin unrechtmäßig war und es so zu einer Verminderung des Gewinns der Gesellschaft kam, stellten die Gewinn- und Verlustrechnung und damit auch der Jahresabschluss die Verhältnisse der G-GmbH unrichtig dar. **529**

b) Vorsatz, Rechtswidrigkeit und Schuld liegen vor, sodass G wegen unrichtiger Darstellung strafbar ist. **530**

2. § 370 Abs. 1 Nr. 1 AO

G könnte sich zudem wegen Steuerhinterziehung strafbar gemacht haben, indem er den Gewinn der G-GmbH in der Körperschaftsteuererklärung 2020 zu niedrig angab. **531**

a) G müsste gegenüber der Finanzbehörde unrichtige Angaben über steuerlich erhebliche Tatsachen gemacht haben. Als Kapitalgesellschaft unterliegt die G-GmbH der Körperschaftsteuer (§ 1 Abs. 1 Nr. 1 KStG). Diese bemisst sich gemäß § 7 Abs. 1 KStG nach dem zu versteuernden Einkommen der Gesellschaft, das nach den Vorschriften des Einkommensteuergesetzes (EStG) und des KStG zu ermitteln ist (§ 8 Abs. 1 S. 1 KStG). Maßgeblich ist nach § 4 EStG der Gewinn. Aufwendungen des Unternehmens für Arbeitnehmer sind dem Grunde nach stets Betriebsausgaben[1], sodass die Angaben des G steuerlich erheblich waren. Da die Haushälterin des G nicht Arbeitnehmerin der G-GmbH war, machte G unrichtige Angaben über steuerlich erhebliche Tatsachen gegenüber der Finanzbehörde. **532**

Indem das Finanzamt die Körperschaftsteuer auf der Grundlage der Steuererklärung des G zu niedrig festsetzte, trat ein Steuerverkürzungserfolg ein (§ 370 Abs. 4 S. 1 AO). **533**

b) Da G vorsätzlich, rechtswidrig und schuldhaft handelte, hat er sich nach § 370 Abs. 1 AO strafbar gemacht. **534**

---

[1] *Bode*, in: Kirchhof/Seer, Einkommensteuergesetz, 21. Aufl. 2022, § 4 Rn. 257.

Fall 12

2. Handlungsabschnitt: Der Jahresabschluss 2021
I. Strafbarkeit des G
1. § 331 Abs. 1 Nr. 1 HGB

535 G hat durch die unrichtige Abschreibung im Jahresabschluss 2021 erneut § 331 Abs. 1 Nr. 1 HGB verwirklicht.

2. § 370 Abs. 1 Nr. 1 AO

536 G könnte eine weitere Steuerhinterziehung durch die Abgabe der Körperschaftsteuererklärung 2021 begangen haben.

537 **a)** Die Geltendmachung des Totalschadens des firmeneigenen Pkw war steuerlich erheblich, da nach § 7 Abs. 1 S. 7 EStG eine Abschreibung wegen außergewöhnlicher technischer Abnutzung zulässig ist. Indem G die tatsächlich nicht entstandene Abnutzung geltend machte und das Finanzamt die Körperschaftsteuer daraufhin zu niedrig festsetzte, hat G die Voraussetzungen des § 370 Abs. 1 Nr. 1 AO vorsätzlich, rechtswidrig und schuldhaft verwirklicht.

538 **b)** Die Strafbarkeit könnte aber entfallen, weil G dem Finanzamt die zutreffenden Besteuerungstatsachen per E-Mail mitteilte. Nach § 371 Abs. 1 AO wird der Täter „wegen dieser Straftat" nicht bestraft, wenn er die unrichtigen oder unvollständigen Angaben gegenüber der Finanzbehörde berichtigt und gemäß § 371 Abs. 3 AO die zu seinen Gunsten hinterzogenen Steuern sowie die dort genannten Zinsen innerhalb der ihm bestimmten angemessenen Frist nachzahlt. Die erforderliche Berichtigung scheint G vorgenommen zu haben. Eine besondere Form der Selbstanzeige ist nicht erforderlich, sodass die Mitteilung per E-Mail genügt.

539 § 371 Abs. 1 AO bestimmt allerdings ausdrücklich, dass der Täter gegenüber der Finanzbehörde zu allen unverjährten Steuerstraftaten einer Steuerart in vollem Umfang die unrichtigen Angaben berichtigen, die unvollständigen Angaben ergänzen oder die unterlassenen Angaben nachholen muss, mindesten aber zu allen Steuerstraftaten einer Steuerart innerhalb der letzten zehn Kalenderjahre. Da G nur die unrichtigen Angaben in der Körperschaftsteuererklärung 2021, nicht aber die in der Körperschaftsteuererklärung 2020 berichtigte, ist seine „Selbstanzeige" unwirksam.

540 **c)** G hat sich deshalb wegen Steuerhinterziehung nach § 370 Abs. 1 Nr. 1 AO strafbar gemacht.

II. Strafbarkeit der B
1. §§ 331 Abs. 1 Nr. 1 HGB, 27 StGB

541 B ist als Buchhalterin nicht taugliche Täterin des § 331 Abs. 1 Nr. 1 HGB. Eine Mittäterschaft der B kommt schon allein deswegen nicht in Betracht. Sie leistete G jedoch zu seiner unrichtigen Darstellung über die Verhältnisse der Kapitalgesellschaft Hilfe, indem sie die unzutreffende Abschreibung in der Gewinn- und Verlustrechnung vornahm. Dass B mit dem Vorgang nicht einverstanden war, ist für den Vorsatz unbeachtlich. Sie nahm die unrichtigen Darstellungen zumindest billigend in Kauf.

Sie handelte vorsätzlich, rechtswidrig sowie schuldhaft und hat sich somit wegen Beihilfe zu § 331 Abs. 1 Nr. 1 HGB strafbar gemacht.

2. §§ 370 Abs. 1 Nr. 1 AO, 27 StGB

Des Weiteren hat sie Beihilfe zu der von G verwirklichten Steuerhinterziehung geleistet, indem sie die Gewinn- und Verlustrechnung unrichtig erstellte. **542**

3. Handlungsabschnitt: Die Umsatzsteuerhinterziehung
I. Strafbarkeit des G
§ 370 Abs. 1 Nr. 1 AO

Durch die unrichtigen Angaben in der Umsatzsteuervoranmeldung könnte sich G wegen Steuerhinterziehung strafbar gemacht haben. **543**

a) Der Umsatzsteuer unterliegen nach § 1 Abs. 1 Nr. 1 S. 1 UStG alle Leistungen, die ein Unternehmer (vgl. § 2 UStG) im Inland gegen Entgelt im Rahmen seines Unternehmens ausführt. Die Umsatzsteuer ist eine Jahressteuer, der Unternehmer hat aber Voranmeldungen abzugeben (§ 18 Abs. 1 S. 1 UStG). Die Steuer entsteht mit Ablauf des Voranmeldungszeitraums (§ 13 Abs. 1 Nr. 1a UStG). In der Umsatzsteuervoranmeldung für den Monat Juni 2022 machte G über steuerlich erhebliche Tatsachen unrichtige Angaben gegenüber der Finanzbehörde, indem er einen Teil der Umsätze der G-GmbH nicht angab.

Dadurch müsste er Steuern verkürzt haben. Nach § 168 S. 1 AO steht eine Steueranmeldung einer Steuerfestsetzung unter dem Vorbehalt der Nachprüfung gleich. Da G die Umsätze in der Umsatzsteuervoranmeldung zu niedrig angab, trat ein Verkürzungserfolg ein, und zwar nach heute h.M. in nomineller Höhe des Betrags der zu niedrig angemeldeten Umsatzsteuer (näher dazu Rn. 28). **544**

b) G handelte vorsätzlich, rechtswidrig und schuldhaft. **545**

c) Er könnte aber eine strafbefreiende Selbstanzeige abgegeben haben. **546**
§ 371 Abs. 1 AO steht der Wirksamkeit nicht entgegen, weil die Regelung nur eine vollständige Nacherklärung hinsichtlich einer Steuerart fordert, die Körperschaftsteuerhinterziehungen somit hier außer Betracht bleiben.
Im Übrigen beschränkt § 371 Abs. 2a AO das Vollständigkeitsgebot der Selbstanzeige für die Umsatz- und Lohnsteuervoranmeldungen. Danach kann der Täter entsprechend dem Umfang seiner Selbstanzeige Straffreiheit erlangen. Das gilt nicht nur für das strafbare Unterlassen der Voranmeldung, sondern auch für unrichtig eingereichte Voranmeldungen.

Der strafbefreienden Wirkung könnte aber ein gesetzlicher Ausschlussgrund entgegenstehen. Nach § 371 Abs. 2 S. 1 Nr. 2 AO tritt Straffreiheit nicht ein, wenn die Tat im Zeitpunkt der Berichtigung ganz oder zum Teil entdeckt war und der Täter dies wusste oder bei verständiger Würdigung der Sachlage damit rechnen musste. Auch eine Privatperson kann die Tat entdecken. Voraussetzung ist aber, dass eine Verurteilung des Täters wahrscheinlich ist. Es reicht also nicht, dass ein beliebiger Dritter **547** von der Tat Kenntnis erlangt, sondern es muss damit zu rechnen sein, dass dieser Dritte die Informationen an die zuständige Behörde weitergibt[2]. In unserem Fall hatte nicht nur B Kenntnis erlangt, sondern auch R. Da eine Veröffentlichung der Steuerhinterziehungen unmittelbar bevorstand, war mit hoher Wahrscheinlichkeit damit zu rechnen, dass die zuständigen Behörden davon erfahren werden. Die Tat war mithin entdeckt, was G auch wusste. Der Sperrgrund des § 371 Abs. 2 S. 1 Nr. 2 AO greift zwar nicht, wenn die Entdeckung der Tat aus der Nachholung oder der Berichtigung der Voranmeldung resultiert. In unserem Fall beruhte die Entdeckung der Tat aber nicht auf dieser Berichtigung, sondern auf der drohenden Veröffentlichung der Steuerhinterziehung in dem Artikel durch R. Eine Privilegierung des G ist daher abzulehnen. Wegen des gesetzlichen Ausschlussgrundes des § 371 Abs. 2 S. 1 Nr. 2 AO scheidet somit Straffreiheit aus.

II. Strafbarkeit des C
§§ 370 Abs. 1 Nr. 1 AO, 27, 13 StGB

548 C könnte sich wegen Beihilfe durch Unterlassen[3] zur Steuerhinterziehung strafbar gemacht haben, indem er nichts unternahm, nachdem B ihn darauf hingewiesen hatte, dass G eine Steuerhinterziehung durch unrichtige Angaben in der Umsatzsteuervoranmeldung begehen wollte.

549 a) Die vorsätzliche rechtswidrige Haupttat des G liegt vor. Dazu müsste C durch seine Untätigkeit Hilfe geleistet haben. Fraglich ist, welche Handlung von ihm zu verlangen gewesen wäre. Zum einen kommt eine Unterredung mit G, um diesen von seinem Vorhaben abzubringen, in Betracht. Es bestehen aber erhebliche Zweifel, ob sich G dadurch von seinem Vorhaben hätte abbringen lassen. Zum anderen hätte C das Finanzamt informieren können, wodurch der Eintritt des Verkürzungserfolgs verhindert worden wäre.

550 Das könnte allerdings offenbleiben, wenn C keine Garantenstellung zur Verhinderung der Steuerhinterziehung des G hatte. Der 5. Strafsenat des BGH[4] hat – in einem obiter dictum – festgestellt, dass so genannte Compliance-Officer regelmäßig die strafrechtlich bewehrte Pflicht treffe, im Zusammenhang mit der Tätigkeit des Unternehmens stehende Straftaten von Unternehmensangehörigen zu verhindern[5]. Das sei die notwendige Kehrseite ihrer gegenüber der Unternehmensleitung übernommenen Pflicht, Rechtsverstöße und insbesondere Straftaten zu unterbinden. Ob es sich dabei um eine Überwacher- oder Beschützergarantenstellung handelt, ließ der Senat ausdrücklich offen. Die Literatur[6] bestreitet dagegen eine originäre Garanten-

---

[2] BGH, NStZ 1983, 415; NStZ 2000, 427, 429 f.; *Mückenberger/Iannone*, NJW 2012, 3481, 3482 (Steuer-CDs).
[3] Zu der Frage, ob in solchen Konstellationen Beihilfe oder Täterschaft anzunehmen ist, *Rotsch*, ZJS 2009, 712 ff.
[4] BGHSt 54, 44, 49.
[5] Vgl. dazu *Hellmann*, Rn. 1062 f.
[6] *Berndt*, StV 2009, 689, 690; *Mosbacher/Dierlamm*, NStZ 2010, 268; *Rolshoven/Hense*, BKR 2009, 425, 427; *Rönnau/Schneider*, ZIP 2010, 53, 57. **A.A.** *Kraft*, wistra 2010, 81, 84.

stellung des Compliance-Officer zum Schutz der Vermögensinteressen der Kunden – bzw. hier des Staates –. Die Verantwortung für das regelkonforme Verhalten der Mitarbeiter liege allenfalls bei der Geschäftsleitung, nicht jedoch bei dem Compliance-Officer, der lediglich die Stellung eines ausführenden Organs besitze. Dem ist zuzustimmen, weil der Compliance-Officer im Unternehmen regelmäßig keine Anordnungs- oder Weisungsbefugnis hat, sondern selbst den Weisungen der Geschäftsleitung unterworfen ist. Damit ist er nur Hilfsorgan der Unternehmensleitung[7], sodass eine originäre Garantenstellung kraft Übernahme des Amtes ausscheidet.

In Betracht kommt dagegen eine von G auf C delegierte Garantenstellung. Voraussetzung dafür ist allerdings, dass G selbst als Garant zur Verhinderung von Straftaten, die aus dem Unternehmen heraus begangen werden, verpflichtet ist. Ob eine solche „Geschäftsherrenhaftung" besteht, ist umstritten. Ein Teil der Literatur[8] lehnt sie mit dem Hinweis auf die Eigenverantwortlichkeit der Mitarbeiter grundsätzlich ab. Danach hätte G keine Garantenstellung auf C übertragen können. Andere[9] schränken die Verpflichtung auf Geschäftsbetriebe ein, die selbst eine besondere Gefahrenquelle für die Allgemeinheit darstellen, z.B. weil das Unternehmen gefährliche Produkte wie Waffen oder Chemikalien herstellt oder die Mitarbeiter unter Verkaufszwang „um jeden Preis" gesetzt werden[10]. Auch nach dieser Ansicht könnte C nicht Garant gewesen sein, weil es sich hier nicht um eine besondere Gefahr handelte, die von der G-GmbH ausging. Die h.M.[11] bejaht jedoch eine Garantenstellung der Geschäftsleitung zur Verhinderung betriebsbezogener Zuwiderhandlungen, d.h. solcher Taten, die unter Ausnutzung der tatsächlichen und rechtlichen Möglichkeiten des Unternehmens begangen werden[12]. Danach wäre eine Übertragung der Garantenstellung des G auf C möglich, weil die Hinterziehung von Unternehmenssteuern eine betriebsbezogene Straftat darstellt. **551**

Der h.M. ist zuzustimmen[13]. Es trifft zwar zu, dass straffällige Mitarbeiter eigenverantwortlich handeln. Dies schließt die strafrechtliche Verantwortlichkeit eines Dritten aber nicht generell aus. Der Hinweis auf die Eigenverantwortlichkeit verfängt also nicht. Auch eine Beschränkung auf Fehlverhalten beim Umgang mit gefährlichen Produkten überzeugt nicht. Wenn die Unternehmensleitung Mitarbeiter für sich tätig werden lässt, folgt aus dieser Inanspruchnahme für das Unternehmen und die Eingliederung in die Arbeitsabläufe die Pflicht, durch geeignete organisatorische Maßnahmen Straftaten, die aus dem Unternehmen heraus begangen werden, zu verhindern. Die Unternehmensleitung ist zwar nicht für das Verhalten des Arbeitnehmers in jeder Hinsicht verantwortlich, sie trägt also keine generelle Verantwortung **552**

---

[7] *Rönnau/Schneider*, ZIP 2010, 53, 57.
[8] *Bosch,* Organisationsverschulden im Unternehmen, 2002, S. 146 ff.; *Otto,* BT, § 9 Rn. 93; diff. *Spring,* Die strafrechtliche Geschäftsherrenhaftung, 2009, S. 222 ff.
[9] *Jakobs*, Strafrecht AT, 2. Aufl. 1993, Abschn. 29 Rn. 36; *Stein*, in: SK[10], § 13 StGB Rn. 30.
[10] *Mosbacher/Dierlamm,* NStZ 2010, 268, 269.
[11] BGH, NJW 2012, 1237; *Rogall*, ZStW 98 (1986), 573, 617 f.; *Rönnau/Schneider*, ZIP 2010, 53, 56; *Schünemann*, wistra 1982, 41, 43 ff.; *Stree/Bosch*, in: Sch/Sch, § 13 StGB Rn. 53 f.; *Tiedemann*, Rn. 351.
[12] *Rönnau/Schneider*, ZIP 2010, 53, 56.
[13] *Hellmann*, Rn. 1059.

für das regelkonforme Verhalten der Mitarbeiter. Die von der h.M. vorgenommene Beschränkung auf betriebsbezogene Pflichten ist aber zutreffend. Damit war G Garant für das Verhalten seiner Mitarbeiter. Diese Stellung hatte er auf C übertragen und C hatte sie übernommen.

553 Zweifelhaft ist jedoch, ob daraus eine Pflicht zur Überwachung der Unternehmensleitung resultiert. Da es sich um eine abgeleitete Garantenstellung handelt, kann sie nur so weit reichen wie die originäre Pflicht. In der Literatur wird dennoch behauptet, der Compliance-Officer habe auch die Pflicht, die Unternehmensleitung zu überwachen[14]. Dabei wird aber übersehen, dass der originäre Inhaber der Garantenstellung, also das Leitungsorgan, keine Pflicht zur Überwachung der eigenen Person hat. Eine nicht bestehende Pflichtenstellung kann nicht auf einen Dritten übertragen werden, die Delegation somit nicht zu einer Erweiterung der Pflichten führen. Eine Pflicht – auch – zur Überwachung der Unternehmensleitung muss deshalb ausdrücklich vertraglich geregelt werden. Da eine solche Klausel im Arbeitsvertrag des C nicht enthalten war, hat sich C mangels Garantenstellung nicht wegen Beihilfe durch Unterlassen zur Steuerhinterziehung strafbar gemacht.

4. Handlungsabschnitt: Der Zeitungsartikel
I. Strafbarkeit der Z
§ 23 Abs. 1 Nr. 3 i.V.m. § 4 Abs. 2 Nr. 3 GeschGehG

554 Z könnte sich wegen Geheimnisverrats strafbar gemacht haben, indem sie G anrief und ihn über den Artikel informierte.

555 **a)** § 23 Abs. 1 Nr. 3 GeschGehG ist ein Sonderdelikt, das nur eine bei einem Unternehmen beschäftigte Person als Täter begehen kann[15]. Z ist Angestellte des Verlages, der die Tageszeitung herausgibt, und damit taugliche Täterin.

556 Die Tathandlung des Geheimnisverrats besteht darin, dass der Täter ein Geschäftsgeheimnis, das ihm im Rahmen des Beschäftigungsverhältnisses anvertraut worden oder zugänglich geworden ist, während der Geltungsdauer des Beschäftigungsverhältnisses offenlegt. § 2 Nr. 1 GeschGehG enthält eine Legaldefinition des Geschäftsgeheimnisses, die vier Kriterien aufweist. Ein Geschäftsgeheimnis ist danach eine Information, die den Personenkreisen, die üblicherweise mit dieser Information umgehen, nicht allgemein bekannt oder ohne weiteres zugänglich ist (Nichtoffenkundigkeit) und daher von wirtschaftlichem Wert ist (Werthaltigkeit), von dem rechtmäßigen Inhaber durch angemessene Geheimhaltungsmaßnahmen geschützt wird (Geheimhaltungsschutz) und bei der ein berechtigtes Interesse an der Geheimhaltung besteht (Geheimhaltungsinteresse)[16].

557 Am Abend des 14. Juli 2022 war der Artikel nur einem abgegrenzten Personenkreis zugänglich und somit nicht offenkundig. Es ist unerheblich, dass der Inhalt des Ar-

---

[14] *Illing/Umnuß*, CCZ 2009, 1, 5; *Rönnau/Schneider*, ZIP 2010, 53, 59.
[15] *Heghmanns*, in: M/G, § 26 Rn. 9; *Hiéramente*, in: BeckOK-GeschGehG, § 23 Rn. 32; *Joecks/Miebach*, in: MüKo³, § 23 GeschGehG Rn. 72.
[16] *Stage*, jurisPR-StrafR 12/2019, Anm. 1, 2.

tikels nur für kurze Zeit geheim gehalten werden soll, weil er am nächsten Tag der Öffentlichkeit zugänglich gemacht wird. Der wirtschaftliche Wert für den Zeitungsverlag bestand darin, dass ein Bekanntwerden von Artikeln vor ihrem offiziellen Erscheinen geeignet ist, die Verkaufszahlen zu beeinträchtigen, weil die Informationen dann nicht mehr „neu" sind. Die Anforderungen an den Geheimhaltungsschutz dürfen nicht überspannt werden, sodass nicht die bestmöglichen Schutzmaßnahmen ergriffen werden müssen[17]. Zu berücksichtigen sind insbesondere der Wert des Geschäftsgeheimnisses und dessen Entwicklungskosten, die Natur der Informationen, die Bedeutung für das Unternehmen, die Größe des Unternehmens, die üblichen Geheimhaltungsmaßnahmen in dem Unternehmen, die Art der Kennzeichnung der Informationen und vereinbarte vertragliche Regelungen mit Arbeitnehmern und Geschäftspartnern[18]. In Betracht kommen organisatorische Maßnahmen (Einrichtung einer Compliance-Abteilung, Instruktion von Mitarbeitern sowie die Überwachung und Kontrolle der Einhaltung von Sicherungsmaßnahmen), personelle Maßnahmen (z.B. persönliche Zugangsbeschränkungen zu vertraulichen Informationen), vertragliche Vereinbarungen über Geheimhaltungspflichten und physische Zugangsbeschränkungen und Vorkehrungen (Passwörter, Verschlüsselungstechniken, sichere Verwahrung von Unterlagen usw.)[19]. Die arbeitsvertraglich vereinbarte Pflicht zur Geheimhaltung genügt hier den Anforderungen. Das berechtigte Interesse an der Geheimhaltung ist nach objektiven Kriterien zu bestimmen; erfasst ist grundsätzlich jedes wirtschaftliche Interesse[20] mit Ausnahme von reinen Bagatellfällen[21]. Es liegt vor, wenn die Aufdeckung der Tatsache geeignet wäre, dem Geheimnisträger einen wirtschaftlichen Schaden zuzufügen[22] oder für die Wettbewerbsfähigkeit des Unternehmens von Bedeutung ist[23]. Die Weitergabe des Inhalts der Zeitung vor ihrem Erscheinen kann dem Zeitungsverlag einen Schaden zufügen und seine Wettbewerbsfähigkeit beeinträchtigen. Der Inhalt des Artikels war somit ein Geschäftsgeheimnis des Verlages.

Das Geschäftsgeheimnis war Z während der Beschäftigungsdauer im Rahmen ihres Beschäftigungsverhältnisses zugänglich geworden. Offenlegung meint „die Eröffnung des Geschäftsgeheimnisses gegenüber Dritten, nicht notwendigerweise der Öffentlichkeit"[24]. Durch die Mitteilung des Inhalts des Artikels hat Z deshalb den objektiven Tatbestand erfüllt. **557a**

b) Z handelte vorsätzlich und zu Gunsten eines Dritten. **558**

---

[17] OLG Düsseldorf, GRUR-RS 2021, 17483, Rn. 38; *Fuhlrott*, in: BeckOK-GeschGehG, § 2 Rn. 19.
[18] BT-Drs. 19/4724, 24 f.; *Reinbacher*, in: HdS 6, § 57 Rn. 53.
[19] Näher z.B. *Alexander*, in: K/B/F, § 23 GeschGehG Rn. 58 ff.; *Fuhlrott*, in: BeckOK-GeschGehG, § 2 Rn. 35 ff.
[20] *Hohn-Hein/Barth*, in: BeckOK-UWG, § 2 GeschGehG Rn. 25.
[21] *Hiéramente*, in: BeckOK-GeschGehG, § 2 Rn. 70.
[22] BGH, wistra 2014, 30, 32, zu § 17 UWG.
[23] OLG Stuttgart, GRUR-RS 2020, 35613, Rn. 165; *Többens*, NStZ 2000, 505, 506 (zu § 17 UWG).
[24] BT-Drs. 19/4724, 27.

559 c) Da auch Rechtswidrigkeit und Schuld vorliegen, hat sie sich wegen Geheimnisverrats nach § 23 Abs. 1 Nr. 3 i.V.m. § 4 Abs. 2 Nr. 3 GeschGehG strafbar gemacht.

II. Strafbarkeit der B
§ 23 Abs. 1 Nr. 3 i.V.m. § 4 Abs. 2 Nr. 3 GeschGehG

560 B könnte sich ebenfalls wegen Geheimnisverrats strafbar gemacht haben, indem sie R von den Steuerhinterziehungen des G berichtete.

a) B hat als Angestellte und somit taugliche Täterin während ihres Dienstverhältnisses eine Tatsache mitgeteilt, die ihr aufgrund ihrer Beschäftigung zugänglich wurde.

561 Strittig ist, ob sitten- oder gesetzwidrige Umstände, z.B. die Begehung von Straftaten in dem Unternehmen, ein Geschäftsgeheimnis darstellen können. Nach zutreffender Auffassung ist das zu bejahen, da sich das Geheimhaltungsinteresse des Unternehmers auf solche Geheimnisse erstreckt[25]. Es überzeugt nicht, sie aus dem Schutzbereich auszuklammern, denn das Unternehmen wird in der Regel ein schutzwürdiges Interesse an der Geheimhaltung einer solchen Tatsache haben.

562 Die Antwort auf diese Frage kann hier jedoch offenbleiben, falls die in § 5 Nr. 2 GeschGehG enthaltene Ausnahme von den in § 4 GeschGehG geregelten Handlungsverboten eingreift, weil die Offenlegung zur Aufdeckung einer rechtswidrigen Handlung oder eines beruflichen oder sonstigen Fehlverhaltens erfolgt, wenn die Erlangung, Nutzung oder Offenlegung geeignet ist, das allgemeine öffentliche Interesse zu schützen. Nach dem eindeutigen Wortlaut nimmt § 5 GeschGehG Handlungen zum Schutz eines berechtigten Interesses aus den Verboten des § 4 GeschGehG aus, sodass solche Handlungen bereits die Tatbestände des § 23 GeschGehG nicht erfüllen, also nicht erst als Rechtsfertigungsgründe wirken[26]. Da das „Whistleblowing" nicht (mehr) den Handlungsverboten unterfällt, bedarf es der Anwendung des § 34 StGB zur Rechtfertigung nicht, wie dies zur alten Rechtslage der Fall war[27]. Eine Gefahr für den staatlichen Steueranspruch[28], also das Vermögen des Fiskus, durch die bereits begangenen und in Zukunft zu erwartenden Steuerhinterziehungen des G lag vor. Das Aufkommen der Steuern ist ein berechtigtes öffentliches Interesse.

563 b) Die Offenlegung der Steuerhinterziehungen des G gegenüber R erfüllt somit nicht den Tatbestand des Geheimnisverrats.

---

[25] Z.B. *Hiéramente*, in: BeckOK-GeschGehG, § 2 Rn. 73; *Schröder*, ZRP 2020, 212, 214; zu § 17 UWG *Azar*, JuS 2017, 930, 933; *Kasiske*, ZJS 2016, 628, 633; *Reinbacher*, in: HdS 6, § 57 Rn. 56. **A.A.** *Alexander*, in: K/B/F, § 23 GeschGehG Rn. 79; *Schreiber*, NZWiSt 2019, 332, 334 f.

[26] BT-Drs. 19/8300, 14; *Fuhlrott/Hiéramente*, in: BeckOK-GeschGehG, § 4 Rn. 68; *Gramlich/Lütke*, wistra 2019, 480, 481; *Stage*, jurisPR-StrafR 12/2019, Anm. 1, 3. Krit. zu dieser Einordnung *Erlebach/Veljovic*, wistra 2020, 190, 191 f.

[27] Siehe dazu die 4. Aufl. dieser Fallsammlung, Rn. 561.

[28] Darin besteht nach h.M. das Schutzgut der Steuerhinterziehung, siehe *Peters*, in: H/H/Sp, § 370 AO Rn. 34.

Konkurrenzen und Ergebnis

G hat sich wegen Steuerhinterziehung in drei Fällen und unrichtiger Darstellung in zwei Fällen strafbar gemacht. Die Taten stehen in Tatmehrheit (§ 53 StGB). 564

B hat durch eine Handlung Beihilfe zur Steuerhinterziehung und zur unrichtigen Darstellung begangen (§ 52 StGB).

Z hat einen Geheimnisverrat begangen.

C ist straflos.

Abwandlung:

Strafbarkeit des C
§§ 370 Abs. 1 Nr. 1 AO, 27, 13 StGB

Fraglich ist, ob sich C in der Fallabwandlung wegen Beihilfe durch Unterlassen zur Steuerhinterziehung strafbar gemacht hat. 565

a) Anders als im Ausgangsfall war C durch den Arbeitsvertrag verpflichtet, die Geschäftsleitung zu überwachen. Die originäre Garantenstellung des G wurde somit erweitert. C hatte folglich die Pflicht, gegen das Verhalten des G vorzugehen. 566

b) Da C den G auf sein Verhalten angesprochen hat, könnte er dieser Pflicht aber nachgekommen sein. Der Umfang der Pflichten des Compliance-Officer ist noch nicht abschließend geklärt. Der 5. Senat[29] geht offensichtlich davon aus, dass der Aufsichtspflichtige den Aufsichtsrat informieren muss, wenn die Geschäftsleitung selbst in das deviante Verhalten involviert ist. Die Literatur[30] folgt dem überwiegend, indem sie eine Ausnahme von dem Grundsatz zulässt, dass direkte Kontakte zwischen Mitarbeitern und Aufsichtsrat unzulässig sind. C hätte sich durch die Untätigkeit nach dem Gespräch mit G dennoch nicht strafbar gemacht, weil die G-GmbH keinen Aufsichtsrat hatte. Eine darüber hinausgehende Pflicht – etwa zu einer Strafanzeige[31] – ist unter keinen Umständen anzunehmen. 567

---

[29] BGHSt 54, 44, 51 f.
[30] *Illing/Umnuß*, CCZ 2009, 1, 5; *Rodewald/Unger*, BB 2007, 1629, 1632.
[31] *Favoccia/Richter*, AG 2010, 137, 141.

Stichwortverzeichnis
Die Zahlenangaben beziehen sich auf die Randnummern des Buches.

Abführen des Mehrerlöses 287 f.
Abgeordnetenbestechung 386 f.
- Gemeinderatsmitglied 386 f., 390
- Unrechtsvereinbarung 386
Altlasten 410 ff.
Amtsträger 12, 383, 399, 505 ff.
anfüttern 404
Angestellter 385, 502, 504
Anschein eines besonders günstigen Angebotes 352
Anstiftung
- zu § 403 AktG 340
Apotheker 475, 518, 521 f.
Arbeitgeberbeiträge zur Sozialversicherung 230 ff.
- allgemeine Meldepflicht 232
- Beitragsnachweis 232
- Unterlassen der Unterrichtung 232
Arbeitgebereigenschaft 223
Arbeitnehmerbeiträge zur Sozialversicherung
- Fälligkeit 224
- Rechtfertigung der Nichtzahlung 228
- Vorrang 225
Arbeitnehmereigenschaft beim Geschäftsführer 224
Arzneimittel 344 ff.
Aufenthaltstitel 275
auffälliges Missverhältnis 273
Aufsichtspflichtverletzung
- Adressat 78
- Mutterunternehmen im Konzern 94 ff.
- erforderliche Aufsichtsmaßnahmen 79
- objektive Bedingung der Ahndung 83 ff.
- subjektiver Tatbestand 81
- Tathandlung 79 ff.
- Zuwiderhandlung gegen Pflichten des Inhabers als solchen 80
ausbeuten 272
Ausländerbeschäftigung 285
- Zufluss von Arbeitsleistungen 285 ff.
- Höhe der Einziehung 281 f.
ausländische Amtsträger 12

BaFin 300
Bannbruch 436 ff.
Beauftragter 502, 504 f., 521
Behörde 508 f.
- funktionaler Behördenbegriff 509
- organisationsrechtlicher Behördenbegriff 509
Beihilfe zu
- § 266 StGB 15 f., 210
- § 283 StGB 252
- § 288 StGB 253
beiseite schaffen **221**, 241, 249
benutzen 429 f.
Beratervertrag 2 ff.
Bereicherungsabsicht 149
besonderes persönliches Merkmal
- Arbeitgebereigenschaft 223
- Grundstückseigentümer 414
- Schuldnereigenschaft **101**, 162, 446 f.
- Vermögensbetreuungspflicht 15 ff., 210, 494
Bestechung durch Unterlassen 40 ff.
Bereicherungsabsicht 149, 488
Betreiber einer Anlage 184
Betriebskredit 314
Bildung schwarzer Kassen 7
Blanketttatbestand
- § 55b KWG 201
- § 119 WpHG 298, 307
Bruttoprinzip 281, 288
Buchführungspflicht 214 ff.
- einer Limited by shares 466

Compliance-Officer
- Garantenstellung 550 ff.
- Handlungspflicht 570
Computerbetrug
- Online-Überweisungen 140 f.

Darlehensvertrag 320 ff.
Directors´ Dealings 300, 304
Dienstausübung 399
Dreiecksbetrug 321
Drittbereicherungsabsicht 488
drohende Zahlungsunfähigkeit 250
drohende Zwangsvollstreckung 245

157

Stichwortverzeichnis

eigenverantwortliche Selbstgefährdung 56
Eignung zur erheblichen Kursbeeinflussung 310
Eindringenlassen 424 ff.
Einfuhrumsatzsteuer 433
Einverständnis aller Gesellschafter 166, 454 f.
Einziehung 278 ff.
- Beziehungsgegenstände 291
- Anordnung 375 ff.
- Bruttoprinzip 281, 288
- Höhe der Einziehung 281 f.
- Mehrerlösabschöpfung 287 f.
- Nettogewinn 282
- Sondervorschrift für Organe und Vertreter 292
- strafähnliche Sanktion 282
- Tatunbeteiligte 280
- Unternehmen 280, 282
- Zufluss von Arbeitsleistung 285 ff.
- zuständige Behörde 376
Entscheidungserheblichkeit 318
Erfolgszurechnung 56
Ermessen des Gerichts 293
Erwerb von Aktien 300, 310

fahrlässige Unkenntnis 217
faktischer Geschäftsführer 124, **156 ff.**, 162
fällige Verbindlichkeit 221
falsche Signale 300
funktionaler Behördenbegriff 509
Funktionstheorie 102 f.

Garantenstellung
- Bodenverunreinigung 413
- Compliance-Officer 550 ff.
- Geschäftsinhaber 42, 551
- Ingerenz 58
- Sicherheitsbeauftragter 64
- Verantwortlichkeit für eine Gefahrenquelle 58
Geheimhaltungsinteresse 556 f., 561
Gemeinderatsmitglied 383, 386 f., 390
Geschäftsführeruntreue 105 ff., 164 ff.
geschäftlicher Betrieb 502 f.
Geschäftsgeheimnis 207, **556 f.**
Geschäftsherrenhaftung 551
geschützte Marke 429

Gesundheitsschädigung 412, 187
Gewinnabschöpfung 374 ff.
- durch Unternehmensgeldbuße 378 ff.
Gewinn- und Verlustrechnung 529
Grundstückseigentümer 414
Grundstückskauf 391 ff.
Gründungsschwindel 121 ff.

Handeln in der Krise 216
Handelsbücher führen 214 f., 466
Heimatrecht 454
heimliche Einfuhr 429
Herbeiführen der Krise 100, 466
Höhe der Einziehung bei Unternehmen 282

im geschäftlichen Verkehr 429
Ingerenz 58
Inhaber 78, 94
Inkongruenz 474
Insidergeschäft 309 ff.
Insiderhandel 307 ff.
Insiderinformation 310
Insolvenzverschleppung
- Antragspflicht 153, 234, 469
- Director einer Ltd. 468 f.
- faktischer Geschäftsführer 156 ff.
- sorgfaltswidriges Handeln 236
- Vorsatz 235
Interessentheorie 102 f.
Inverkehrbringen 354
invitatio ad offerendum 443
irreführende Angaben 305, 351
irreführende Bezeichnung 354 f.
irreführende Signale 300

Jahresabschluss 529
juristische Person 223

Kapitalerhaltungsgebot 107 f., 166, 454
Kartellbehörde 371
Kartellordnungswidrigkeit 369 ff.
Kausalität
- zwischen Pflichtverletzung und Vermögensschaden 331
- Bankrotthandlung und Zusammenbruch 218
Kennzeichenverletzung 428 ff.
Kommanditgesellschaft 195
Konzern 94 ff.

Konzernuntreue 105 ff.
Körperschaftsteuer 532
Krankenkassen 509 f.
Kreditvergabe 327 ff.
Krise 100, 216
Kurserhöhung 119
künstliches Kursniveau 305

Lastschriftreiterei 127 ff.
- Irrtum 135
- Täuschung 128, 134, 144, 145 f.
- Vermögensschaden 130, 137
- Vermögensverfügung 129, 137
Leitungsperson 73, 366
Limited by shares
- Buchführungspflicht 466
- Irrtum 420 ff.
- Kausalität von Irrtum und Vermögensverfügung 422
- Schuldnereigenschaft 446, 460
- Täuschung über Stammkapital 419

Machen unrichtiger oder unvollständiger Angaben 315
medizinische Indikation 477
Mehrerlösabschöpfung 287 f.
Missbrauchsalternative **4 ff.**, 328, 452, **472 ff.**
Mitglieder des Vertretungsorgans 153, 157
mittäterschaftlicher Betrug 332 ff.

Nettogewinn 282
nicht in der Art zu beanspruchen 461
Nichtsanierung von Altlasten 411 f.
niedergelassene Ärzte 508

objektive Bedingung der Ahndung 83 ff.
objektive Strafbarkeitsbedingung 218, 242, 464
Offenbarung
- unbefugte 202
öffentliche Bekanntmachung 349
Online-Überweisungen 139 ff.
ordnungsgemäße Wirtschaft 221
organisationsrechtlicher Behördenbegriff 509

Patientenanspruch auf medizinische Versorgung 480

Pflicht zur Verhinderung von Straftaten der Mitarbeiter 42, 551
Pflichtverletzung 7, 107
- bei Kreditvergabe 328 f.
- bei Schmiergeldzahlung 489,
- Alleingesellschafter einer Ltd. 454 ff.
pflichtwidrige Diensthandlung 13
Prüfpflichten eines Apothekers 475

Rezeptausstellung durch einen Vertragsarzt 474 ff.
- medizinische Indikation 477
- mittelbare Täterschaft 478
- Prüfpflichten eines Apothekers 475
- Vermögensverfügung 485
- Täuschungshandlung des Patienten 490 ff.
Risikoprüfung 329

schadensgleiche Vermögensgefährdung 322
Schadstoffe in bedeutendem Umfang 190
Scheinrechnung 26 ff., 48 ff.
Schmiergeldzahlung 489 ff.
schriftliche Angaben 315
Schuldnereigenschaft **101, 159**, 446 f., 460
schwarze Kassen 7
Selbstanzeige 538 ff.
- Ausschlussgrund 547
Sicherheitsbeauftragter 64
sonstige Stelle 510, 522
Sprachwerk 257
Squeeze-Out 332 ff.
- Täuschung 335
- Vermögensschaden 337
- Vermögensverfügung 336
Steueranmeldung 543
Steuerhinterziehung
- auf Zeit 28, 544
- durch Unterlassen 30 ff.
- in mittelbarer Täterschaft 48 ff.
Steuerhehlerei 439
steuerlich erhebliche Angaben
- Vorsteuer 26, 543
- Einfuhrumsatzsteuer 433
Steuerpflicht
- bei der Umsatzsteuer 26, 543
Steuerverkürzung 27, 33, 433, 533, 544

Subventionsbegriff 174
Subventionsbetrug
- entscheidungsbefugter Amtsträger 176
- Kenntnis der Behörde 176

Überwälzung des besonderen persönlichen Merkmals
- Arbeitgebereigenschaft 223
- GmbH&Co.KG 185
- Grundstückseigentümer 414
- Schuldnereigenschaft **101**, 159, 446 f. 460
- strafrechtlicher Verantwortlichkeit 42 f.
Umsatzsteuervoranmeldung 24 ff., 30 ff., 36 ff., 543
- Offenbarung 202
- Verwertung 204 f.
unmittelbares Ansetzen 443
unrechtmäßige Dienstausübung 407
unrichtige
- Angaben 26, 175, 196, 305, 315, 433, 533, 544
- Darstellung 341
Unterlassen beim Betrug 145 f., 393
unternehmensbezogene Einziehung 278 ff.
unwahre Angaben 350

Verbandsgeldbuße
- Bezugstat 69 ff., 74 ff., 372
- Höhe der Geldbuße 378 f.
- isolierte 70 ff.
- kumulative 69, 363 ff.
- Pflichten, welche die juristische Person betreffen 90, 367
- zuständige Behörde 69 ff., 364, 371
Verbraucherinsolvenz 240
Verbreitung 258, 262 ff., 294
Verfahrenshindernis des § 32 ZollVG 435, 472
Verhältnis von
- § 400 Abs. 1 Nr. 1. AktG zu § 331 HGB 341
- § 263 StGB zu § 264 StGB 176
- § 263 StGB zu § 265b StGB 325 f.
- § 263 StGB zu § 266 StGB 526
- § 283 StGB zu § 283b StGB 219
- § 283 StGB zu § 288 StGB 254

- § 283d StGB zu §§ 283, 27 StGB 254
- § 283d StGB zu §§ 288, 27 StGB 254
Verkehrsfähigkeit 395
Verkehrsgeltung 429
Verletzung der Berichtspflicht 339
Verletzung verwaltungsrechtlicher Pflichten 186, 191
Verletzung von Buchführungs- und Bilanzvorschriften 212 ff.
Vermögensbetreuungspflicht 3, 15 ff.
- Director einer Ltd. 453 ff.
- Gesellschafter 112 ff.
- Kapitalerhaltungsgebot 107 f., 166, 454
- Missbrauchsalternative 181
- Subventionsgeber 181
- Vertragsarzt 478, 493 f.
- Vorstandsmitglieder einer AG 19
Vermögensnachteil 8, 22, 108, 330
Vermögensschaden
- Darlehensvertrag 320
- Lastschriftreiterei 130, 137
- schadensgleiche Vermögensgefährdung 322
- Squeeze-Out 337
Vermögensverlust großen Ausmaßes 132, 238
Vermögensvorteil 271
Verordnung nicht medizinisch indizierter Medikamente 477 ff.
Versuch 426 f., 440 ff.
- unmittelbares Ansetzen 443
Vertikalvereinbarungen 358
Vertragsarzt 475, 478 f., 504 ff., 509 ff.
Vervielfältigung 258, 261 f., 296
Verwertung
- unbefugte 204 f.
Verwertungsrechte 261 f.
Vorrang der Arbeitnehmerbeiträge 225
Vorsatz-Fahrlässigkeitskombination 217
Vorteil 400, 402
vorteilhaft 317

Wettbewerbsbeschränkende Vereinbarungen 358, 372
- Vertikalvereinbarungen 358
Whistleblower 562
widerrechtlich 429 f.
wirtschaftliche Verhältnisse 316

Zahlungsunfähigkeit 153, 216, 225, 241, 250
- Kenntnis 234, 236
Zahlungsverbot des § 64 GmbHG 226
Zurechnungsmodell 102 f.
Zusammenhang mit der Stellung des Handelnden („als") **102 f.**, 446 f.
Zuwiderhandlung gegen Pflichten des Inhabers als solchen 80
Zwangslage 272

Kombiniertes Gesetzes- und Sachregister

AktG
§ 400 AktG
unrichtige Darstellung 341
Verhältnis zu § 331 HGB 341

§ 403 AktG
Anstiftung 340
Verletzung der Berichtspflicht 339

AMG
§ 2 AMG
Arzneimittel 344 ff.

§ 96 AMG
Arzneimittel 344 ff.

AO
§ 370 AO
durch Unterlassen 30 ff.
- Inunkenntnislassen 31 f.
Einfuhrumsatzsteuer 433
in mittelbarer Täterschaft 48 ff.
Scheinrechnung 26 ff., 48 ff.
Selbstanzeige 538 ff.
- Ausschlussgrund 547
Steueranmeldung 543
steuerlich erhebliche Angaben
- Körperschaftsteuer 532
- Vorsteuer 26
- Einfuhrumsatzsteuer 433
Steuerpflicht
- bei der Umsatzsteuer 26, 543
Steuerverkürzung 27, 33, 433, 533, 544
- auf Zeit 28, 544
Umsatzsteuervoranmeldung 24 ff.,
30 ff., 36 ff., 543
unrichtige Angaben 26, 433, 532, 543,
548
Verfahrenshindernis des § 32 ZollVG
435, 472

§ 372 AO
Bannbruch 436 ff.

§ 374 AO
Steuerhehlerei 439
Vorsatz 439

AufenthG
§ 95 AufenthG
Aufenthaltstitel 275

GeschGehG
§ 23 GeschGehG
Geheimnisverrrat 554 ff., 560 ff.
Geschäftsgeheimnis 207, **556 f.**
Whistleblowing 562

GmbHG
§ 82 GmbHG
faktischer Geschäftsführer 124
Gründungsschwindel 121 ff.
- Adressat 123

GWB
§ 1 GWB
Adressaten 372
Anwendungsbereich 358
Vertikalvereinbarungen 358

§ 81 GWB
Anwendungsbereich 358
Gewinnabschöpfung 374 ff.
Vertikalvereinbarungen 358

HGB
§ 331 HGB
Gewinn- und Verlustrechnung 529
Jahresabschluss 529
Kommanditgesellschaft 195
Sonderdelikt 195
taugliche Täter 195
unrichtige Angaben 196

InsO
§ 15a InsO
Antragspflicht 153, 234, 469
Director einer Limited 468 f.
Fahrlässigkeitsdelikt 236
faktischer Geschäftsführer 156 ff.
Kenntnis von der Zahlungsunfähigkeit 234, 236
Mitglieder des Vertretungsorgans 153, 157
Sonderdelikt 153, 156 ff.
sorgfaltswidriges Handeln 236
Vorsatz 235

§ 17 InsO
Zahlungsunfähigkeit 153, 216

KWG
§ 55a KWG
unbefugte Verwertung 204 f.

§ 55b KWG
Blanketttatbestand 201
unbefugte Offenbarung 202

LFGB
§ 59 Abs. 1 Nr. 7 i.V.m. § 11 Abs. 1 Nr. 1 LFGB
Inverkehrbringen 354
irreführende Bezeichnung 354 f.

MarkenG
§ 143 MarkenG i.V.m. § 14 MarkenG
benutzen 429 f.
geschützte Marke 429
heimliche Einfuhr 429
im geschäftlichen Verkehr 429
Kennzeichenverletzung 428 ff.
Verkehrsgeltung 429
widerrechtlich 429 f.

OWiG
§ 9 OWiG
Inhaber 78, 94

§ 29a OWiG
Anordnung 375 ff.

Gewinnabschöpfung durch Verbandsgeldbuße 378 ff.
zuständige Behörde 376

§ 30 OWiG
Bezugstat 69 ff., 74 ff., 372
Höhe der Geldbuße 378 f.
Kartellordnungswidrigkeit 369 ff.
- Kartellbehörde 371
Leitungsperson 73, 366
Pflichten, welche die juristische Person betreffen 90, 367
Verbandsgeldbuße
- isolierte 70 ff.
- kumulative 69, 363 ff.
zuständige Behörde 69 ff., 364, 371

§ 130 OWiG
Adressat 78
- Mutterunternehmen im Konzern 94 ff.
erforderliche Aufsichtsmaßnahmen 79
objektive Bedingung der Ahndung 83 ff.
subjektiver Tatbestand 81
Tathandlung 79 ff.
Zuwiderhandlung gegen Pflichten des Inhabers als solchen 80

SchwarzArbeitsG
§ 10 SchwarzArbeitsG i.V.m. § 404 SGB III
auffälliges Missverhältnis 268
Straftat 268

SGB IV
§ 23 SGB IV
Fälligkeit 224

§ 28a SGB IV
allgemeine Meldepflicht 232

§ 28f SGB IV
Beitragsnachweis 232

StGB
§ 13 StGB
Garantenstellung
- Bodenverunreinigung 413

- Compliance-Officer 550 ff.
- Geschäftsinhabers 42, 551
- Ingerenz 58
- Sicherheitsbeauftragten 64
- Verantwortlichkeit für eine Gefahrenquelle 58
Handlungspflicht Compliance-Officer 570
Pflicht zur Verhinderung von Straftaten der Mitarbeiter 42, 551

§ 14 StGB
Anwendbarkeit
- beim faktischen Geschäftsführer 162
besonderes persönliches Merkmal
- Arbeitgebereigenschaft 223
- Grundstückseigentümer 414
- Schuldnereigenschaft **101**, 159
faktischer Geschäftsführer 162
Funktionstheorie 102 f.
Interessentheorie 102 ff.
juristische Person 223
Überwälzung des besonderen persönlichen Merkmals
- Arbeitgebereigenschaft 223
- GmbH & Co.KG 185
- Grundstückseigentümer 414
- Schuldnereigenschaft **101**, 159, 446 f.
- strafrechtlicher Verantwortlichkeit 42 f.
Zurechnungsmodell 102 f.
Zusammenhang mit der Stellung des Handelnden („als") **102 ff.**, 447
zweifache Anwendung 185

§ 25 StGB
mittäterschaftlicher Betrug 332 ff.
Sonderdelikt
- Vermögensbetreuungspflicht 15 ff.

§ 28 StGB
Beihilfe zu
- § 266 StGB 17, 210
besonderes persönliches Merkmal
- Vermögensbetreuungspflicht 15 ff., 210, 494

§§ 73 ff. StGB
Adressat Einziehungsanordnung
- Tatunbeteiligte 280

- Unternehmen 280, 282
Beschäftigung eines Ausländers 285
- Höhe der Einziehung 281 f.
- Zufluss von Arbeitsleistung 285 ff.
Beziehungsgegenstände 291
Bruttoprinzip 281, 288
Einziehung 278 ff.
Höhe der Einziehung bei Unternehmen 282
Mehrerlösabschöpfung 287 f.
Nettogewinn 282
Sondervorschrift für Organe und Vertreter 292
strafähnliche Sanktion 282
unternehmensbezogene Einziehung 278 ff.

§ 108e StGB
Gemeinderatsmitglied 386 f., 390
Unrechtsvereinbarung 386

§§ 223 ff. StGB
eigenverantwortliche Selbstgefährdung 56
Erfolgszurechnung 56

§ 263 StGB
Bereicherungsabsicht 149, 488
Darlehensvertrag 320 ff.
Dreiecksbetrug 321
Drittbereicherungsabsicht 488
Grundstückskauf 391 ff.
- Täuschung über Verkehrsfähigkeit 395
Lastschriftreiterei 127 ff.
- Irrtum 135
- Täuschung 128, 134, 144, 145 f.
- Vermögensschaden 130, 137
- Vermögensverfügung 129, 137
Limited by shares
- Irrtum 420 f.
- Kausalität von Irrtum und Vermögensverfügung 422
- Täuschung über Stammkapital 419
mittäterschaftliche Begehung 332 ff.
Online-Überweisungen 139
Prüfpflichten eines Apothekers 475
Rezeptausstellung durch einen Vertragsarzt 474 ff.
- medizinische Indikation 477

Kombiniertes Gesetzes- und Sachregister

- mittelbare Täterschaft 478
- Prüfpflichten eines Apothekers 475
- Täuschungshandlung des Patienten 490 ff.
- Vermögensverfügung 485
schadensgleiche Vermögensgefährdung 322
Squeeze-Out 332 ff
- Täuschung 335
- Vermögensschaden 337
- Vermögensverfügung 336
Unterlassen 145 f., 393
- Garantenstellung 393
Verhältnis zu
- § 265b StGB 325 f.
- § 266 StGB 526
Vermögensschaden
- Darlehensvertrag 320
- Lastschriftreiterei 130, 137
- schadensgleiche Vermögensgefährdung 322
- Squeeze-Out 337
Vermögensverlust großen Ausmaßes 132, 238
Versuch 426 f., 440 ff.
- invitatio ad offerendum 443
- unmittelbares Ansetzen 443

§ 263a StGB
Online-Überweisungen 140 f.

§ 264 StGB
Deliktscharakter
- abstraktes Gefährdungsdelikt 175
entscheidungsbefugter Amtsträger 176
Kenntnis der Behörde 176
Sonderdelikt 173
Subventionsbegriff 174
Täuschung 175
unrichtige Angaben 175
Verhältnis zu § 263 StGB 176

§ 265b StGB
Abstraktes Gefährdungsdelikt 318
Betriebskredit 314
Entscheidungserheblichkeit 318
geschütztes Rechtsgut 325 f.
machen unrichtiger oder unvollständiger Angaben 315
schriftlich 315

Verhältnis zu § 263 StGB 325
vorteilhaft 317
wirtschaftliche Verhältnisse 316
Zweck 325

§ 266 StGB
Beratervertrag 2 ff.
Bildung schwarzer Kassen 7
Einverständnis aller Gesellschafter 166, 454 f.
Geschäftsführeruntreue 105 ff., 164 ff.
Heimatrecht 454
Konzernuntreue 105 ff.
Kreditvergabe 327 ff.
- Kausalität zwischen Pflichtverletzung und Vermögensschaden 331
- Risikoprüfung 329
Missbrauchsalternative **4 ff.**, 328, 452, **472 ff.**
- Vermögensbetreuungspflicht 181
Online-Überweisung 142
Patientenanspruch auf medizinische Versorgung 480
Pflichtverletzung 7, 107
- Alleingesellschafter einer Ltd. 454 ff.
- bei Kreditvergabe 328 f.
- bei Schmiergeldzahlung 489
Schmiergeldzahlung 389 ff.
Sonderdelikt 210
Verhältnis zu
- § 263 StGB 526
Vermögensbetreuungspflicht 3
- Director einer Limited 453
- Gesellschafter 112 ff.
- Kapitalerhaltungsgebot 107 f., 166, 454
- Missbrauchsalternative 181
- Subventionsgeber 180 f.
- Vertragsarzt 478, 493 f.
- Vorstandsmitglieder einer AG 19
Vermögensnachteil 8, 22, 108, 330
Verordnung nicht medizinisch indizierter Medikamente 477 ff.

§ 266a StGB
Arbeitgeberbeiträge 230 ff.
Arbeitnehmereigenschaft beim Geschäftsführer 224
Deliktscharakter
- echtes Unterlassungsdelikt 225

165

- Handlungsmöglichkeit 225
Rechtfertigung der Nichtzahlung 228
Sonderdelikt 223
Täter 223
Überwälzung der Arbeitgebereigenschaft 223
Unterlassen der Unterrichtung 232
Vorrang der Arbeitnehmerbeiträge 225
Zahlungsunfähigkeit 225
Zahlungsverbot des § 64 GmbHG 226

§ 283 StGB
Beihilfe 252
beiseite schaffen **221**, 241
Buchführungspflicht 214 ff.
- echtes Unterlassungsdelikt 215
- einer Limited by shares 446, 466
- Handlungsmöglichkeit 215
fahrlässige Unkenntnis 217
fällige Verbindlichkeit 221
Funktionstheorie 102 f.
handeln in der Krise 216
Handelsbücher führen 214 f., 466
Herbeiführen der Krise 100, 466
Interessentheorie 102 ff.
Kausalzusammenhang von
- Bankrotthandlung und Zusammenbruch 218
Krise 100, 216
Limited by shares 446, 466
objektive Strafbarkeitsbedingung 218, 242
ordnungsgemäße Wirtschaft 221
Sonderdelikt 101 ff., 151 ff., 213, 446 f.
Teilnehmerstrafbarkeit 252
Überwälzung der Schuldnereigenschaft **99 ff., 160 ff.**, 446 f.
Verbraucherinsolvenz 240
Verhältnis zu
- § 283b StGB 219
- § 288 StGB 254
Verletzung von Buchführungs- und Bilanzvorschriften 212 ff.
Vorsatz-Fahrlässigkeitskombination 217
Zahlungsunfähigkeit 216, 241
Zurechnungsmodell 102 f.

§ 283b StGB
Deliktscharakter

- abstraktes Vermögensgefährdungsdelikt 219

§ 283c StGB
Inkongruenz 461
nicht in der Art zu beanspruchen 461
objektive Strafbarkeitsbedingung 464
Sonderdelikt 460
subjektiver Tatbestand 462
Überwälzung der Schuldnereigenschaft 460

§ 283d StGB
beiseite schaffen 249
drohende Zahlungsunfähigkeit 250
Verhältnis zu
- §§ 283, 27 StGB 254
- §§ 288, 27 StGB 254
Zahlungsunfähigkeit 250

§ 288 StGB
drohende Zwangsvollstreckung 245
Strafantrag 247
Teilnehmerstrafbarkeit 253

§ 291 StGB
auffälliges Missverhältnis 273
ausbeuten 272
Vermögensvorteil 271
Zwangslage 272

§ 299 StGB
Angestellter 385, 502, 504
Apotheker 521 f.
Beauftragter 502, 504 f., 521
geschäftlicher Betrieb 502 f.
Vertragsarzt 502 ff.

§ 299a StGB
Angehörige eines Heilberufs 497
Unrechtsvereinbarung 499
Verordnung 499

§ 299b StGB
unlautere Wettbewerbsbevorzugung 515

§ 324a StGB
Altlasten 410 ff.
Eindringenlassen 410 ff.
Gesundheitsschädigung 412

Nichtsanierung von Altlasten 411 f.
Unterlassen 410 ff.
- Garantenstellung 413

§ 325 StGB
Betreiber einer Anlage 184
Gesundheitsschädigung 187
Verletzung verwaltungsrechtlicher
  Pflichten 186, 191
Schadstoffe in bedeutendem Umfang
  190
Sonderdelikt 184 f.

§ 331 StGB
Amtsträger 399
Dienstausübung 399
Vorteil 400, 402
Vorsatz 403

§ 332 StGB
Amtsträger 508, 512
anfüttern 404
Apotheker 522
Behörde 508 f.
- funktionaler Behördenbegriff 509
- organisationsrechtlicher Behördenbegriff 509
Krankenkassen 509 f.
niedergelassene Ärzte 508
sonstige Stelle 510, 522
unrechtmäßige Dienstausübung 407
- schnellere Vorgangsbearbeitung 407

§ 334 StGB
Amtsträger
- ausländische Amtsträger 12
- Gemeinderatsmitglied 383
durch Unterlassen 40 ff.
pflichtwidrige Diensthandlung 13
Vorsatz 46

§ 335a StGB
Bediensteter 12
europäischer Amtsträger 12

UrhG
§ 106 UrhG
Sprachwerk 257
Verbreitung 258
Vervielfältigung 258

geschütztes Werk 257
108 UrhG
Verbreitung 261 ff., 294
Vervielfältigung 261 f., 294
Verwertungsrechte 261 f.
Vorsatz 265, 295

§ 110 UrhG
Bezugstat 290
Einziehungsgegenstände 291
Ermessen des Gerichts 293

UWG
§ 16 UWG
Anschein eines besonders günstigen Angebotes 352
irreführende Angaben 351
öffentliche Bekanntmachung 349
unwahre Angaben 350

WiStG
§§ 8 ff WiStG
Abführung des Mehrerlöses 287 f.

WpHG
§ 119 WpHG
Insiderhandel 307 ff.
- Blanketttatbestand 307
- Insidergeschäft 309 ff.
- Insiderinformation 310
- tauglicher Täter 308
Marktmanipulation 297 ff., 303 ff.
- Begriff 298
- Blanketttatbestand 298
- Directors' Dealings 300, 304
- Signale 300
- Unterlassen 303 ff.